経済学教室 7

経済学史

川俣 雅弘 著

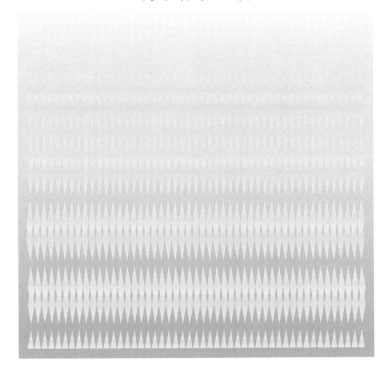

培風館

編　集
丸　山　徹

本書の無断複写は，著作権法上での例外を除き，禁じられています．
本書を複写される場合は，その都度当社の許諾を得てください．

まえがき

　本書は経済学史の教科書である。経済学といっても，その内容は思想であったり，理論であったり，政策であったりさまざまである。しかし，社会科学としての経済学が評価され，ノーベル記念賞の対象分野となっているのは，経済学が科学的妥当性を問うことのできる理論モデルを構築しているからであることは疑う余地がない。本書の特徴は，こうした経済学の評価を受ける対象の形成を主導した人と分野，すなわち主流派の経済学史を記述していることである。

　経済学史の教科書に経済学の形成を主導してきた研究計画の歴史が書かれるのは当然だと思われるかもしれない。しかし，事実はそう単純ではない。経済学にはいくつかの主要な学派・仮説があるが，経済理論に関心をもつ人は，ふつう，最新の最も優れた理論を学べば過ぎ去った旧い理論など学ぶ必要はない，と考える。科学は必ずしも単調に進歩するわけではないが，最新理論の科学的優位性は揺るがないだろう。そのため，経済理論に関心をもつ人は，歴史にはあまり関心を寄せない傾向にあるようだ。

　他方，経済学の歴史すなわち過去の思想や理論に関心を寄せる人の多くは，現在の主流派理論に批判的であり，より優れた何か，より重要な何かが，経済学の展開されたプロセスで見落とされたのではないかと疑い，それらを過去の見逃された経済思想から再発見しようとする傾向がある。しかし，一見歴史に関心をもつようにみえる人々は，経済学の歴史に関心があるというより，むしろ主流派ではない異質な経済学 (Heterodox Economics) に関心を寄せている場合が多い。したがって，このタイプの研究者が書く経済学史は異質な経済学，非主流派の経済学の歴史というべきものである。

現代理論を最も優れた科学理論だとする考え方と，過去の含蓄のあるヴィジョンを重視する考え方は必ずしも矛盾しない。というのは，科学理論はさまざまな試行錯誤の結果理論体系として結実したものであり，そこに至るまでには知性の根源である思想，ヴィジョンが重要な役割を果たしているからである。逆に，ヴィジョンはそれが結晶化した理論の科学的妥当性が証明されてはじめて，多数の研究者から支持を受けることができる。経済学は，理想とするヴィジョンを目標として，それを具体化するモデルの構築と修正を繰り返し，着実にそのヴィジョンを結晶化するという科学のプロセスを歩んでいる。

　本書は，モデルによって定式化されてきた主流派経済学の歴史を叙述している。経済理論の歴史を分析対象とするということは，経済学が科学的理論としてもつべき方法論的な特徴をもつことを意味する。本書の1章においては，科学理論がもつ特徴について説明している。同一の研究対象に対して複数の科学的に妥当な仮説が共存しうること，それらの競合する仮説の間で特定の仮説の立場に立ち，他の立場を否定することの非科学性などを指摘している。科学的に妥当であるとはどういうことかを理解し，知識人として特定の仮説を選択する自己の価値観が何であるかを自覚し，自己の価値観と異なる科学的に妥当な価値観を尊重すること，これらの，知識人としての素養を経済学史を通して実感していただければ幸いである。

　また本書では，はじめに経済学の歴史を概観し，個別の話題について第2章以降で詳細に説明している。主流派の経済理論は，研究対象となる経済環境，個人の合理的行動原理にもとづく経済活動，個々の商品市場における需要と供給の均衡といった概念によって記述される。理論が発展しても，個人の合理的行動原理や市場の需給均衡という概念には大きな変化はない。経済学の発展において大きく変化しているのは，経済学が仮定する経済環境という概念である。

　経済学が経験科学である以上，経済理論は経験から得られる認識に依存している。航海技術の発達による市場と交易の拡大，資本蓄積にともなう技術進歩である第1次産業革命，自然科学の発展にもどづく第2次産業革命，経済活動の規模の拡大による組織編成の重要さ，銀行や株式会社の設立，社債，

まえがき

株式，国債発行によって発展した証券市場，保険制度の確立などである．本書は，とくに，理論において仮定される経済環境の概念的変化を引き起こした経済史的な背景に注意を払っている．

こうした特徴を反映して，多くの教科書に登場する，シュンペーターやハイエクらのような理論より思想において貢献のあった経済学者は，本書にはほとんど登場しない．それは，もちろん，限られた紙面の制約のもとで本書の目的を果たすための現実的選択の結果にすぎない．

本書においては，記述内容を読者が確認できるように，できるかぎり，叙述の根拠を示すように心がけた．原典が雄弁に説明している場合には原典を引用している．原典からの引用には便宜的に代表的な翻訳書の引用ページを示しており，それらの訳書の翻訳を参考にしたが，翻訳は必ずしも訳書と同じではない．

本書は経済学史の教科書として，これまで慶應義塾大学経済学部，法政大学社会学部および日本大学経済学部で行った講義のノートにもとづいて執筆されている．通年の講義において実際に説明しているのは，第1〜12章である．これらの章は，基本的に予備知識がなくても読めるが，13〜15章は内容の詳しい説明より理論展開の概観を優先しているので，ミクロ経済学の教科書を参考する必要がある．経済学史の意義についてはいくつかの代表的な考え方があるが，本書の読者には，科学的知識とは何かについて経済学の歴史を通して理解していただければ幸いである．

大学院の授業の共同開催者でもあった監修者の慶應義塾大学名誉教授丸山徹先生から懇切なるコメントをいただいた．また，培風館の編集者松本和宣氏，斉藤淳氏，岩田誠司氏には執筆の過程でいろいろとお世話になった．ご尽力に感謝したい．

2016年8月

川俣雅弘

目　次

1　経済学史とは何か　　1
1.1　科学とは何か：科学史研究によって明らかになったこと‥　2
科学的妥当性　　論理実証主義と反証主義
クーンの通常科学と科学革命の方法論
ラカトシュの科学的研究計画の方法論
1.2　経済学の科学としての特徴と経済学史‥‥‥‥‥‥　7
科学としての経済学　　規範的分析
1.3　科学的研究計画の樹形図‥‥‥‥‥‥‥‥‥‥‥‥　10
1.4　経済学略史‥‥‥‥‥‥‥‥‥‥‥‥‥‥‥‥‥‥　14
公正価格論　　重商主義　　フィジオクラシー　　古典派経済学
マルクス経済学　　ドイツ歴史学派　　限界分析と均衡分析
限界革命　　アメリカ制度学派　　ケインズ革命
序数主義にもとづく一般均衡理論と厚生経済学
社会的公正　　ゲーム理論
情報の非対称性とインセンティヴ

2　重商主義とフィジオクラシー　　41
2.1　イギリス重商主義‥‥‥‥‥‥‥‥‥‥‥‥‥‥‥　41
価格革命と商業革命　　重金主義, 個別貿易差額主義, 総貿易差額主義　　自由貿易主義　　正貨流出入メカニズム
2.2　重商主義経済学の体系化‥‥‥‥‥‥‥‥‥‥‥‥　46
2.3　重商主義の歴史的位置づけ‥‥‥‥‥‥‥‥‥‥‥　48
2.4　コルベール主義の負の遺産‥‥‥‥‥‥‥‥‥‥‥　49
2.5　フィジオクラシー (重農主義)‥‥‥‥‥‥‥‥‥‥　50
ケネーの経済表　　フィジオクラシーの展開と終焉

v

3 スミスと経済学の成立　　57

- 3.1 スミスの研究構想 ……………………………………… 58
- 3.2 『道徳感情論』 …………………………………………… 58
- 3.3 『国富論』 ………………………………………………… 59
  - 分業　貨幣
- 3.4 市場と自然価格 ………………………………………… 62
  - 労働と交換価値　市場価格と自然価格　労働の賃金
  - 資本の利潤　土地の地代　三大階級と社会の利害
- 3.5 資本蓄積論 ……………………………………………… 68
  - 階級経済　資本蓄積モデル
- 3.6 自由競争と社会的利益 ………………………………… 71
- 3.7 国家財政 ………………………………………………… 72
- 3.8 スミスの評価 …………………………………………… 73

4 リカードの経済学　　75

- 4.1 リカードの伝記 ………………………………………… 75
- 4.2 マルサスの人口原理 …………………………………… 77
- 4.3 地金論争と穀物法論争 ………………………………… 78
  - 地金論争　穀物法論争
- 4.4 リカードの経済学原理 ………………………………… 79
  - 価値理論　分配理論　利潤率低下の法則
  - 比較優位の原理

5 イギリス古典派経済学の展開：マルサスとミルの経済学　　88

- 5.1 マルサスの経済学 ……………………………………… 88
  - 『経済学原理』　富の定義と生産的労働　財の価値と貨幣
  - 地代　賃金　利潤
- 5.2 国富が継続的に増大する直接要因 …………………… 92
  - 生産物供給の増大要因　生産物需要の増大要因
- 5.3 古典派の景気循環論 …………………………………… 98
  - オスカー・ランゲによるマルサス経済学のケインズ的解釈
  - シスモンディ

5.4 J.S. ミルの経済学 100
　　　生産と分配　　分配理論　　賃金基金説　　価値について
　　　国際貿易理論の展開　　定常状態について

6 マルクス経済学　　106
6.1 マルクスの伝記と経済思想の形成 106
6.2 労働価値理論 108
　　　価値理論における労働価値と剰余価値　　剰余価値理論
　　　労働価値理論と非代替定理　　搾取理論の科学的妥当性
　　　転化問題
6.3 資本主義の運動法則 116
　　　本源的資本蓄積　　資本蓄積と資本の集中
　　　産業予備軍と恐慌
6.4 運動法則の科学的妥当性 118
6.5 マルクスの思想と個人のインセンティヴ 120

7 限界理論の先駆者と競争市場の理論　　122
7.1 効用と希少性の理論 123
　　　価値の理論　　交換価値の理論
7.2 J.B. セー 126
　　　市場経済と需給均衡　　セー法則
7.3 テューネン 129
7.4 クルノー 130
　　　為替について　　競争市場の理論
7.5 デュピュイ 133
7.6 ゴッセン 135
7.7 イギリスの限界分析 135

8 ジェヴォンズの経済学　　137
8.1 ジェヴォンズの生涯と著作 138
8.2 ジェヴォンズの先駆者 139
8.3 『経済学の理論』 140
　　　交換理論　　労働理論　　地代理論　　資本理論

8.4　応用経済学と政策 ･････････････････････････ 149
　8.5　ジェヴォンズの歴史的評価 ･･････････････････ 151
　8.6　ジェヴォンズ経済学の後継者 ････････････････ 151
　　　　エッジワース　　ウィックスティード

9　ワルラスの一般均衡理論とローザンヌ学派　　156
　9.1　ワルラスの経済学観 ･･･････････････････････ 156
　　　　ワルラスの科学観　　『純粋経済学要論』の内容と意義
　　　　交換経済の一般均衡　　一般均衡の存在と安定性
　9.2　生産者と自由参入均衡 ･････････････････････ 165
　9.3　資本理論と貨幣理論 ･･･････････････････････ 169
　9.4　ローザンヌ学派 ･･･････････････････････････ 170
　　　　パレートと序数主義　　選好順序と序数的効用関数
　　　　バローネ
　9.5　一般均衡理論 ･････････････････････････････ 172

10　メンガーの経済学とオーストリア学派　　174
　10.1　メンガーの経済学 ････････････････････････ 175
　　　　メンガーの経済環境　　経済財　　価値理論：限界効用理論
　　　　価値理論：帰属理論　　交換の理論　　価格の理論
　　　　商品の販売力　　貨幣
　10.2　ヴィーザーの経済学 ･･････････････････････ 183
　　　　自然価値理論
　　　　メンガーの喪失原理とヴィーザーの生産的貢献
　10.3　ベーム=バヴェルクと資本・利子の理論 ･････ 187
　　　　ベーム=バヴェルク＝ヴィクセル・モデル
　　　　静学的経済と利子

11　マーシャルの経済分析とケンブリッジ学派　　194
　11.1　マーシャルの伝記とかれのアプローチ ･･････ 194
　　　　需要法則と需要価格　　生産と収穫法則
　　　　時間要素と期間分析
　11.2　一時的均衡におけるマーシャルとワルラスのアプローチ･ 200
　　　　所得の限界効用一定の法則と部分均衡分析
　　　　不均衡下の取引と均衡　　自由競争均衡と均衡の安定性

目次 ix

- 11.3 長期均衡と収穫逓増 ······················ 203
- 11.4 最大満足仮説と収穫逓増の法則 ············· 207
- 11.5 応用経済学 ····························· 208
  - 公共経済学
- 11.6 ピグーの厚生経済学 ······················ 209
- 11.7 1930年前後のケンブリッジ学派の貢献 ········ 210

12 ケインズとマクロ経済学の展開 　　212

- 12.1 マクロ経済モデルの変遷 ··················· 213
  - 古典派　　新古典派　　株式会社と証券市場
- 12.2 貨幣理論の歴史 ························· 217
  - 貨幣論　　地金論争　　通貨論争　　問題の本質
  - 貨幣需要の理論
- 12.3 貨幣的景気循環理論 ····················· 221
- 12.4 ケインズ革命 ··························· 223
  - IS-LM モデル　　フィリップス曲線
  - ケインジアン vs. マネタリスト
  - マンデル＝フレミング・モデル　　物価水準決定の理論
- 12.5 マイクロファウンデーションとマクロ経済学の展開 ···· 232
  - ルーカス批判とマイクロファウンデーション
  - マクロ経済学の最近の展開

13 一般均衡理論の展開 　　236

- 13.1 1930年代の科学的飛躍 ···················· 236
- 13.2 消費者理論の歴史 ······················· 237
  - 効用と選好順序
  - 需要法則とパレート＝スルツキー＝ヒックスの方程式
  - 小規模なパラダイム転換としての消費者理論の展開
  - 序数主義と費用便益分析　　顕示選好理論の意義
- 13.3 生産と分配の理論の歴史 ··················· 247
- 13.4 資本・利子理論と経済成長理論 ·············· 251
- 13.5 一般均衡理論の展開 ····················· 252
  - 一般均衡の存在　　経済環境の一般化

14 社会的選択と厚生　　257

- 14.1 社会契約論 …………………………………… 258
- 14.2 効用と希少性の理論 ………………………… 259
- 14.3 スミスの社会的公正理論 …………………… 261
- 14.4 厚生経済学の基本定理 ……………………… 262
- 14.5 価値と社会的公正 …………………………… 263
- 14.6 序数主義と新厚生経済学への展開 ………… 263
- 14.7 社会的選択の理論 …………………………… 265
  アローの一般不可能性定理　序数主義の帰結
- 14.8 交渉ゲームと交渉解 ………………………… 269
- 14.9 幸福の経済学 ………………………………… 270

15 ゲーム理論と現代経済学の潮流　　271

- 15.1 ゲーム理論 …………………………………… 272
- 15.2 ゲーム理論の展開 …………………………… 274
- 15.3 資源配分メカニズム ………………………… 276
  経済計算論争　情報の非対称性とインセンティヴ両立性
- 15.4 メカニズム・デザインの理論 ……………… 280
- 15.5 協調的行動と公共性 ………………………… 281
- 15.6 経済学史と経済学のヴィジョン …………… 283
- 15.7 経済学史再考 ………………………………… 286

あとがき　　289

参考文献　　291

索　引　　301

1 経済学史とは何か

　経済学史とは思想・理論・実証・政策などから構成される経済学の歴史を研究する分野である。なぜわれわれは経済学史を学ぶのか。経済学の歴史について学ぶことは，最新の理論を含む過去の理論を学ぶことを意味するが，なぜ，それが必要なのだろうか。最も根源的な理由は，家系図を遡ることにより自分のルーツを知りたいと思う人と同じように，経済学の歴史そのものにかんする興味，その知識にもとづいて経済学の社会科学としての性質を知りたいという動機である。

　単純な知識への関心を超えて意義を説明するとすれば，経済学史を学ぶ意義はつぎの2つである。1つは故きを温ねて新しきを知ることができるという理論的貢献への意義である。もう1つは経済学史を通して経済学の科学としての性質を知るというメタサイエンスとしての意義である。

　物理学や化学のような典型的な科学においては，最新の理論が過去のあらゆる理論を凌駕する最高の理論であり，過去の理論を知る必要がないように見えるが，社会科学だけではなく，種の進化や銀河の進化について考察する生物学や天文学のような自然科学においても，有力な仮説が競合し，決定的な仮説が存在しない状況がある。そのときには，どの仮説を採用するかは個人の判断に依存することになる。その状況に対応して，合理的に仮説を選択するためには，科学とは何かという科学方法論あるいは科学的知識の科学的分析(メタサイエンス)にかんする知識が必要になる。

1.1 科学とは何か：科学史研究によって明らかになったこと

経済学を含む社会科学は，物理学や化学などの自然科学の成功を背景として，科学の合理的な方法を社会問題に適用した啓蒙思想のなかから生まれたものであると考えられる。ところが，経済学は決して自然科学ほど成功しているわけではない。的確な将来予想をできるわけでもないし，実施された経済政策の結果が政策目標に届かないこともよくある。にもかかわらず，経済学が役に立たないと判断されて放棄されるわけでもない。それはなぜだろうか。経済学方法論や経済学史は，経済学の科学的特徴を明らかにし，こうした疑問に答えている[1]。

1.1.1 科学的妥当性

科学とは，あるいは一般に学問とは人間をとりまくさまざまな事象について，より普遍的な法則を人間の観察と考察によって理解しようとする知的プロセスとその成果である (図 1.1)。人は科学的事象を観察し，法則性を見いだしてそれを仮説として定式化する。その仮説は人の頭の中で構成されたものであるが，その正しさは論理的妥当性によって保証されるとみなされる。人はその仮説から将来の事象を予測し，その予測が正しいか否かを検証する。一般に予測と実測の間には誤差があるが，それは仮説が正しくなかったり，測定装置に問題があったりするからである。人はそれらを修正して科学的事象の正しい理解に邁進するのである。人間の考察と観察が正しければ，その成果である科学的知識は妥当である。すなわち，科学妥当性は人間の思考が首尾一貫していることを意味する論理的妥当性と人間の観察を通しての認識が正しいことを意味する経験的妥当性によって特徴づけられる。

科学の歴史は，歴史を通して形成された科学的知識の歴史であるから，歴史において科学がどのように形成されてきたか，一般に科学はどのように形成されるかにかんする仮説が必要である。この仮説は歴史観と呼ばれる。

---

[1] 本書においては経済学は社会科学であるという立場に立っている。そうではない立場もある。政治学では科学的立場を必ずしもとらない (佐々木, 2012)。M. ヴェーバーの理念型のように経験的な検証を考えない理論を追求する考え方もある。

1.1 科学とは何か：科学史研究によって明らかになったこと

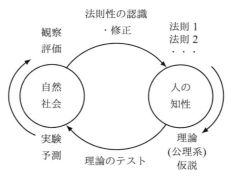

図 1.1　科学的知識

　われわれは，まずこの歴史観について可能な限り精確に説明しておく必要がある。理論の論理的妥当性については，1930 年代以降数理論理学において確立された知識にもとづいている。19 世紀から 20 世紀への転換期において，数学が集合論において無限集合を厳密に考察するようになると，さまざまなパラドックスが見いだされ，数学体系の無矛盾性に疑いがもたれた時期があった。この問題は紆余曲折を経て，ヒルベルト (David Hilbert, 1862–1943) の形式主義にもとづいた方法論によって整理され，ゲーデル (Kurt Gödel, 1906–78) の完全性定理と不完全定理によって一定の決着に至っている。

　重要なのはつぎのことである。ゲーデルの完全性定理 (Shoenfield, 1967, p.43) から，形式的に無矛盾な論理の体系は妥当であると考えられる。ところが，同一の科学の研究対象についても，単独では無矛盾であるが相互に両立不能な複数の理論すなわち仮説が存在しうるから，人によって同じ研究対象を観察しながら異なる考え方をもつということは普通に生じることなのである。たとえば，ユークリッド (エウクレイデス) の幾何学，非ユークリッド幾何学であるリーマン幾何学やロバチェフスキー幾何学の共存を思い出せば十分である。これらの理論は，ほとんどの概念と公理を共有しているが，任意の直線の上にない点を通る平行線は 1 本ある，ない，無数にあるという公理の相違によってまったく異なる世界を特徴づけられる。

1.1.2 論理実証主義と反証主義

こうして，論理的に無矛盾な理論の科学妥当性はその理論の経験的妥当性によって判断されることになる[2]。

20世紀はじめの頃，論理実証主義によって，仮説の予測が当たるか外れるかでその仮説の経験的妥当性を決定 (検証 verify, verification) できると考えられていた。ところが，過去の事象について成り立つ法則が将来出会う事象についても成り立つとは限らない。すなわち，個別事例の検証をどんなに積み重ねても，現在のところ科学的理論は誤りでないことは証明できるが，将来もそれが妥当であることは証明できないのである。

現在できるのは，科学的理論が妥当でないことを証明 (反証 falsify, falsification) することだけである。ポパー (Karl Popper, 1902–1997) はこの事実を指摘し，科学的理論の妥当性が反証されたときには，その理論を放棄し新しい理論を構築すべきであると主張した (Popper, 1935)。かれの考え方は反証主義とよばれている。ポパーの主張通りに科学研究を行うと，科学は科学革命の連続になるが，科学の歴史は決して科学革命の連続ではない。

1.1.3 クーンの通常科学と科学革命の方法論

クーン (Thomas Samuel Kuhn, 1922–96) は，天動説から地動説への転換をはじめとする科学革命の歴史を詳細に調べることにより，科学の進歩が単純な真実の蓄積ではないこと，科学は通常科学と科学革命というプロセスによって展開されること，科学史のほとんどは通常科学とよばれる地道な研究の積み重ねによって遂行されることを指摘した (Kuhn, 1962)。

科学がそれぞれの分野において大きな問題に直面すると，その問題を解決するために多様な仮説が提案されるが，ほとんどの仮説は既存の仮説による批判や経験的なテストに耐えられず放棄される。しかし，やがて科学的な試

---

[2] 任意の論理的に無矛盾な理論が科学的であるためには，経験的言語のみによって記述される経験的命題が含まれていることが必要である。非観察語で記述される理論の公理から観察語のみで記述される反証可能な定理を導出できるとき，その理論はラムゼー・エリミナブルである，あるいはラムゼー・エリミナビリティを満たすという。ラムゼー・エリミナビリティについては，カルナップ『物理学の哲学的基礎』岩波書店第 V 部「理論法則と理論概念」，佐藤隆三「現代経済学の方法」『経済学大辞典 III』東洋経済新報社，を参照されたい。

練に耐えた有望な考え方が登場し，それが若い研究者やその分野に新しく参入してきた研究者を惹きつけて，研究者集団を形成していく．その研究者集団の規模が大きくなるプロセスで科学研究の模範となる法則，理論，応用，観測装置など (パラダイム paradigm) が形成される．

パラダイムが形成されると，それは研究者集団によって共有され，ますます研究の方向性や手法が洗練され，新しい課題となるパズルを生み出すとともに，パズル解きを通して研究成果を加速的に蓄積していくことになる．また，こうしたパラダイムの成果がさらに研究者を惹きつけて研究者集団の規模を拡大し，研究者集団内の規模の経済性とパラダイムの洗練とが相乗効果をもたらす．この時期を通常科学 (normal science) という．

通常科学においては，パラダイムにしたがって新しい科学的知識を蓄積している．その意味において科学は通常科学において明確な進歩を遂げる．しかし，そのパラダイムが研究対象を完全に特徴づけていないかぎり，そのパラダイムにもとづいて生まれた科学理論では説明できない，あるいは予測できない事例に遭遇する．パラダイムにもとづいて説明できない事例を変則性 (anomaly) という．

既存のパラダイムに所属する研究者は，既存のパラダイムを保持しつつ，変則性を解消しようとするが，既存のパラダイムでは変則性の解消が期待できないことがわかってくると，若手研究者やその分野への新規参入者を中心として，既存のパラダイムを乗り越えて変則性を解決できるような新しいパラダイムを構築しようと努力する集団がいくつも登場する．その結果，多様なパラダイムの候補が提案されるが，それらの多くは既存のパラダイムからの批判を克服できず，放棄される．ところが，やがて既存のパラダイムを凌駕するようなパラダイムが登場し，新しい世代の研究者を巻き込み新しいパラダイムと研究者集団を形成していく．

旧い世代が旧いパラダイムを放棄することはないので，新しいパラダイムは世代交代とともに古いパラダイムを淘汰することになる．このプロセスが科学革命 (Scientific Revolution) である．旧パラダイムと新パラダイムはそれぞれ単独では無矛盾であるが，相互に両立不能な独立した研究計画であり，それぞれかなりの科学的説明力・予測力をもっている．科学の進歩は単純な

知識の蓄積として生じるのではなく，パラダイムの転換すなわち世界観の転換によって生じるのである．

1.1.4 ラカトシュの科学的研究計画の方法論

クーンの方法論においては，同時代にパラダイムは単一であり，一度放棄されたパラダイムが復活することは想定されていない．ラカトシュ (Imre Lakatos, 1922–74) は，下記のような理由でクーンがパラダイムとよんだ研究者集団が共有する法則，理論，応用，観測装置などにかんする模範を科学的研究計画 (Scientific Research Program：SRP) とよんでいる (Lakatos, 1970)．

科学的研究計画は，科学的理論から導出される経験的命題が反証されたからといって，理論を記述するすべての公理が放棄されるわけではない．たとえば，公理系 A, B, C, D から導出される定理 P が反証されたとする．このとき，P が偽であることは $A \wedge B \wedge C \wedge D$ すなわち A かつ B かつ C かつ D が偽であることを意味するが，これは，4 つの公理のうちどの公理が偽であっても成り立つ．それぞれの公理の重要度については研究者集団内でそれぞれに見解があり，研究者はすべての公理が反証されたのではなく，一部の重要でない公理のみが反証されたと考えるのである．

放棄されずに保持される公理は堅固な核 (hard core) とよばれ，放棄される公理は防備帯 (protective belt) とよばれる．たとえば，公理 A, B, C が保持され，公理 D が E に差し替えられたとする．前者は堅固な核であり，後者は防備帯である．こうして，有力な科学的理論は一部の定理が反証されてもコアの部分は放棄されず，反証の原因であると考えられる防備帯の公理を入れ替えながら保持されるのである．このため，時代の変遷とともに，ある期間支配的な科学的研究計画の陰に隠れて休眠状態にあった別の科学的研究計画が復活することもある．ある時代に単一の支配的な科学研究計画が存在するときのみ，その科学的研究計画はパラダイムとよばれる．

このラカトシュの科学的研究計画の方法論は，両立不能な複数の仮説が競合したり，一度歴史に埋もれた仮説が復活するという経済学の事象を適切に説明できるため，多数の経済学史研究者によって支持された．たしかに，物

理学や化学という典型的な自然科学においては，反証によって，クーンやラカトシュの方法論における科学理論の経験的妥当性を確認できると考えられる。ところが，同じように，一部の自然科学や社会科学の理論の経験的妥当性を反証するのはけっして容易ではない。とくに，種の進化を考察する生物学や銀河の進化を考察する天文学などの，最近新しい仮説が展開されている自然科学の諸分野や社会科学においては，研究対象そのものが変化(進化)してしまうので，単純な反証は困難である。

1.2 経済学の科学としての特徴と経済学史

典型的な自然科学(物理学と化学)と社会科学の間には，なぜそのような相違が生じるのであろうか。それは，それぞれの科学の研究対象がもっている特徴に基因していると考えられる。自然科学と比べて社会科学がもっている特徴は，社会的事象は普遍法則だけでなく特殊要因，偶然的要因に強く依存している，あるいは，物理学や化学のように普遍法則のみで説明できる研究対象はきわめて限定されているので，それらの解明だけでは済まされない，という特徴をもっている。

また，核兵器の使用に科学者が反対声明を出すというようなことはあるが，科学者が科学的事象の優劣や善悪について議論することはない。しかし，社会状態の優劣を決定する規範について考察する規範的分析は，社会科学においてはきわめて重要である。もちろん，規範的分析は事実解明的分析ではないという意味において科学ではないという見解もあり得る。

1.2.1 科学としての経済学

社会科学は，自然科学の成功を反映した啓蒙思想を基盤として誕生したといえる。すなわち科学的方法を自然から人間社会に適用することによって生まれたのである。科学は観察や実験といった経験的手法と，経験的手法によって獲得された知識の体系化によって誕生した。

物理学や化学のような典型的な自然科学には長い歴史を通して蓄積された

非常に有用な普遍的知識が存在する[3]。それは，いつでも，どこでも，誰にとっても正しい普遍法則の体系として記述される理論であり，その本質から，いつでも，どこでも，誰でもその理論を有意義に利用することができる。それらを習得することは必ずしも容易ではないが，いったん理解してしまえば，科学的知識はいつでも，どこでも，誰にとっても正しい。また，科学的知識においては，最新の理論は基本的に過去の理論を凌駕した最も妥当な仮説であり，とくに古い理論を学ぶ必要はない。このように理論とは普遍法則の体系であり，普遍的でない理論というものは存在し得ない[4]。

ところが，経済学を含む社会科学の研究対象は，時代によってあるいは地域によって固有の特徴をもつことが一般的であり，普遍法則だけで社会科学的事情を説明することはできない。それらの分野においては，個別の具体的事象を説明するためには固有の偶然的要因が必要になるから，一般に理論だけでは説明の役に立たない。偶然的要因は偶然的であるから，普遍法則のように繰り返し実験や観察をすることができない。このことは，科学的手続きによって科学的妥当性にもとづく多様な仮説の絞り込みが難しいことを意味する。したがって，どの時代においても多様な仮説の共存を回避することはできない。こうした特徴は，仮説の予測可能性にも反映されている。

物理学や化学においては，意図するとおりの実験を何度でも再現することができ，理論にもとづく予測の当否を適格に判断できる。ところが，社会科学においては偶然的要因が起こってしまった後では，事後的にそれがなぜ起きたかをある程度適切に説明することができるが，事前に偶然を予測することは不可能であるから，社会科学の予測は当たらないのである。

こうした事情はけっして社会科学に特有ではなく，自然科学である天文学や生物学などにおいても観察される。20世紀以降急速に進展した天文学における銀河の進化や生物学における種の進化といった問題は，非常に多くの偶

---

[3] ニュートン力学と相対性理論では，相対性理論の方がより正確に自然の世界を描写していると考えられるが，スペースシャトルを運航するというような作業の水準では，実質的な差がない。計算はニュートン力学の方が容易なので，実際にはニュートン力学が利用される。

[4] そうはいってもクーンやラカトシュ以来指摘されているように，物理学や化学においても単独の支配的パラダイムの他に競合する科学的研究計画は潜在的に存在している。

1.2 経済学の科学としての特徴と経済学史

然的要因に依存しており，それらの進化の確率分布を知ることはできるが，特定の個体について進化を予測することは不可能である。

そうした事実 (単独では無矛盾であるが相互に両立不能な複数の仮説が共存すること) は事実として認識できると思うが，その理由を疑問に思うときや単一の仮説を選択したいときには，科学的知識の科学的分析であるメタサイエンスを学ぶことが有意義である。

1.2.2 規範的分析

典型的自然科学と社会科学のもう1つの相違は，社会科学は規範的分析を含んでいるということである。とくに規範的分析を含む社会科学においては，望ましい社会とは何かという概念は，社会を構成する人びとの見解を反映して形成されると考えるのが普通であり，社会を構成する人びとがもっているさまざまな知識や価値判断から独立ではない。こうした価値判断にかんする根拠を与えてくれるのも，やはり科学方法論すなわちメタサイエンスである。

経済活動は人間社会の基本的活動であり，生活を豊かにするために経済法則を理解することはきわめて重要である。経済活動にかんする知見は科学的特徴を獲得する以前に経験的知識の束として，そしてその不完全な知識を補完する体系である思想として生まれた。代表的なものは宗教である。続いて政治思想などがある。経済学が思想であり，理論の優劣が明確でない時代には，思想の偏りを避けるために有力な思想をすべて知っておくことが必要であった。経済学史は，それらの思想を関連づけて思想相互の特徴を明確にするという意義があったと考えられる。

経済学が発展し，科学として明確に進歩し始めると，理論相互の優劣も明確になり，同一研究計画内においては最も優れた理論を学べば十分であるということになるが，経済学の萌芽的時代においては，思想的偏りを回避するために思想を相対化する経済学史という学問が重要な役割を果たしていたのである。

古い時代には，ほとんどのことが宗教によって決定されていた。事実解明的分析は，啓蒙運動以降科学的合理性にもとづくアプローチによって宗教から離脱したが，規範的な議論については現代でも異なる規範，異なる文化を

知り，自己の規範を相対化することがきわめて重要であると思われる。

1.3　科学的研究計画の樹形図

　歴史を記述する前に，その妥当性を保証するいくつかの前提について確認しておく。いま読んでいる教科書が数学の教科書なら，記述されている内容の妥当性は，そこに記述されている情報の範囲で確認できるだろう。そこには，理論を記述する言語，その言語によって表現された公理，それらの公理から証明された定理が自明なものを除いてすべて書かれているはずだからである。しかし，歴史的記述の妥当性には，教科書には書かれていない膨大な事実が暗黙の前提となっている。本来，経済学の歴史は過去に執筆されたすべての経済学書を読んで書かれるべきかも知れないが，それは個人の努力では不可能である。現在重要だと認められている研究を出発点としてその先駆的業績をさかのぼり，その系譜に影響を及ぼしたと考えられる周辺の著作群を確認することができれば十分だろう。これについては，筆者も読者もつねに必要に応じて原典を確認しながら，既知の知識を注意深く再確認していくほかない。これらの作業を必要とする経済学史の記述は一朝一夕に成し遂げられたものではなく，過去の蓄積に対してそれぞれの研究者が必要を感じて再検討した事実を修正しつつ記述しているのである。本書に特有の情報については典拠を挙げて丁寧に説明したつもりである。

　また，他分野において得られている専門知識は所与とする。経済学が経験科学である以上，それぞれの時代の経済学は当時の経済事情を何らかの意味で反映しているはずである。そして，経済学が反映していると考えられる経済事情は経済史という分野において研究されている。本書においては，経済史にかんするさまざまな事実認識は経済史が正しく記述していると考えて，利用している。哲学，自然科学・社会科学の諸分野，科学方法論，数学の歴史についても同様である。もちろん，それらについていずれも妥当な複数の異なる主張がある場合には，本書にとって合目的的に取捨選択されていることは断っておく。

　ところで，歴史上の経済学の知識を，学問的に妥当な知識として記述する

にはさまざまな限界がある。学問的に妥当な知識とは，経済学の原典や経済史的事実などの，経済学史研究が所与とする第一次資料と矛盾することなく得られる認識であり，それらの認識にもとづいて推論される論理的に妥当な知識という意味である。まず，経済学の歴史を研究するために過去の原典を理解することには，量子力学の不確定性原理と同様の問題がある。量子の位置と運動を認識するためには量子に光を当てて観察する必要があるが，光自体粒子であるから，光を当てられた量子はその瞬間位置と運動方向を変えてしまう。同じように，不備のある原典を理解するためには，それを無矛盾な理論にもとづいて解釈しなければならないが，理解できるようになった解釈は原典に記述されている理論そのものではない。

この意味において，学問的に妥当な知識としての経済学の歴史は，一般に，解釈としてしか理解することはできないのである。逆に，解釈のない可解な経済学の歴史的認識は存在しないといってよい。したがって，古典の理解ひいては歴史の理解には，それをどの理論にもとづいて解釈するか，どの歴史的文脈において理解するかという，歴史観が必要であり，それなしに古典や歴史を理解することはできない。経済学がどんな学問であるかは，その歴史を経験して初めてその全容を知ることができる。まさに，「ミネルヴァの梟は迫り来る黄昏に飛び始める」(ヘーゲル『法の哲学』序文) である。同じように，経済学の歴史は現代経済学を知って初めて選び取ることができる。歴史とは，歴史家と歴史的事実との絶え間ない相互作用のプロセスであり，現在と過去との終わりのない対話である (カー『歴史とは何か』)。科学の発展とともに科学の歴史観も変化しうるのである。

さて，理論は過去のさまざまなアイデアを吸収してさまざまな方向へ展開される。しかし，それらのほとんどは既存の研究計画によって批判され，それに耐えたものだけが科学的に妥当な理論として研究者の世代交代とともに既存の研究計画を凌駕していく。しかも，生き残る研究計画は1つだけとは限らない。このように，経済理論はさまざまな学説が合流したり，分岐したりするために，経済学の発展は単線的ではない。

物理学や化学のような典型的な科学は，研究対象の変化ではなく，科学理論と観察技術の進歩によって増大する科学的事実にもとづいて進歩してきた。

しかし，社会科学の認識は，それだけではなく，研究対象としての社会あるいは経済自体の変化によって生じる科学的事実の変化によって変化してきた。したがって，一時的に誤った認識をもったり，現代の別の観点からは合目的的でない方向に経済理論が展開されたりすることもありうる。それらの理論の展開にはそれぞれ固有の事情があり，さまざまな偶然的要因が強く影響しているため，普遍的な根拠にもとづいて理論の展開を時系列的に特徴づけることは難しい。

社会科学においては，支配的な研究計画であるパラダイムは必ずしも存在するとは限らないが，個々の研究計画はそれぞれの研究計画の指針に従って科学的な発展を遂げる。それは，地球環境においてさまざまな種が共生する生物の種の進化のような様相を呈しているものと想像される。こう考えると，経済学の研究計画の歴史は生物の種の樹形図のようになると考えられる。現在の状態はその選択の結果現存する系図の頂点である。しかし，それらの進化の分岐点はさまざまな偶然によって生じたものであり，遠い過去に分岐した別の経済像を想像することは無意味なことではない。

そこで，本書では理論の進歩の現在の帰結点である最新の科学的研究計画である理論を選び，その過去の展開を振り返るという形で，その歴史を記述するというアプローチをとる。現時点で完成された理論から歴史を遡れば，過去に遡るにしたがって何が欠けていくのかがわかる。現在の特定の理論に至る発展をさかのぼる場合には，その理論を特徴づける研究計画にもとづいて経済環境の変化を反映して理論を展開してきたプロセスをある程度説得的に説明することができる。ただし，こうして構成されるストーリーはあくまでも物語であり，論理的な説明ではない。しかし，歴史的に展開される理論の公理系を比較対照することにより，理論を特徴づける体系の類似性として，理論の流れを論理的に推論できる要素をより多く確保することができる。

経済学の展開は，複雑な樹形図になっていると考えられるが，経済学の歴史を概観するとき，それぞれの時代に経済学を形成してきた主流派を研究対象とするのは当然であろう。歴史は歴史の形成にもっとも強い影響を及ぼす主要因によって説明されるものであり，政治的には支配者の歴史こそ書かれるべき歴史であり，経済学の歴史はそれぞれの時代の支配的研究計画の展開

1.3 科学的研究計画の樹形図

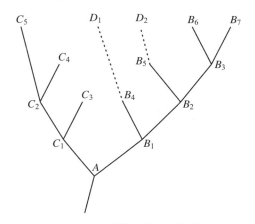

図 1.2 科学的知識の系統樹

であるのが当然の姿である。したがって，本書が描く経済学の歴史は最終的に，一般均衡理論とゲーム理論にもとづいて記述される資源配分の理論に至る主流派の歴史であることになる。

経済学史研究には，経済学の歴史を現在のパラダイムを形成する理論の進歩の歴史とみなす絶対主義とそれぞれの時代や地域にはそれら固有の特徴を反映する独立の経済学が成立すると考える相対主義という対照的な考え方がある。これらは，二者択一であるかのように主張されることがあるが，決して矛盾しない。通常科学，パラダイム転換，なども整合的に理解できる。

たとえば，経済理論の展開が図 1.2 のように表されるとする。現在の理論から遡れる理論流列 $S_{AB1237} = \{A, B_1, B_2, B_3, B_7\}$ においては，理論の進歩のような通常科学における特徴を見いだすことができる。理論流列 S_{AB1237} は絶対主義的特徴をもつ。ところが，枝分かれしてしまった 2 つの理論流列 $S_{AB1237} = \{A, B_1, B_2, B_3, B_7\}$ と $S_{AC125} = \{A, C_1, C_2, C_5\}$ は，間接的には関係があるがそれぞれ直接の関係がないから，それぞれ時代や地域の特徴を反映した相対主義的な特徴を見いだすしかない。これらの構造において主流派の理論が理論流列 $\{A, B_1, B_2, C_2, C_5\}$ のように展開されたとすれば，理論 B_2 から理論 C_2 への展開は革命的であるといえる。

本書の理想的な結論は，こうして描かれる理論の系統樹を構築することで

ある。ただし，理論の展開は分岐するだけではない。むしろ異なる分野や異なる理論を統合する研究もある。限界革命における学派の一般均衡理論による統合はこの典型的な事例である。もちろん，統合される前の諸理論にはかなり共通点があり，十分に統合される理由があったと考えられる。

　経済学の原典を調べると，理論的にはそれほど大きな相違があるとは思われないにもかかわらず，経済学的な見解の相違を強調する主張がよくみられる。後の章節で説明するスミスの重商主義批判，リカードとマルサスの穀物法論争，ケインズ革命などがそれである。確かに，政策提言が正反対であったり，支持層が社会構成員の中で明確に分離していたりするが，理論自体は当事者が感じているほどには大きな隔たりはないものと思われる。とくに，当事者同士の観点とわれわれ現代経済学を知る歴史研究者の観点では，位相が異なるので，現代経済学を知る者は当事者が感じるほどの相違を感じない。われわれは，原典の主張を鵜呑みにはできないのである。表面的な政策の相違ではなく，公理系としての理論の相違を厳密に比較しなければならない。

1.4　経済学略史

本節では経済学史を概観する。

1.4.1　公正価格論

　アリストテレス (Aristotle, 384–322 B.C.) の時代から，人々は職業をもち，自己の生産活動による生産物を他者の生産物と交換し，消費して生活することが経済問題として認識されていた。アリストテレスは，『ニコマコス倫理学』(c.300 B.C.) 第5巻第5章において，生産物の交換は公正 (just) であること，すなわち等価交換であることが必要であり，貨幣は交換を円滑に遂行するための媒体であること，等価交換は生産物と貨幣の間でも成立しなければならないから，法律によって貨幣の価値を保証する必要があることを説いている。交換価値の等価は，個々人の所産の均等化すなわち量と質が均等化された労働投入によって生産されるものどうしの交換が行われることを意味している。ただし，商品に対する需要がなければ交換は成立しない。

1.4 経済学略史

中世のキリスト教が世の中を支配していた時代には，アリストテレスとキリスト教の教義が結びついて，人々の経済活動を規範的に拘束した。スコラ哲学の頂点である，『神学大全』(1266-1273) の著者トマス・アクィナス (St. Thomas Aquinas, c.1225-1274) は，アリストテレスとスコラ哲学の先人の教義を受け継ぎ，交換価値を生産費用によって規定し，交換価値は等価でなければならないと主張している。かれは，商品の欠陥を隠して売ることは不正であると考え，利子を取って貨幣を貸し付ける行為を禁止している。アリストテレスやアクィナスの学説は規範的な主張であり，事実解明的な分析ではないことに注意が必要である。

1.4.2 重商主義

15～16 世紀にはオスマントルコ帝国が版図をアジア・アフリカ・ヨーロッパに拡大し，アジアとヨーロッパの貿易路を抑えていた。胡椒などの香辛料をはじめとするアジアの産物はヨーロッパの生活必需品であったので，ヨーロッパ諸国は，アジアとの航路を開拓して，イスラム商人を介さずにアジアの産物を入手することができれば莫大な利益を獲得できた。こうした経済的動機が宗教的動機とともに新航路探検を促した最大の動機であった。宗教的動機は，キリスト教世界がイスラム世界支配下のイベリア半島を再征服した後，異教徒をイリスト教に改宗させることである。多くの探検事業は，絶対主義国家の支援のもとで軍事力を背景として航海の安全を確保し，イギリスやオランダの東インド会社のような特定の組織に特権を与えることによって行われた。

大航海時代の幕開けにより，ヨーロッパの経済活動は急速に発展することになる。16 世紀から 17 世紀前半にかけてアメリカ大陸からヨーロッパに金銀が流入し，自給自足経済から貨幣流通を起爆剤として交換経済が進展した。人々は貨幣によって何でも入手可能であり，貨幣による納税が可能になり，政府は改鋳による貨幣供給の制御が可能になった。

こうした背景の下で，国富とは金であるとする重金主義 (bullionism) が形成され，各国は重金主義とナショナリズムにもとづいて国富の増大に邁進した。それは，金を産出しない国においては輸出が輸入を上回る貿易差額によっ

て金を獲得するほかない，という貿易差額主義にもとづいて，輸出品産業の振興や輸入の規制といった保護貿易政策として実践される。この時代の経済思想はアダム・スミスによって重商主義とよばれることになるが，国富増大のための政策が経済成長ではなく商業すなわち国際貿易にかんして行われたことが重商主義の語源となっている。

しかし，国富は決して金だけではないし，保護貿易主義的政策によって必ず貿易黒字すなわち金が増大するわけでもない。その意味において重商主義は的外れの学説であったが，この時期には，金の量の増減によって物価水準が上下するという貨幣数量説的認識，物価の上下に伴い輸出品の供給は減増し，輸入品の需要は増減するという市場の需要供給法則，すなわち市場機能にかんする認識が共有されていた，ということは指摘されるべきである。

また，総貿易差額主義にもとづいて関税などによる輸入財規制とともに，輸出財産業の振興が行われる過程で産業革命が起こり，その成果を有効に利用した綿産業などの新興産業において生産性が向上し，生産規模が拡大する中で，次第に生産活動こそが国富を豊かにすることが認識されるようになった。

1.4.3 フィジオクラシー

フランスでは，コルベール (Jean Baptiste Colbert, 1619–83) によって，農産物の輸出を抑制して国内の農産物価格したがって労働コストを低く抑え，商工業製品の価格を抑えて輸出を促進しようする重商主義政策 (コルベール主義) が採られた。それにより，基本的に農業国であったフランスの経済は疲弊していった。また，英仏戦争の戦費調達のための国債発行によって膨れ上がった財政赤字をバブルの発生によって一挙に解決するため，ジョン・ロー (John Law de Lauriston, 1671–1729) のシステムを試みたが失敗し，経済状態はさらに混乱した。これらの失政がもたらした経済的疲弊や混乱から，フランス経済を立て直そうと登場したのがフィジオクラシー (Phisiocratie, phisiocrasy) を主張した人々，フィジオクラートである。フィジオクラシーは「最も完全な統治を本質的に構成している自然的秩序」を意味する。かれらは，社会には，その社会を構成する人間にとって最善の，神意にもとづく自然的秩序が存在すると考える。いわゆる自然法思想である (何が自然法で

1.4 経済学略史

あるかについての認識は多様である）。この自然法を解明し，それを健全に機能させるのがフィジオクラシーの主題である。

フィジオクラートは，コルベール主義やローのシステムの失敗は，人為的制度にもとづく経済活動が社会の自然的秩序に従っていなかったことに原因があると考え，経済活動を市場における完全で自由な競争によって遂行されるままに任せようとした。フィジオクラシーの自然的秩序は，ケネー (François Quesnay, 1694-1774) の『経済表』(1758) における，地主，農業者，工業者の間の経済循環モデルによって解明されたと考え，フィジオクラートは，経済表にもとづく経済分析を研究計画として自覚的に推進した。

さらに，フィジオクラシーの経済学はチュルゴ (Anne Robert Jacques Turgot, 1727-81) によって展開された。かれは，『富の形成と分配に関する省察』(1770) において，土地が自由財で価値を生み出す生産要素が労働のみの場合から出発して，土地の地代，資本から得られる企業者の利潤，資本家の利子が発生する経済へと理論を展開している。企業家は，資本家から資本を借り入れ，その資本を賃金として前払いして労働者を雇い，生産活動を行った結果得られる生産物から，土地の肥沃度に応じて決まる地代を土地所有者に支払い，残りの前貸し資本の回収部分＋利潤から資本家に利子を支払う。ここで，企業家が前貸し資本の回収部分＋利潤－利子から可能な部分を投資することにより資本蓄積が行われ，生産性が向上することにより経済成長を遂げるのである。チュルゴの利潤論，地代論，資本蓄積理論はスミスに先立って構築されており，スミスの経済学に影響を及ぼした可能性が指摘されている。

1.4.4　古典派経済学

経済学の創始者であるとされるアダム・スミス (Adam Smith, 1723-90) 自身が道徳哲学の教授であったことが象徴しているように，18 世紀後半頃までは経済システムを律するためには個々人が道徳的に行動することが必要だと考えられていた。社会の利益は個別経済主体の道徳的行動によってもたらされるのであり，個別経済主体による経済利益の自由な追求は社会の利益になるとは考えられていなかったのである。他方，重商主義を通して経済的自

由が利益をもたらす場面も経験されていた。『蜂の寓話』の著者マンデヴィル (Bernard Mandevil, 1670–1733) のように私的利益の追求が公益に繋がることを指摘する思想家もいた。これらの，個別主体の経済的自由の道徳からの解放，それに伴う利己的・合理的行動の容認，重商主義時代にすでに認識されていた市場メカニズムの機能，重商主義下の経済統制に対する反動としての自由競争に対する信頼などの要素が統合されて，スミスの「見えざる手」に象徴される自由競争市場の理論へと結実していく。

イギリス古典派の経済学は階級経済にもとづいている。階級経済は，貴族などの上層階級であり，土地を所有する地主，中流階級であり，資本を所有する資本家，労働しかもたない労働者から構成される。地主は土地を貸与して地代を得る。労働者は前払い賃金を受け取り労働を供給する。資本家は地主から土地を借り，資本を資金として前払い賃金を支払って労働を雇い，これらの労働と土地を投入して生産物を産出する。さらに資本家は，生産物から地代を支払い，資本を回収した残りを利潤として受け取る。階級にもとづく資本主義経済は，資本家主導によって経済発展を遂げる経済システムである。スミスの経済原理は，自由競争市場の原理と資本蓄積モデルの2つである。かれは国富とは貨幣ストックではなくフローの生産物であると定義し，自由競争市場における個別資本家の利潤最大化行動が国富を最大にすることを指摘した。また，国富は分業の進展によって増大するが，分業は資本が大きいほど促進されるから，国富の増大には，倹約して毎年の生産物から支出される消費を抑制して貯蓄すなわち投資を増大させ，資本蓄積を行うことが効果的であることを指摘した。

マルサス (Thomas Robert Malthus, 1766–1834) は，当時の無政府主義的な思想を批判するために，『人口論』(1798) において人口原理を提唱し，人口は食糧の増産より速く増大するので，食料の量に規制されることを指摘した。当時は農業生産性の向上とほぼ同じ比率で人口が増大しこと，したがって一人当たり GDP すなわち生活水準がほとんど変化しなかったことが経済史の研究で知られている。マルサスの人口原理は古典派の賃金決定の理論に影響を及ぼしている。

イギリスでは，1793年以来の対仏戦争の勝利が色濃くなってきたころ，そ

1.4 経済学略史

れまで困難だった大陸諸国からの穀物輸入が再開し，国内の穀物価格が大幅に下落したため，農業関係者が打撃を受け，穀物法の改正による穀物の輸入規制が検討された。マルサスとリカード (David Ricardo, 1772-1823) は，この穀物法にかんする論争を通して，各々の主張を支持するための経済原理を築いていった。

リカードは『経済学および課税の原理』(1817) において，分配理論と自由貿易の理論を展開した。かれは，マルサスの人口原理にもとづいて賃金は生活習慣によって決まる生存費水準に等しいという賃金生存費説を採用した。土地は肥沃度の高いものから耕作に投入され，生産規模の拡大に伴い追加投入される土地の肥沃度は下落する。それぞれ投入された土地の地代は，地主と資本家の間の競争により，最も肥沃度の低い限界地の地代は 0 であり，限界地より肥沃度の高い土地の地代は，その土地と限界地との労働生産性の差異によって決まると考えられる。利潤は，生産物から地代を支払い，労働者に支払われた前払い賃金を回収した後に残る部分である。

さらに，リカードは，資本家は倹約家であるのに対し地主は浪費家であるから，貯蓄≒利潤，消費≒地代であると指摘し，資本蓄積によって経済成長を促進するためには，利潤の分配を増大させることが最優先であると主張した。自由貿易は利潤を増大させるための具体的政策として提唱された。自由貿易によって安価な穀物を輸入すれば，生産費用である賃金生存費が下落するので，利潤が増大して資本蓄積が進むことになる。リカードが穀物法に反対する理由である。

リカードの分配理論とほぼ同じ理論にもとづいて，マルサスは『経済学原理』(1820) において，毎年生産される生産物から貯蓄したがって投資に回される部分が大きすぎると，商工業製品を需要する地主の所得すなわち地代の減少によって，生産物供給＞生産物有効需要，となる有効需要の一般的不足の可能性を指摘し，生産物の有効需要と供給が等しくなる貯蓄率が最適貯蓄率であるとする最適貯蓄率の理論を唱えた。

古典派経済学は J.S. ミル (John Stuart Mill, 1806-73) によって『経済学原理』(1848) において完成された。イギリス古典派の経済学者は，(技術進歩がなければ) 生産規模が拡大すると肥沃な土地が不足し，労働の限界生産性が

逓減するので，利潤率が減少し，定常状態に落ち着く，と考えていた。実際には技術進歩によって生産性は上昇し続けるが，産業革命を背景として成し遂げられた経済成長により生活水準は向上し，その後，経済学の関心は，市場における資源配分の効率性や所得分配の公平性について考察する完全競争市場の理論に移っていく。

価値理論には少なくとも労働価値理論，限界効用理論，需給均衡理論の系譜がある。これらの考え方はそれぞれ独立に生まれたが，理論的には必ずしも矛盾するわけではない。生産物を生産する生産要素は労働，土地，資本であるが，原始的社会においては，土地は私有されておらず，資本が蓄積されていないので，土地は自由財であるから地代はないし，利潤は存在しない。そのため，スミスは，原始社会においては，生産物の価値が労働投入量によって規定されるのは自然なことであるとした。かれは，土地が希少財となって私有され，資本が蓄積された社会においては，生産物の価格は賃金＋利潤＋地代に等しい生産費用によって決まるとしている。

スミス以前には，ペティ (Sir William Petty, 1623-87) が「土地が富の母であるように，労働は富の父であり，その能動的要素である」と述べており，カンティロン (Richard Cantillon, 1680?-1734) が指摘しているように，ペティは土地と労働との間に平価を見いだし，本源的生産要素である労働にもとづいて生産物の価値を測っている。カンティロン (Cantillon, 1755, 第I部第10章) は「土地はすべての物産と商品の素材であり，労働はその形式である。そして労働するものはどうしても土地の生産物で生きてゆかねばならないので，人は労働の価値と土地の生産物の価値との間にある関係を見いだすだろうと思われる。・・・日々の労働の価値は土地の生産物とある関係を持っており，あるものの内在価値はその生産に用いられる土地の量とその土地に加わる労働の量とによって計ることができるのであるが，これを再び言い換えれば，その労働に従事した人々に割り当てられる生産物を産出するのに必要な土地の量によって計ることができるのである」と述べて土地価値論を主張している。このように，生産物の価値は直接投入される生産要素が何であり，本源的生産要素が何であり，生産要素間にどのような関係があるかによって定まる。

リカードは土地を生産要素から除くことにより，労働価値理論の頑健性を維持しようとした。賃金と利潤は生産物価格の原因であるが，地代は生産物価格の原因ではなく結果である。地代が価格を決めるのではなく，価格が地代を決めるというのが差額地代理論の主張である。しかし，そうだとしても生産規模の拡大によって土地の生産性は逓減するので，利潤は逓減する。

スミス，マルサス，J.S. ミルは，商品の価格は短期的には市場の需給均衡において決まり，長期的には生産費用によって決まると考えている。しかし，古典派においては効用は普遍的な性質をもたず，社会科学の概念として適切ではないと考えられていたので，需要を効用と結びつけて明確に説明されることはなかった。

1.4.5 マルクス経済学

第1次産業革命によってさまざまな産業の生産性が向上し，経済活動の規模が拡大した。1830年代には，大規模な生産活動を支える石炭や鉄鉱石の運搬のために，運河や鉄道などの交通インフラの整備が本格的に開始された。また，産業革命は工場制機械工業による大量生産を定着させた。生産活動に熟練した技術は必要なくなり，賃金の安い女性や若年者が多く雇用されるようになった。さらに，都市の人口が急増したため生活環境が極端に悪化し，結核，梅毒，天然痘，コレラなどいくつのも伝染病が流行した。

現在からみれば産業革命と資本主義経済の形成が社会を豊かにしたことは疑う余地はないが，当時は生活環境や労働条件の悪化，格差の拡大といった社会問題が資本主義経済の普遍的帰結であるとみなし，私利私欲に支配される不公正や貧困から人々を解放するため，協同的で自由かつ平等な社会への移行を志す人々が登場した。近代の初期社会主義である。かれらは，資本主義経済の矛盾と抑圧を批判し，それを克服するための理想的社会秩序を構想し，おもに権力者を説得してこれを実現しようとしていたので，ユートピア社会主義あるいは空想的社会主義と呼ばれる。

その原型はモア (Thomas More, 1478-1535) の『ユートピア』(1516) に示された社会である。その後フランス革命の理念の一面を継承したサン-シモン (Claude Henri de Rouvroy, Comte de Saint-Simon, 1760-1825) やフー

リエ (François Marie Charles Fourier, 1772–1837)，さらに実験的な工場や協同社会の運営を試みたイギリスのオウエン (Robert Owen, 1771–1858) らが空想的社会主義を展開した[5]。恐慌の回避策として政府の介入による生産抑制と所得分配の平等化を主張した，シスモンディ (Jean Charles Léonard Simonde de Sismondi, 1773–1842) も社会主義者とみなされることがある。

これらに対し，『資本論』(1967) の著者マルクス (Karl Marx, 1818–1883) はエンゲルス (Friedrich Engels, 1820–1895) の協力を得て，資本主義社会の発展の過程で顕在化した問題点を解消し，自由で平等な社会を建設すべく思想体系を形成し，社会運動を指導した。マルクスは，フランスの社会主義思想を批判的に継承し，時代精神が社会の実体を規定するとするヘーゲル (Georg Wilhelm Friedrich Hegel, 1770–1831) の精神史観を逆転させ，物質的な生産条件が社会の精神性を規定するとする唯物史観にもとづいて，資本主義経済から社会主義経済への変革の道筋を示し，「科学的」社会主義を創始した。その理論的基礎はリカードをはじめとする古典派経済学に求められた。このように，マルクスは自己の思想体系はドイツ古典哲学，フランス社会主義，イギリス古典派経済学を統合することによって構築されたと説明している[6]。

マルクスのシナリオはつぎのようなものである[7]。資本主義経済の成長は，資本家が労働者を搾取することで得られる利潤を追求することによって促進されるが，経済成長によって経済規模が拡大すると労働需要の増大により，相対的に賃金が上昇し，利潤率が下落する傾向がある。そこで，資本家は利潤を確保するため，相対的に労働投入に対する固定資本の投入比率を高くする資本集約的な技術を採用して機械を導入する。それにより商品の生産性や利潤率は向上するが，労働需要は減少して，労働の潜在的供給過剰の状態に陥り，産業予備軍を生み出す。この高い生産性による生産物供給の増大と，賃金所得の減少による生産物需要の減少は恐慌という現象として現れ，経済規模の拡大とともにその深刻さを増していく。こうした経済状況に耐えがたく

---

[5] 伊藤誠「社会主義」経済学史学会編『経済思想史辞典』丸善所収.
[6] マルクスは『経済学批判』(1859) の序文において『資本論』執筆までの思想形成を端的に説明している。
[7] このシナリオは『資本論』第 1 巻第 23 章「資本主義的蓄積の一般的法則」において述べられている。明らかにシスモンディの恐慌論の影響がみられる。

なった労働者階級であるプロレタリアートによって革命が遂行され，資本主義経済は社会主義経済に移行していくのである．

実際には，マルクスのシナリオをかれの経済学にもとづいて論証するのは困難である．しかし，マルクスの経済学が必ずしもかれの唯物史観を裏づけられないとしても，かれの経済学におけるいくつかの命題が定理として証明できることは確かである．マルクスの経済学は置塩信雄 (1927–2003)，森嶋通夫 (1923–2004) らの分析を端緒として，数理経済学的なアプローチにもとづいて解釈され，分析的マルクス経済学が展開されている．

マルクスの思想は，封建主義社会から資本主義社会という歴史的段階を経て社会主義社会へと移行するという歴史観にもとづいて，現在がどの段階にあるかという現状認識と，いつ革命を起こすのかという決断が重要なのであるが，この現状認識は，国や地域によって社会の発展の様子が異なるため，マルクス主義者の間で認識が分裂・対立し，さまざまな論争を起こした．

マルクス以降，『金融資本論』(1910) の著者ヒルファーディング (Rudolf Hilferding, 1877–1941)，ローザ・ルクセンブルク (Rosa Luxemburg, 1871–1919) の『資本蓄積論』(1913)，レーニン (Vladimir Ilyich Lenin, 1870–1924) の『帝国主義論』(1917)，宇野弘蔵 (1897–1977) の『経済原論』(1964) などの展開がある．

マルクスの思想は，ソ連においてレーニンの指導のもと，中国において毛沢東の指導のもとで実現されたが，東西冷戦のもと社会主義国が経済破綻して，1990 年代に健全に運営される社会主義国は消滅した．

1.4.6 ドイツ歴史学派

イギリスにおいて第 1 次産業革命 (1760 年代–1830 年代) を背景に資本主義経済が形成され，19 世紀半ばにイギリス古典学派が確立されると，理論的分析にもとづく自由主義的政策が提言されるようになる．イギリス国内では，1846 年に穀物法 (1815 年制定)，1849 年に航海法 (1651 年制定) が廃止され，産業競争力を背景とする自由主義の脅威が周辺諸国に波及していく．経済的後進国である周辺国が先進国であるイギリスに対抗して経済的自立を護るためには，自国の経済状態に即した独自の政策体系が必要であった．ドイツ歴

史学派は，このような立場から各国の独自性を規定するのは歴史であることに着目し，経済学の研究対象を歴史研究に拡大し，理論と現実あるいは理論と歴史との関連を研究する研究計画を推進した。

歴史学派が自らの特徴を表明するのは1840年代であるが，歴史学派の先駆的貢献はフリードリッヒ・リスト (Friedrich List, 1789-1846) によるものである。19世紀前半のドイツ (ドイツ語圏) は40ほどの小国の林立した分裂状態にあり，ナポレオン戦争後のドイツ連邦 (1815-66) というオーストリア (南東ドイツ) 中心の繋がりは緊密なものではなかった。F. リストは，後発国の産業的発展のためには過渡期に保護貿易政策を実施して自国の幼稚産業を育成する必要があると指摘し，自由貿易の制限を説いた。リストによる運動も効を奏して1834年，イギリスの工業製品に対する保護関税と圏内での産業育成とを目指すドイツ関税同盟が成立する。

歴史学派は，シュンペーター (Joseph Alois Schumpeter, 1883-1950) の『経済分析の歴史』(1954) において，ロッシャー (Wilhelm Georg Friedrich Roscher, 1817-94) らの旧歴史学派，シュモラー (Gustav von Schmoller, 1838-1917) らの新歴史学派，それ以降の最新歴史学派の3つに区分されている。社会学者としても知られるヴェーバー (Max Weber, 1864-1920) はこの学派に属している。

シュモラーによって提唱され，ドイツの学会で支配的だった歴史学派の考え方は，経済理論を規定する法則は過去から現在までの歴史的事実に関する研究から帰納的に見いだすことを重視する，社会の発展法則を歴史的に把握することにより，近い将来の到達可能な倫理的・文化的生活を展望する，現在の労働問題や社会問題に，社会政策的・制度的施策と穏健な労働運動によって対処し，すべての国民が倫理的・文化的生活を営めるように社会を改革する，といった研究計画によって特徴づけられる。

1.4.7 限界分析と均衡分析

1870年代に経済学における主流な考え方 (パラダイム) が古典派経済学から新古典派経済学に転換した。この経済学における科学革命は，新古典派経済学の特徴の一つである経済主体の合理的行動や社会における最適配分を特

1.4 経済学略史

徴づける諸条件が微分を用いて表現されるため,微分を意味する「限界」という概念を用いて限界革命とよばれている。

数学を用いた分析が経済学に衝撃を与えた限界革命以前にも,個人の合理的な経済行動にもとづく,限界革命に連なる先駆的な業績の蓄積があった。『貨幣について』(1750) の著者ガリアーニ (Ferdinando Galiani, 1728-87),『富の形成と分配に関する省察』(1770) の著者チュルゴ,『商業と政府』(1776) の著者コンディヤック (Étienne Bonnot de Condillac, 1714-80) は,スミス以前の時代に,効用と希少性にもとづいて限界効用理論の先駆的貢献を行った。

イギリス古典派の基本的アイデアである産業間の利潤率均等は,個別資本家の利潤最大化と市場における自由競争の帰結であるから,イギリス古典派においても,限界分析は暗黙に仮定されていたともいえる。

限界革命は,18世紀後半から始まった第2次産業革命による経済水準の著しい向上,市民革命による近代市民社会の形成を時代背景としている。直接限界分析を用いてはいないが,個々の経済主体を階級経済から開放し,商品資源の所有権と経済行動を分離して市場経済を明確に定義し,すべての商品の価格決定を市場の需給均衡によって統一的に説明しようとした J.B. セー (Jean-Baptist Say, 1767-1832) について言及しなければならない。

かれは,資本の所有者である資本家と,資本を投入して企業を経営する企業家を区別し,資本を所有している資本家が企業をコントロールする,株式会社の一歩手前の生産者概念を導入した。フランスのより民主主義的な社会像が反映されているというべきだろう。いまや,地主,資本家,労働者は,単に生産要素である土地,資本,労働の所有者であり,他の階級を搾取する支配者でもないし,搾取される被支配者でもない。経済活動は,それぞれ消費者,生産者としての経済主体によって合理的に遂行され,消費・生産といった経済活動は市場における自由な競争の結果としてもたらされるのである。

『孤立国』(1826) において都市を中心とする経済で周辺の土地をどの農作物の生産に割り当てるかという,土地の最適配分について分析したテューネン (Johann Heinrich von Thünen, 1783-1850),完全競争の意味づけを行った『富の理論の数学的原理に関する研究』(1838) の著者クルノー (Antoine Augustin Cournot, 1801-77),消費者余剰の概念を開発したデュピュイ (Jules

Dupuit, 1804–66)，厚生経済学の第 1 基本定理の原型を証明しようと試みたゴッセン (Hermann Heinrich Gossen, 1810–58) らの貢献はきわめて重要である．

1.4.8 限界革命

　誰の目にも革新性が明白な限界理論は，『経済学の理論』(1871) の著者ウィリアム・スタンレー・ジェヴォンズ (William Stanley Jevons, 1835–82)，『国民経済学原理』(1871) の著者カール・メンガー (Carl Menger, 1840–1921)，『純粋経済学要論』(1874–77) の著者レオン・ワルラス (Marie Esprit Léon Walras, 1834–1910) によって提出された．この中で最も重要なのは，20 世紀中頃のミクロ経済学のパラダイムであった一般均衡理論を構築したワルラスである．かれは，完全競争市場における価格メカニズム (タトンマン) を導入し，さまざまな経済変数間の相互依存関係を市場の需給均衡方程式として表現した．ワルラスの一般均衡理論は，ワルラスの後継者であるヴィルフレード・パレート (Vilfredo Pareto, 1848–1923) によって展開された．かれらはスイスのローザンヌ大学で教鞭をとっていたので，かれらの学派はローザンヌ学派とよばれる．

　パレートは，経験主義的な方法論にもとづいて社会科学を経済学と社会学に分類した．かれは，経済学は可能な限り観察可能な概念にもとづいて構築し，経済学の理論を記述する仮定から価値判断を排除しようと考えた．また，個人の行動は合理的であるものと習慣によるものがあると考え，合理的行動は経済学において，習慣的行動は社会学において分析している．

　パレートは，効用関数から出発するのではなく，合理的個人を仮定して，効用関数を導出している．個人が合理的ならば，任意の 2 つの消費を比較して，無差別である場合を含み，どちらがよいかを判断できるし，消費量を比較できれば，消費量が多いほど効用は大きくなるだろう．現代理論からは十分な議論ではないが，選好順序の完備性，推移性，単調性，凸性などを仮定すれば，消費から得られる効用の大小関係を表す序数的効用関数を導出できることを論証している (本書 13 章)．また，パレートは個人間で効用を比較することは不可能であると考えた．効用関数は序数的であり，個人間の効用比較

1.4 経済学略史

は不可能であるという考え方は序数主義とよばれる。

こうして，パレートは，『経済学提要』(イタリア語版 1906，フランス語版 1909) において，序数主義を導入し，それにもとづいてワルラスの一般均衡理論を再構成した。合理的行動原理ではなく習慣にもとづく行動の分析や規範的分析である厚生経済学的考察は『一般社会学概論』(1913) において社会学として議論されている。序数主義にもとづく一般均衡理論は 1930 年代から 1980 年代まで経済学の支配的研究計画となり，20 世紀のミクロ経済学は序数主義的一般均衡理論にもとづいて他学派のアイデアを吸収しながら発展したといえる。

ジェヴォンズは自己の理論の革新性を主張し，古典派経済学と対決したが，学派を形成することはなかった。かれは，競争的な市場において唯一の交換比率が成立する理由を考察した。ジェヴォンズのアイデアは F. Y. エッジワース (Franics Ysidro Edgeworth, 1845–1926) の『数理心理学』(1881) における極限定理に汲み取られた。社会の構成員からなる集合の任意の部分集合を結託というが，各構成員にとって社会的に決まる配分より自己に有利な配分を達成できる結託があれば，社会的に決まった配分は実現しない。エッジワースは，経済を構成する主体の数が増えるとより有利な結託関係を見いだしやすくなるから，社会全体の交換交渉が成立する範囲 (コア) が小さくなり，社会構成員が無限になるとコアは競争均衡のみになることを指摘した。この成果は，経済は連続無限の経済主体から構成されると仮定する，1970 年代のラージ・エコノミーの理論の先駆的考察である。

ジェヴォンズとエッジワースは理論だけでなく，統計学的分析手法も経済学に応用して，経済学の科学的な分析を実践した。物価指数の理論を含むかれらの研究は現代計量経済学の先駆的貢献である。『分配法則の統合』(1894) の著者 P. H. ウィックスティード (Philip Henry Wicksteed, 1844–1927) も，ジェヴォンズの経済学を継いだ経済学者である。かれは，生産要素の限界生産性に応じて報酬を分配すれば，生産物の価値はすべての生産要素に分配され尽くすことを意味する完全分配定理を証明して，マルクスの搾取理論を批判した。

メンガーは，社会の経済活動をロビンソン・クルーソーの合理的行動と同

一視して説明した。かれは，ロビンソン・クルーソーの効用最大化原理にもとづいて，商品の価値はその商品を1単位失うときに失う効用の大きさであるという，喪失原理を導出している。それは，商品の価値がクルーソーの効用最大化に対する商品の貢献度であることを意味する。また，生産過程において時間を導入し，将来予想にもとづく行動計画や不確実性の重要性を指摘したうえで，生産要素の価値を生産物の価値の帰属として説明した。

　メンガーの後継者の1人であるフリードリッヒ・フォン・ヴィーザー (Friedrich von Wieser, 1851-1926) は，『自然価値』(1889) や『社会経済学』(1914) において所得分配の公平性に関する厚生基準を導入し，多数の個人から構成されるが，資源は社会によって共有されている，社会主義的経済における価値概念を定義している。かれは，商品の自然価値はすべての個人の所得が等しいときの完全競争市場価格であると考えた。ヴィーザーの理論はメンガーの価値理論の拡張になっている。メンガーのもう1人の後継者オイゲン・フォン・ベーム-バヴェルク (Eugen von Böhm-Bawerk, 1851-1914) は，『資本と資本利子』(1889, 1921) において，迂回生産の理論にもとづいて利子の原因を分析した。かれらによって形成された，メンガーの主観的価値理論を研究計画の核心とする学派がオーストリア学派である。

　ワルラスの一般均衡理論の枠組みにおいてオーストリア学派の資本理論を発展させたのは『経済学講義』(1901, 1906) の著者クヌート・ヴィクセル (Johan Gustaf Knut Wicksell, 1851-1926) である。かれの経済学は北欧の経済学者に影響を与え，かれらの経済学は北欧学派とよばれている。

　古典派経済学を受け継ぎ，限界分析にもとづいて実践的経済分析を行ったのが，『経済学原理』(1890) の著者マーシャル (Alfred Marshall, 1842-1924) であり，かれの経済学を受け継いでケンブリッジ学派が形成された。マーシャルは，企業や産業における組織編成を労働，土地，資本につぐ第4の生産要素とみなし，生物学的観点から分析を行っている。またかれは費用逓減産業や外部性などの市場の失敗要因を指摘し，社会的効用の最大化という厚生基準にもとづいて適切な公共政策を分析しようとした。『厚生経済学』(1920) の著者 A.C. ピグー (Arther Cecil Pigou, 1877-1959) はマーシャルの経済学とシジウィック (Henry Sidgwick, 1838-1900) の功利主義を継承し，厚生経

1.4 経済学略史   29

済学という分野を構成した。

 この当時,歴史学派において事実解明的分析と規範的分析が区別されていなかったことを指摘して,マックス・ヴェーバーらによって事実解明的分析と規範的分析を明確に区別することの重要性が指摘され,経済学においては価値判断に関する仮定をできるだけ排除する方向へ進んだ。こうした考え方がパレートが導入した序数主義が普及する背景となった。

1.4.9 アメリカ制度学派

 1870年前後から第1次世界大戦前までに,科学技術の発展にもとづいて多数の発明や製法の改良が行われた。実際,鉄鋼業のいっそうの成長,エネルギーが石炭から石油や電気に転換し,電灯,電話,録音機,自動車,飛行機,電車,合成染料,化学肥料,カラー写真,プラスティック,映画,ラジオ,輸送のための冷凍技術など電気,化学,輸送コミュニケーション部門のめざましい成長が生じた。この時期の産業の飛躍的発展は,革新的なドイツの大学制度のもとで研究が進められた科学の進歩によるものであり,産業全体に顕著な発展をもたらした出来事であり,第2次産業革命とよばれる。

 ドイツは普仏戦争(1870-71)後のドイツ帝国による統一までは分裂状態にあり,本格的な工業化は進まなかったが,限界革命が進行していた1871年代には,政治的に統一されたドイツで急速な工業化が推進されていく。

 19世紀末から20世紀前半のアメリカ経済においては,南北戦争(1861-65)の北軍勝利と,鉄道網の整備により,北部,南部,西部が結ばれた国内の巨大市場が誕生した。それにより,全般的な生産と市場流通の規模が拡大し,工業製品の規格化や大量生産体制が徐々に確立された。とくに,石油や鉄鋼の分野で巨大企業が誕生し,大財閥が形成され,市場の独占や寡占,労働組合の結成など,経済社会の組織化・集団化が進んでいた。第1次産業革命によって世界の工場となったイギリスだが,この時期の技術進歩への対応が遅れたため,アメリカやドイツとの経済的な立場が逆転したと考えられる。

 このような経済発展を背景として,完全に自由な競争を前提とする自由放任思想に代わる,経済社会を公共的・社会的観点からいかにコントロールするかという問題に対するヴィジョンが必要とされた。また,19世紀末までア

メリカの若手経済学者はドイツに留学し歴史学派の経済学を学んだため，歴史的アプローチを用いていた。

『有閑階級の経済学』，『営利企業の理論』の著者ヴェブレン (Thorstein Bunde Veblen, 1857-1929) は，新古典派経済学の理論は静学的であることを批判し，制度＝社会の思考習慣の累積的変化を分析する進化論的経済学の研究を提唱した。そのため，かれは制度学派の先駆者であるとみなされているが，ヴェブレンに大きな影響を及ぼしたダーウィン (Charles Robert Darwin, 1809-1882) の進化論的考え方は制度学派の特徴ではない。

制度とは慣習，個人行動を規制する社会的集団行動のルールであり，それは人や社会の発展にしたがって歴史的に進化してきたものである。制度学派は，経済現象を，人間の多分に本能的な社会的行動によって歴史的に広く普及した制度の問題としてとらえ，そのようなものとしての経済現象を，社会改良主義の立場にたちつつ，狭義の経済理論だけでなく，いわば隣接領域である心理学，社会学，法学，統計学，文化人類学等々の成果をも積極的に援用しながら，歴史的に解明しようとする研究計画である。

制度学派は，景気循環の実証的・計量的な研究で知られるミッチェル (Wesley Clair Mitchell, 1874-1948)，制度は個人行動を規制する集団行動であると定義し，制度経済学の命名者である『集団行動の経済学』の著者コモンズ (John Rogers Commons, 1862-1945) らによって形成された。制度学派はその核となる明確な理論をもたなかったため，マクロ経済学の誕生と計量経済学の発展によって雲散霧消したが，その系譜はガルブレイス (John Kenneth Galbraith, 1908-2006) などに継承されている。

1.4.10 ケインズ革命

19世紀の中頃から20世紀初頭にかけての第2次産業革命は石油と電力を基軸として技術革新がさまざまな分野で進展した。それらの生産技術がもつ規模の経済性を活用した巨大企業が誕生し，資本の寡占化，独占化が進んだ。こうした経済事情が1930年代の不完全競争市場の理論が登場する背景となった。それらの巨大企業は，株式会社であるが，株式会社の発展と度重なる戦争費用調達のための国債発行によって，証券市場が拡大して，経済活動に重要

1.4 経済学略史

な役割を果たすようになった。とくに,フローの資本需給ではなく,ストックとしての資本と貨幣の間の資産選択が重大な影響力をもつようになる。

また,マルクス以降の社会主義的労働運動は,名目賃金率の下方硬直性をもたらし,労働市場の機能を低下させた。

ケインズ以前の経済学は,財・サービスの相対価格や生産物の生産要素への分配などの経済問題は実物経済において決定され,物価水準,為替相場や利子率などは貨幣的要因によってそれぞれ独立に決まるという考え方(古典派の二分法)にもとづいていた。実物経済と貨幣経済は独立に考えられていた。ケインズ以前の理論は,セー法則,市場機能の完全性などの概念によって特徴づけられる性質をもち,働きたいのに働けない非自発的失業は長続きしないという認識が経済理論において堅持されていたのに対し,実際の経済においては恐慌が繰り返されていたのであり,貨幣的要因が実物経済に影響を与えることを説明する理論,景気の変動とそれに伴う非自発的失業の発生を説明する理論,不況に有効な経済政策を提言する理論が必要とされていた。とくに,1920年代後半起こった大恐慌とその対策として採用されたニューディール政策の成功を説明する理論を構築することが経済学の急務であった。

こうした時代背景において,貨幣的要因が実物経済に影響する経済モデルを構築したのはヴィクセルであり,研究計画の転換を促したのがケインズ (John Maynard Keynes, 1883–1946) を中心とする研究グループである。

1936年に出版された『雇用,利子および貨幣の一般理論』において,ケインズの基本モデルが示唆された。ところが,ケインズ自身の表現は難解であったので,マクロ経済学の研究は当初ケインズの経済学を解釈し,明確な理論として定式化することであった。その結果が,ヒックスのモデルを中心に展開された IS-LM モデルであり,そのモデルの実証のために構築された計量経済モデルである。こうした研究計画をコアとして,それまで景気循環理論 (Business Cycle Theory),貨幣的理論 (Monetary Theory) などとよばれていた経済学は,1940年代に「マクロ経済学」とよばれるようになった。

こうして,ミクロ・マクロ経済学が成立した。戦後のマクロ経済学は,IS-LM モデルと,観察データにもとづいて失業率と物価上昇率のトレード・オフ関係を表したフィリップス曲線を中心とする研究計画として展開されてきた。

ところが，もともとケインズの理論には個人の行動原理にもとづいて経済行動を説明するミクロ的基礎づけがなかったこと，1970年代の石油ショックを契機とするスタグフレーション (stagflation)[8]を IS-LM モデルとフィリップス曲線にもとづいて適切に説明できなかったこと (スタグフレーションは AD-AS モデルによって簡単に説明できる) により，1970年前後から，マクロ経済学のミクロ的基礎づけが活発になる。1970年代初めのルーカス批判と合理的期待形成学派の登場により，将来予想と合理的行動原理にもとづくマクロ経済モデルが，ラムゼー (Frank Plumpton Ramsey, 1903–1930) の最適成長理論と重複世代モデルを応用して形成され，動学的一般均衡モデルへと展開されていく。

1.4.11 序数主義にもとづく一般均衡理論と厚生経済学

19世紀末無限集合にかんする過渡的な研究から，数学においてさまざまなパラドックスが指摘され，数学ははたして無矛盾であるのか否かが問題となった。そしてこの問題は，1900年パリで開催された国際数学者会議において D. ヒルベルトが行った講演において数学の23問題の第2問題「算術の公理の無矛盾性」として示された。この問題に対する解答は1930年代はじめゲーデルにより，完全性定理，不完全性定理として得られ，人の知性である論理の性質と限界が示された。本書の第1章において説明された科学方法論もこの2つの定理に本質的に依存している。

また，事実解明的分析と規範的分析が未分化であったドイツ歴史学派の末裔であるマックス・ヴェーバー (Weber, 1904) によって，規範と事実とを明確に区別し，科学的命題から価値判断を排除する必要性が指摘されて以来，より一般的な仮定にもとづいて理論を構成することが指向された。パレート自身は自らの経験主義的方法論にもとづいて経済学に序数主義を導入したが，ロビンズによって序数主義が新厚生経済学の基礎とされたのは，こうした当時の考え方を反映している。

ところで，公理系として表現された理論の論理学的性質と限界が明確にな

---

[8] 景気停滞 (Stagnation) とインフレーション (Inflation) の同時進行を表す，それらを組み合わせた造語である。

1.4 経済学略史

り，数学ではブルバキズムに代表される理論の公理化が推進され，この影響が数理経済学にも及ぶことになる．1つは，数学の公理化を推進する数学者集団ブルバキ (Nicolas Bourbaki) の影響でドゥブリュー (Gerard Debreu, 1921-2004) によって一般均衡理論が公理化され，もう1つは，ゲーデルの研究者仲間であったフォン・ノイマン (John von Neumann, 1903-1957) によって構築されたゲーム理論を通して経済学の公理化が進んだ (Weintraub, 2002)．

こうして，経済学の公理化と一般化の象徴である，序数主義にもとづく一般均衡理論が経済理論のパラダイムとなったといってよい．この研究計画は1930年代から1980年代まで支配的であった．この時代の研究成果は，消費者行動の理論，生産者行動の理論，競争均衡の存在，安定性，一意性，比較静学，厚生分析などであり，経済モデルの性質が詳細に分析された．ところが，この研究計画は理論の構造を調べたり，一般的性質を解明するには適していたが，具体的な公共政策を提言することができず，経済分析に限界があるという認識が広がった．1980年代には，ゲーム理論が整備され，最先端の研究計画がゲーム理論にもとづく経済分析に転換した．

1.4.12 社会的公正

自然科学に対する社会科学の特徴は，社会科学においては規範的分析が非常に重要だということである．経済学は，資本主義経済における競争的市場という，科学的な研究対象と見做せる自律的資源配分メカニズムの形成により，社会科学として誕生したが，社会科学自体は望ましい社会制度の設計が主題であり，その望ましさを規定する社会思想の基調は社会契約論である．経済学の規範的分析は，社会契約論の枠組みを経済問題に適用したものであるといってよいだろう．

この社会契約論は，『君主論』(1532) の著者マキャヴェッリ (Niccolo Machiavelli, 1469-1527) によって問題が規定され，『リヴァイアサン』(1651) の著者トマス・ホッブズ (Thomas Hobbes, 1588-1679)，『統治二論』(1690) の著者ジョン・ロック (John Locke, 1632-1704)，『社会契約論』(1762) の著者ルソー (Jean-Jacques Rousseau, 1712-1778)，によって発展された社会思

想であり，後に『道徳と立法の諸原理序説』(1789) の著者ベンサム (Jeremy Bentham, 1748-1832) によって定式化された功利主義とともに倫理学・道徳哲学の基礎的思想となった．功利主義は，社会構成員の効用の総和を厚生基準とし，それを最大にすることを目指す．社会科学における規範的分析は，これらの思想における正義論だけではなく，経済における自然法である自律的経済メカニズムを探求することにより，具体的経済政策を提案することに意義がある．

この問題は現在，社会的公正理論において議論されている．経済学における最初の社会的公正理論はやはり，スミスによってつくられたというべきだろう．かれは『道徳感情論』において正義を定義し，『国富論』において自律的経済メカニズムを示すことにより，「見えざる手」に象徴される考え方を提唱した．「見えざる手」の命題はゴッセンによって定式化が試みられたが，成功しなかった．ゴッセンは，効用を測定できると考えていたので，社会の利益を個人の効用の総和と同一視していた．ところが，功利主義は資源配分の効率性と所得分配の公平性にかんする厚生基準を前提としているが，市場が達成するのは資源配分の効率性だけであり，厚生経済学の基本定理の成立は，パレートによって序数主義が導入され，パレート効率性という厚生基準が定義されるのを待たなければならなかった．

1930 年代以降科学としての経済学の探究を目指して，経済理論から価値判断の要素を排除しようとする流れが強く働いていた．これは，それまでに形成されていた経済学の主要定理をより弱い一般的仮定にもとづいて導出し，その一般化がどこまで可能かを究める知的パズルを生み出した．パレートによって導入された序数主義は，『経済学の本質と意義』(1932) の著者ロビンズ (Lionel Charles Robbins, 1898-1984) によって経済学の基本的仮定とされた．また，事実解明的分析である完全競争市場の理論は序数主義と一般均衡理論の枠組みにおいて統合され，規範的分析である厚生経済学は序数主義にもとづいて新厚生経済学として再構成される．これらの理論は数学の言語で記述されるようになり，厳密なモデル分析が行われるようになった．

この研究計画のテーマは，さまざまな市場の失敗要因を一般均衡理論の枠組みにおいて定式化するとともに，資源配分の効率性と所得分配の公平性を厚

生基準とする政策目標を設定し，この政策目標を実現する具体的な公共政策を提案することである。この研究計画は公共経済学とよばれ，多くの研究成果が蓄積された。一般均衡理論は，『価値と資本』(1939) の著者ヒックス (John Richard Hicks, 1904-1989) や『経済分析の基礎』(1947) の著者サミュエルソン (Paul Anthony Samuelson, 1915-2009) の研究を経て，『価値の理論』(1959) の著者ドゥブリューらによって公理化された。ところが，序数主義にもとづいて公共政策にかんする具体的な提案をすることは容易ではなかった。

規範的分析において，序数主義は新厚生経済学や社会的選択理論などの分野の発展を促した[9]。序数主義にもとづく政策判断の問題は，カルドア (Nicholas Kaldor, 1908-86) とヒックスの補償原理やバーグソン (Abram Bergson, 1914-2003) やサミュエルソンの社会的厚生関数などの概念を生み出した。補償原理は，公共政策の受益者が被損者に資源の再配分によって補償することにより，全員が公共政策前の状態と同等かよりよい (パレートの意味で優る) 状態になればその公共政策を行うべきであるという考え方である。バーグソンとサミュエルソンは，社会を構成するすべての個人の効用関数にもとづいて，すべての個人についてその個人の効用水準が向上すれば社会的厚生水準も向上するような関数，すなわち社会的厚生関数を構成し，それにもとづいて社会状態の優劣を判断できると考えた。

アロー (Kenneth Joseph Arrow, 1921-) は，この問題を，多数の個人から構成される社会において，個々人の選好順序を反映して，民主主義的に社会の選好順序を構成する問題として定式化し，社会的選択理論を構築した。そして，いかなる場合にも序数主義にもとづいて適切な政策判断を行うことは不可能であることを，一般不可能性定理として証明した。その後，さまざまな解決策が検討されたが，結局アローの一般不可能性定理は否定しがたいことがわかった。また，アトキンソン＝スティグリッツ (Atkinson and Stiglitz, 1980) の『公共経済学』などからわかるように，公共経済学などの応用経済学分野において，序数主義のもとでは建設的な結論が得られないという認識が広がった。ゲーム理論では確率的状況を仮定して，期待効用関数が利用さ

---

[9] この分野については奥野・鈴村 (1988)，川又 (1991) を参照せよ。

れ，有益な帰結を得られていた．これらの複合的理由により，序数主義は実質的に放棄されたといってよい．

　アローの一般不可能性定理は，ルソーの『社会契約論』(1762) が仮定する一般意志の存在を疑うものであるが，政策的には社会の目標は必要であり，そのために社会的選択理論という分野が確立された．協力ゲーム自体は規範的意味をもたないが，協力ゲームの解概念である交渉解は，期待効用関数にもとづいて，功利主義や社会契約論などの思想を反映した，社会的厚生関数の可能な選択肢を提案している．

　経済学の規範的分析は，幸福の経済学のような経験的・実証的な分析も進んでおり，経済学を超えた社会科学の周辺領域に拡張されつつある．

1.4.13　ゲーム理論

　個々人の戦略的行動を分析するゲーム理論は，フォン・ノイマンとモルゲンシュテルン (Oskar Morgenstern, 1902-1977) の『ゲーム理論と経済行動』(1944) によって体系化された．フォン・ノイマンとモルゲンシュテルンは1930年代まで，オーストリア・ハンガリー帝国崩壊後なおその栄光が残るウィーンを中心とするヨーロッパで研究していたが，ナツィズムの迫害を避けて1933年にフォン・ノイマンが，1938年にモルゲンシュテルンがアメリカのプリンストン高等研究所に移ったことにより，第二次世界大戦中にプリンストン大学でゲームの理論が研究されることになった．

　ゲーム理論は，誰がプレーするか，戦略は何か，プレーヤーはどう行動するか，プレーヤーが選択した戦略の結果プレーヤーはどういう利得を得るか，などの情報 (ゲームのルール) によって特徴づけられる．プレーヤーが協力し合うかしないかによって協力ゲームと非協力ゲームに分かれる．ノイマン＝モルゲンシュテルンのゲーム理論は協力ゲームの分析が中心であった．協力ゲームにおいては，すべてのプレーヤーが協力関係を形成できる公理とはどのようなものかを考え，いくつかの公理の組み合わせを満たす解概念としてどのような社会的合意形成が可能かを分析する．資源配分の効率性，同じプレーヤーは同じように処遇されることを意味する対称性などは最も基本的な公理である．

1.4 経済学略史

　ノイマン＝モルゲンシュテルンの非協力ゲームは実質的に二人一定和ゲームに限られ，それから一般化された n 人ゲームに拡張することができなかった。それを可能にしたのがナッシュ均衡の概念である。ナッシュ (John Forbes Nash, Jr. 1928-2015) は，すべてのプレーヤーが，ほかのすべてのプレーヤーの戦略を所与として最適応答を行うナッシュ均衡の存在を証明した。ナッシュ均衡が登場した 1950 年代には，いくつかの異なる均衡概念が知られていたが，それらを定義するゲームの構造が詳細に調べられ，ゲームのルールを明確に記述することにより，それらが異なるゲームのルールのもとでのナッシュ均衡として統一的に理解できることがわかった。非協力ゲームの理論はゼルテン (Reinhard Selten, 1930-) らによって繰り返しゲームに拡張され，さまざまな分野に応用されている[10]。

　1980 年代には，抽象的かつ一般的な序数主義的一般均衡理論にもとづく研究からは，経済学的に有益な命題を導き出せないという認識が共有され，モデルの抽象性や一般性を保持したまま，経済学的に意味のある命題を導出しようとする研究の成果は限界に近づきつつあった。1970 年代から，具体的な応用分野の専門誌が刊行されるとともに，*Journal of Political Economy* (1892-)，*Quarterly Journal of Economics* (1891-)，*Review of Economic Studies* (1933-) などの理論志向の強かった一流の専門誌においても，明確な編集方針の転換があった。1980 年代以降は，まず具体的な経済問題を扱いやすい経済モデルにもとづいて理論的に分析し，経済学的に意義のあることがわかった経済モデルについてその頑健性を追求するようになった。

　ゲーム理論により，一般均衡理論によって分析することが難しかった不完全競争市場を分析したり，制度をゲームのルールとして定式化することにより，経済問題を具体的に分析することができるようになった。不完全競争市場における戦略的行動の分析は，国際貿易や産業組織の理論，経済地理や空間経済学において有効な分析道具を提供し，顕著な成果をあげた。こうして，1980 年代以降，より具体的な分析が可能になったゲーム理論へのパラダイム転換が進み，最先端の経済学研究はゲーム理論にもとづく経済分析が主流に

---

[10] ゲーム理論とその歴史については，鈴木 (1994)，神取 (1994)，岡田 (1996)，岡田 (2007) を参照されたい。鈴木 (1994) には詳細なゲーム理論の歴史に関する解説がある。

なった。

1.4.14　情報の非対称性とインセンティヴ

マーシャルによって指摘された費用逓減産業や外部性，不確実性といった市場の失敗要因は，市場の枠組みにおいて適切な公共政策によってある程度解決できるが，情報の非対称性がもたらす問題は市場の枠組みを所与と考えると解決できないことが次第にわかってきた。

情報の非対称性がもたらす経済問題は，インセンティヴ両立性という深刻な問題をともなう。個々人に社会的利益に適合する行動をとるとそうでない場合より大きな利益を得るか，社会的利益に反する行動をとるとそうでない場合より大きな不利益を被るかするように社会的制度を設計するとき，個々人に社会的利益に適合する行動をとるインセンティヴ (incentive, 誘因) を与えるという。インセンティヴは，個々人の外的要因によって個々人の行動を誘導するもので，個人行動の内発的理由である動機 (motive) とは区別される。

インセンティヴは，とくに情報の非対称性が存在する経済問題において重要な概念である。ヴィクセルによって指摘された公共財の最適供給の問題は，リンダール (Erik Robert Lindahl, 1891–1960) の理論によって解決されたが，ただ乗り問題を避けることができない。リンダール (Lindahl, 1919) は，公共財生産の限界費用を個々人が自己の限界効用に応じて負担するリンダール均衡において，公共財供給は最適になることを明らかにした。ところが，個々人の効用水準は本人にはわかるが他人にはわからない非対称情報である。そのため，各個人は，自己の真の効用水準を表明せず，費用負担をしなかったとしても，他の個人が真の効用水準を表明すれば，ほぼ最適な規模の公共財を享受できる。このただ乗りのインセンティヴはすべての人々にあるから，公共財供給は著しく小さな規模になる可能性がある。

マルクス以降の社会主義運動によって実現した社会主義経済における経済計画と資本主義経済における競争メカニズムはどちらの性能が優れているかという問題に関連して，1920〜30年代に社会主義経済計算論争が行われた。この論争にかんするハイエク (Friedrich August von Hayek, 1899–1992) の指摘によって，個人情報は本人にはわかるが他人が知るのは困難である，と

1.4 経済学略史

いう情報の非対称性が資源配分メカニズムに致命的な瑕疵となることが周知された (Hayek, 1945)。個々人が，計画当局に，虚偽の個人情報を伝えることにより，経済計画を自己の有利になるように操作するインセンティヴを解消するのは不可能である。

情報の非対称性がある経済環境においては，悪貨が良貨を駆逐する逆選択や，人のみていないところで手抜きをしたり虚偽の報告をするモラル・ハザードが生じる可能性が高い。実際その問題がワルラスの完全競争市場の価格メカニズムにおいても生じることが指摘されるに至り，他の市場の失敗要因と同じような公共政策によっては解決できない深刻な問題であることが認識された。情報の非対称性から生じる問題を解決するため，とくにインセンティヴ両立性をもたらすためには，資源配分メカニズムのルールそのものを変更する必要があることがわかり，メカニズム・デザインの理論がハーヴィッツ (Leonid Hurwicz, 1917–2008) によって構築された。この理論はさまざまな経済問題に応用され，現代経済学の重要な研究計画を形成している。

情報の非対称性がもたらす経済問題を的確に表現し，有益な分析結果を得ているモデルは，プリンシパル・エージェント・モデルである。このモデルにおいて分析されるのは，仕事の依頼人であるプリンシパルは，依頼人の期待を裏切る可能性がある代理人であるエージェントが，プリンシパルが期待するとおりの行動をとるインセンティヴをもつようにゲームのルールを設計するメカニズム・デザインの問題である。この問題は依頼人がもっとも望ましい契約を設計するという最適化問題として定式化されるので，この分野は契約理論とよばれている。こうして，さまざまな経済問題の特徴がゲームのルールとして定式化されている。

ゲーム理論は一般均衡理論では分析できなかった，市場の失敗に関する問題，市場とは異なるメカニズムにもとづいて遂行される経済活動に応用されている。とくに，制度をゲームのルールとして記述できるようになり，市場と組織，企業組織と契約の理論，所有権アプローチ，自生的秩序，経済史，集団行動の理論，法の経済学などさまざまな分野に応用され，目覚ましい成果を上げている。そのため，ゲーム理論にもとづいて制度を分析する研究計画は新制度学派とよばれている。

以上のように，経済学は経済の発展を反映して進歩してきた．最初の経済問題は，交換や流通から得られる利益にかんする問題であった．古典派においては経済成長について議論され，ついで新古典派において資源の効率的配分や所得分配の公平性について議論されてきた．ケインズ以降景気循環と貨幣の役割について議論され，20世紀後半に個人のインセンティヴと制度設計について議論された．

　マーシャルの経済学を継承して厚生経済学を確立したピグーは，1人当たりGDPが大きいほど(効率性)，所得分配が公平であるほど(公平性)，景気が安定しているほど(安定性)，経済厚生は大きいと指摘しているが，その後の経済学は，個々人のインセンティヴと社会の利益が両立するインセンティヴ両立的な制度作りが重要であることを付け加えている．この問題は社会科学の根源的問題である自由と公共性の調和をテーマとする社会契約論への回帰でもある．ゲーム理論の枠組みにもとづいた，行動経済学や実験経済学においては人間の行動は必ずしも利己的なだけではなく，多くの場合，ある程度社会の利益を視野に入れた公共的な行動をとることが指摘されている．

演習問題

1. 通常科学と科学革命について説明せよ．
2. 反証された科学的理論が棄却されない理由をラカトシュの方法論にしたがって説明せよ．
3. 科学の発展が系統樹のようになると考えられる理由を説明せよ．
4. マルクスは，かれの『剰余価値学説史』において，かれの思想と矛盾する諸学説をすべて否定的に評価している．こうした姿勢は，科学方法論にもとづくかぎり容認することはできない．その理由を説明せよ．
5. ドイツ歴史学派が登場する背景と，歴史学派の特徴について説明せよ．
6. アメリカ制度学派について説明せよ．
7. 1600年から2000年までの経済学の歴史を4つの時代に区分し，それぞれの時代の特徴を記せ．また，この時代区分を2つ，3つ，5つにしたとき，それらの時代はどう区分され，どう特徴づけられるか考察せよ

2 重商主義とフィジオクラシー

2.1 イギリス重商主義

　大航海時代の 16 世紀中頃から 18 世紀後半のジェームズ・ステュアート (James Denham Steuart, 1713–1780) にいたる，イギリスを中心に展開された一連の経済思想および経済政策は，重商主義 (mercantilism) と総称されている。アダム・スミスが 1776 年『国富論』第 4 編において，それを商業の体系 (system of commerce あるいは mercantile system) とよび，その保護貿易主義的主張を自分自身の自由貿易主義と対比するかたちで批判したことが，この名称が定着する原因となった。ただし，現在では，スミスがよんでいる重商主義的学説は，必ずしも統一された主張があるわけではなく，それらを総合して単一の名称でよぶことには否定的な見解が多い。実際，以下で説明するように，重商主義の思想は大きく変化し，次第にスミスの考え方に接近していったといってよい。

2.1.1 価格革命と商業革命

　大航海時代の先駆者は最初にインド航路を発見したポルトガルであった。ほぼ同時期に新大陸への航路を開拓したスペインは南北アメリカ大陸から流入した金銀によって繁栄し，ポルトガルを併合して覇者となった。それらの金銀流入はヨーロッパに価格革命とよばれる物価上昇をもたらすと同時に，経済流通を促進させる十分な交換手段を提供し，貨幣での納税を可能にし，貨

幣制度の整備によって貨幣供給と改鋳による国家収入の制御を可能にした。

こうした経済状況を背景として，国富とは金であると考える重金主義が形成された。ところが，重金主義に囚われたスペインは，獲得した金銀の流出を規制するための使用条例を制定し，それが本来それにより経済活動を活性化させるはずの貨幣の流通を妨げたために，経済活動そのものを衰退させる結果となった。

こうした政策とは逆に，貨幣を流通させることにより中継貿易を行って繁栄したのが，イギリスの支援をうけてスペインから独立したオランダであった。ヨーロッパでは産出されないアジアの特産物をより安く大量に流通させれば，地域間の価格体系の差異を利用して大きな貿易黒字を獲得できた。しかし，貿易が自由に行われると，価格体系の地域間格差はそれぞれの市場の需給関係によって縮小する。より儲かる市場には生産者が参入して供給が増大するため価格は下落する。上限のある供給に対して多数の買い手がやってくれば，需要の増大により価格は上昇し，買い手のうまみである貿易黒字は消えてしまう。そのため，ヨーロッパ諸国は軍事力を背景にアジアやアメリカを植民地化し，プランテーションを作って生産費用の上昇を抑えることで，独占的利益を維持しようとした。このように，オランダの繁栄は国内の産業がもたらす利益ではなく，植民地のプランテーションなどで低コストで生産された産物をヨーロッパ諸国で高く売りさばいて得られる中継貿易の利益によって支えられていた。オランダは人口が少なかったので，それ以外に産業を拡張できなかったのである。この当時，東アジア貿易はオランダによって覇権が握られており，後から進出したイギリスやフランスのアジア貿易はインドに限定されていた。

ところが，17世紀後半ヨーロッパの人々の嗜好が香辛料から綿織物，茶，コーヒーに移ったことが，綿織物の主要産地であるインドと貿易を行っていたイギリスとフランスに有利に働いた。とくに，新興産業であった綿織物は，新しい技術や組織を導入し，それまでの旧態依然とした毛織物産業に代わって第1次産業革命を推進する場となった。イギリスは1651年の航海法によってイギリス関係国の貿易からオランダを締めだし，七年戦争 (1756-63) を経て，1760年代にはインドや北アメリカで植民地を争ったフランスを駆逐する

ことにより，産業革命の恩恵を綿織物などの新興産業において享受し，歴史上初の世界の工場となった[1]。このように，イギリスの重商主義は，オランダやフランスとアジア貿易や北米の覇権を争う過程で形成されていった。

2.1.2 重金主義，個別貿易差額主義，総貿易差額主義

スミスが重商主義として批判した対象は重金主義である。国富とは金であり，国内に金を蓄積することを政策目標とする考え方である。スミスの批判の矛先は東インド会社の理事であったトマス・マン (Thomas Mun, 1571-1641) に向けられているが，かれは決して重金主義者ではなかったし，スミスの批判はフェアであるとはいいがたい。ただし，当時の論客のほとんどが，単純な重金主義ではうまくいかないことは経験的にわかってはいても，なかなか重金主義的な発想から抜け出せなかった。かれらは，国内に貨幣としての金銀を蓄積するために，あらゆる海外取引を規制することを主張した。実際に，東インド会社など一部の貿易商人に独占権を与え，獲得した金銀が流出することを防ぐための使用条例を制定し，為替管理を強制する王立取引所を設立するなどの政策が採用された。

1620年代には，イギリスにおける経済危機の原因がイギリス国内の貨幣不足であるとみなされ，それが重要な経済問題になっていた。にもかかわらず，1600年に設立された東インド会社は，銀をインドに輸出してアジアの産物をインドから輸入し，それをヨーロッパ大陸に再輸出する中継貿易を営んでいたため，個々の取引において金銀の輸出を禁止する重金主義的立場から批判されていた。マンは，東インド貿易を擁護する論陣を張っていくプロセスで，貿易にかんする諸問題について理論的考察を重ね，総貿易差額論を確立させた。総貿易差額論とは，個々の取引における貿易差額は正にも負にもなるが，一般的，総合的な貿易の利益である総貿易差額が正であれば貨幣的富を増大させると主張する学説である。

マンは死後に出版された『外国貿易によるイングランドの財宝』(1664) において，つぎのように述べている。「わが国には財宝を産出する鉱山がないの

---

[1] 川北稔「西ヨーロッパの経済発展」『経済学大辞典 III』(1980) 所収；河野健二 (1980) 『西洋経済史』岩波全書

だから，外国貿易以外に財宝を獲得する手段がないことは思慮ある人ならだれでも否定しないであろう。・・・ひとびとは，この仕事の端緒だけしか吟味しようとしないので，その判断を誤り錯覚におちいるのである。すなわち，もしわれわれが，農夫の行動を，種まきどきに大地の中へ良穀をどんどんまき捨てるさまでしか見ないならば，われわれは，かれを農夫とは見ずにむしろ狂人だと思うであろう。しかし，かれの努力の結末である穫入れどきになってその労働を考えるならば，われわれは，かれの行動の値打ちと，その行動による豊かな増収を見いだすのである。」(Mun, 1664/1949, 訳 p.36,40)

2.1.3　自由貿易主義

　貿易は国際間の商品の交換であり，交換自体は等価交換である。貿易当事国が貿易をするのは，貿易による資源の再配分が双方に利益をもたらすからであり，その基準と貿易収支の正負は無関係である。A 国と B 国の二国間貿易について考えよう。A 国の貿易差額が黒字であることは A 国の輸出が A 国の輸入より大きいことを意味している。この場合，A 国の輸出 = B 国の輸入，A 国の輸入 = B 国の輸出，であることに注意すると，貿易差額の本質は需要関数によって特徴づけられる。一般に，それぞれの国の輸入財の需要は輸入財価格の減少関数であり，その国の所得すなわち GDP の増加関数である。

　A 国の貿易黒字が増大するとき B 国の貿易赤字も増大している。このとき，商品の総量が変化しなければ A 国の GDP は増大し，B 国の GDP は減少する。ところがその結果，A 国の輸入は増大し，B 国の輸入は減少するから，A 国の貿易収支の黒字と B 国の貿易収支の赤字は減少する。すなわち，A 国の貿易黒字が維持されるためには B 国の GDP も維持されなければならない。貿易が行われる当事国の間で一方だけが利益を独占するということはあり得ない。

　これが国際貿易における普遍的原理であり，ある国において毎年貿易黒字を維持するためには貿易相手国もその輸入を維持するために必要な GDP を維持しなければならない。つまり，貿易当事国は互恵関係になければならないのである。そして，さらに貿易黒字を拡大するとすれば，それぞれの国の

2.1 イギリス重商主義

経済規模そのものを拡大する以外にないのである．実際，各国は関税などによって輸入規制をするとともに，輸出財産業の振興を行い，同時に，国内産業の生産規模を保護し，雇用を維持・拡大するという産業政策が重視されるようになった．そのため，次第に，経済活動は流通より生産が重要になり，国富はフローとしての生産物であり，生産性の向上によって増大するとの見方に変わっていく．

ダドリー・ノース (Sir Dudley North, 1641-91) による『交易論』(1691) のつぎの主張は注目に値する．「全世界は，交易に関しては，一つの国家または国民のようなものであり，諸国家は諸個人のようなものである．一国との交易の喪失は，単に個人的に考えた場合の喪失だけにとどまらず，全世界の交易がそれだけ削減され失われるのである．なぜなら世界の交易はすべて相結合しているからである．どんな交易でも社会にとって不利な交易はあるはずはない．なぜならある交易が不利なことがわかれば，人々はこれを放棄するし，交易業者が繁栄するところでは，かれがその一部をなす社会もまた繁栄するからである．」(North, 1691/1954, 訳 pp.16-17) ただし，ノースは輸入規制を容認しているので，かれは完全な自由貿易主義者ではない．

2.1.4 正貨流出入メカニズム

重金主義にもとづく貿易差額主義政策が有効でないことは，正貨流出入メカニズム (貨幣自動調節論) によって指摘されていた．ヴァンダーリント (Jacob Vanderlint, ?-1740)，ハリス (Joseph Harris, 1702-64)，ヒューム (David Hume, 1711-76) らをはじめ多数の論者が貨幣の自動調節について指摘している．それは，

金の増大 (減少) → 国内物価の上昇 (下落) → 貿易差額の減少 (増大)
→ 金の減少 (増大)

という定式化である．

金の増大 (減少) が国内物価の上昇 (下落) をもたらすという推論は貨幣数量説による．貨幣数量説とは，I. フィッシャー (Irving Fisher, 1867-1947) の『貨幣の購買力』(1911) において定式化された，貨幣供給量 M，貨幣の

流通速度 V,一般物価水準 P,総取引数量 T とすると,$MV = PT$ が成り立つという仮説である。貨幣の流通速度は一般に一定であり,総取引数量は短期間には変化しないから,貨幣数量が増大(減少)すれば一般物価水準は上昇(下落)することになる。

物価水準の変化に対する貿易差額の変化は,商品の需要関数の性質に依存して決まる。国内の物価水準が上昇(下落)すれば,国内製品の価格は相対的に上昇(下落)し,国外製品の価格は相対的に下落(上昇)する。このとき,輸出＝国内製品に対する国外需要は減少(増大)し,輸入＝国外製品に対する国内需要は増大(減少)するから,貿易差額は減少(増大)する。このモデルでは,いわゆる貨幣数量説と輸出入品の需要の価格弾力性が 1 より大きいことが暗黙に想定されていると考えられる。このように,正貨流出入メカニズムの議論には,少なくとも貨幣数量説の萌芽的考え方と需給均衡と価格調整を想定した需要法則の基本的な考え方が必要である。

2.2 重商主義経済学の体系化

重商主義の経済学説は,スミスとほぼ同時代の経済学者ジェームズ・ステュアートによって体系化された。ステュアートはスコットランド,エディンバラ生まれ。エディンバラ大学卒業後,弁護士資格を獲得したのち大陸に遊学し,スコットランド王党派と交流したが,それが1745年のジャコバイトの乱で反乱軍に加担するきっかけとなった。ウィッグ政権の反乱鎮圧により大逆罪に問われ,18年に及ぶ大陸亡命生活を送ることになった。1771年赦免され,国王に謁見を許され,政府顧問官となった。主著は,『経済学原理』(1767) である。

イギリスでは 17 世紀後半に新しい農法が導入され,輪作作物にカブなどの飼料作物が導入されたことにより,飼育可能な家畜数が増大し,家畜による肥料が土地の生産性を向上させた。そのため,土地を集中して,個々の農家が自由に市場向け穀物を生産する農業経営が一般的になった。これが 18 世紀から 19 世紀の議会によって承認された第 2 次囲い込みをもたらした。結果として土地を失った小屋住農は農業労働者となるか,都市へ出て賃金労働

2.2 重商主義経済学の体系化

者になった。とくに，農業革命によって人口が増大すると農業が吸収できない労働者が都市にあふれることになった。

こうした事情を背景に，ステュアートの『経済学原理』が書かれた当時，自給自足経済から市場経済への移行過程において，農業における食糧生産性の上昇によって過剰になった労働力が農村から都市に流入し，農業から手工業に移動することが必要だった。かれは，「各人の私益が合成されて，公共の利益が形成される。これを促進することが為政者の任務である」と述べ，為政者が市場の形成と発展に積極的に干渉する政策を力説している。

また，『原理』第2編の題が「交易と勤労」であることからもわかるように，ステュアートは国富の増大を交易と生産活動が依存し合って発展することに求めた。かれは，商品の価格は経済全体の平均的生産費用を超え，供給量に対する需要の大きさによって価格が決まり，その価格が経済全体の平均的な生産費用を超える額が産業の利潤をもたらし，その大きさがその商品の供給を増大させる，と考える。商品の需要は社会の嗜好と欲望に依存し，供給は生産条件に依存する。供給量に対して需要が小さく価格が低くて製造業者に利潤が生じなければ，供給は減少する。

ステュアートは，個人の利己的行動原理を想定し，個々人が適材適所の仕事をすることによって公共の利益が達成されると指摘している。それは基本的に自由な競争によって促進されるのだが，自由な競争によって人々は差別化され，相互間のネットワークに破綻を生じ，需要不足による商品交換過程の中断と不完全就業状態を生み出す。この市場の不完全性は為政者の経済政策によって補正されなければならない。ステュアートは，市場経済発展のための政策として，金の流入を促進するための外国貿易の規制，国内産業振興のための安価な原材料の輸入促進，輸入工業製品に対する国内産業保護のための関税，低賃金を維持するための移民政策，などを挙げている。しかし，これらの政策は自国だけがより善くなるための政策で，長期的な互恵関係を形成するのは不可能である。

貿易収支の黒字を増大させることにより金を獲得しようとする重商主義的政策は，金本位制を採用している国にとっては重要な意味をもっている。というのは，国内の金の量が一定であるとすると，その国が経済成長した場合

貨幣が不足し，有効需要が不足するため失業が発生するという問題が起こりうる。産業革命以前の経済現象をケインズの理論で解釈することの妥当性については意見が分かれるであろうが，重商主義的経済政策をケインズが高く評価したのは当然であるといえる。

2.3　重商主義の歴史的位置づけ

　重商主義的主張とスミスの見えざる手の主張は根本的に異なるともいえるが，理論としての相違はあまりないともいえる。というのは，正貨流出入メカニズムやステュアートの理論が暗黙に仮定しているように，議論の背景には自律的市場メカニズムがあるからである。

　マグヌソン (Magnusson, 1994) の指摘によれば，重商主義はつぎのような特徴をもっていた。重商主義者が最も重視していたのは順調貿易差額の原理であり，かれらは，諸国間の貨幣の流れは貿易差額 (balance of payments) によって決まる，為替相場を決めるのは貿易差額であって，その逆ではない，と確信していた。かれらは市場メカニズムの全般的な重要性を認識し，この市場メカニズムを価格形成全般に適用した。かれらは，市場での需要と供給は，いかなる種類の分配上の正義をも圧倒するものと確信し，経済を一連の倫理的規則を定めたキリスト教の道徳的秩序の一部とはみなさなかった。経済は完全に自律的に動く諸要因の体系であり，個人は利己的に行動すると強調していた。経済メカニズムを動かす機械的諸要因は，競争過程を通じて一つに結びつけられたが，競争によって個人の利己的利益の追求が自動的に社会の利益をもたらすとは考えられなかった。しかし経済が，認識されたある「自然の」諸原理にもとづいて忠実に機能しているかぎり，個人の利益と社会の利益の調和はある程度は達成されると考えられた。

　こうした認識は，少なくとも事実解明的分析の観点からは，スミス以降の市場観と大きな相違はない。自律的競争市場メカニズムが機能しているとすると，国富が金であり，政策目標が貿易差額の増大であるときには，保護貿易主義的政策はある程度有効である。ところが，国富が GDP であり，政策目標が GDP の最大化であるときには，最適政策は自由貿易の維持である。さ

らに，国際貿易市場が変動相場制ではなく，機能不全に陥っている場合，ケインズ経済学が想定する状況が生まれる。すなわち，貿易収支が増大すれば，有効需要が増大するから，GDP が増大する。この観点は重商主義に通じ，そのためケインズは重商主義を高く評価した。

　これらの経済政策論は，帰結は相対立するものであるが，幾何学がある直線に対してその直線上にない点を通る平行線が 0，1 あるいは無限のいずれであるかによって世界がまったく違ってしまうのに似ている。重商主義とスミスは国富の概念が異なるだけであり，スミスとケインズは価格調整に対する仮定が異なる。しかし，それらの概念や仮定がのっている土台は同一のものであるといってよい。これらの政策理論が仮定している市場の自律的価格メカニズムは基本的に同じものであり，異なるのは規範である政策目標である。マグヌソンは，重商主義経済学において市場の基本的原理が形成されていた，という事実を重商主義革命とよんで評価している。

2.4　コルベール主義の負の遺産

　イギリスの重商主義は，東インド会社などの有力な商人によって主導されたのに対し，大陸の重商主義は政策担当者や官僚の行政によって主導されていた。とくにフランスでは，ルイ 14 世のもとで財務総監を務めたコルベールが，輸出産業である商工業を保護すると同時に，商工業で雇用する労働の賃金を抑えるために農産物の輸出を規制して価格を抑制する政策をとったので，農業に悪影響もたらした。ただし，コルベール主義の直接の目標は貿易収支の黒字ではなく，その関連で財政収支が増大することを期待して，絶対主義政府が輸出財関連企業を優遇した政策，産業保護，独占の特権などの帰結であると考えることができる。

　コルベール主義に限らず，重商主義は貿易のための市場である植民地の覇権を軍事力にもとづいて維持することにより成り立っていた。フランスは，1760 年代にはインドや北アメリカの覇権戦争でイギリスに敗北し，フランスの重商主義体制は崩壊への道をたどった。また，植民地の覇権を維持する軍事力を支えるためには，強固な財政基盤が必須条件であった。そのためフラ

ンスは，イギリス同様，英仏戦争の戦費調達のために発行した国債による巨額の負債を抱えていたうえ，コルベール体制の破綻により，その債務がさらに膨らんだ。当時のフランスにとっては，この財政問題を打開することが急務であった。財政問題に苦しんでいたルイ15世の摂政であったオルレアン公爵は，スコットランド出身のジョン・ローを財務総監に起用し，いわゆるジョン・ローのシステムの構築によって一気に問題を解決しようとした。

ローは1716年に「一般銀行」という私営銀行を設立し，1717年には勅令によって一般銀行券による租税支払いを可能にしたことにより，金や銀といった正貨との兌換が保証されない不換紙幣だった一般銀行券自体に強い通用力をもたせた。また，北アメリカ大陸のルイジアナ，ミシシッピ川流域の天然資源開発と交易を請け負うという建前で実体のない「西方会社」(通称ミシシッピー会社) を設立した。この会社は大量の株式を発行し，この株式を一般銀行が購入することによって株価をつり上げ，その株を担保としてさらに一般銀行券を発行し，株を購入するというシステムを構築し，バブルを発生させた。この事業は実体がなかったために結局失敗し，バブルは崩壊した。

コルベール体制のもたらした危機は，17世紀の終りから18世紀の初めにかけて，ボアギュベール (Pierre Le Pesant, sieur de Boisguillebert, 1646–1714) およびヴォーバン (Sebastien Le Prestre, Marquis de Vauban, 1633–1707) という2人のこの体制に対する理論的批判者を生んだ。かれらはコルベール体制のもたらした危機の本質をその重商主義政策による農業の破壊にあるととらえて，その点に批判を集中した。富は使用価値をもつものであり，究極の源泉は農業である，穀物の自由取引にもとづく高価格を実現することが必要である，租税制度の改革により農民が耕作をするための資金を獲得できるようにする，などがかれらの主張である。

2.5 フィジオクラシー (重農主義)

フィジオクラートは，かれらの自然法思想にもとづいて，為政者が，自然的秩序を支配する自然法を明らかにし，実定法や実定的秩序を自然法に適合させなければならないと主張した。かれらは，自然法はケネーの経済表が表

す自然的秩序によって解明されていると考え，経済表を研究計画の核心に据えて，自らの研究成果を発表する機関誌を発行していた．かれらは，自らをエコノミストと称し，かれらの集団が学派であることを自覚していた．後に，かれらの学説を重商主義と対比して重農主義 (agricultural system) とよんだのは，アダム・スミスである．

2.5.1 ケネーの経済表

フランソワ・ケネーは，パリ近郊に生まれ，苦学して外科医の資格を取得した後，1718 年に開業した．当時内科より地位の低かった外科医の地位向上に貢献し，1749 年からルイ 15 世の愛人ポンパドール夫人の侍医としてヴェルサイユ宮殿に出仕し，後にルイ 15 世の侍医となった．このとき，「中二階の一室」とよばれるケネーの自室における当時の知識人との知的交流を通して経済問題に精通した．ハーヴェイ (William Harvey, 1578-1657) から影響を受けた人の血液循環モデルを経済循環に応用し，1758 年農業の生産力を高めることが重要であると説いた『経済表』を発表し，フィジオクラシーの研究計画を築いた．

ケネーは『農業王国の経済統治の一般準則とそれら準則に関する注』(1767) において，つぎの準則を含む一般準則について具体的に列挙している．

「● 主権が唯一であり，社会のあらゆる個人に対しても，また特殊利害にたつすべての不正な企てに対しても優越している．

● 国民が，明らかに最も完全な統治を構成する自然秩序の一般法について教えられること．

● 土地が富の唯一の源泉であり，富を増殖させるのは農業である．

● 土地財産と動産的富の所有権が，それらの合法的な所有者に保証されていること．

なぜなら所有権の安全は，社会の経済的秩序の本質的基礎だからである．

● 租税が破壊的なものでないこと，すなわち，国民の収入の総額に不釣り合いなものでないこと．租税の増加は国民の収入の増加に準拠すること．

● 交易の完全な自由が維持されること．なぜなら，最も安全かつ最も厳格であり，国民と国家にとって最も利益をもたらすような国内交易と外国貿易

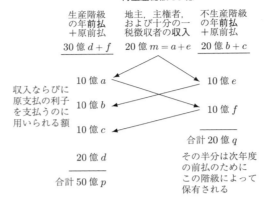

図 2.1 経済表の範式

の取り仕切りは，競争の自由が完全であることに存するからである。」

ケネーの経済表は，農業生産物と工業生産物の再生産と分配のシステムをモデル化している。『経済表』において，ケネーは，生産的階級 (農業部門)，不生産的階級 (商工業部門) および地主という経済主体から構成される経済を考えている。農業部門は付加価値を生み出す生産的階級であり，工業部門は付加価値を生み出さない不生産的階級であると想定されている。

経済表には原表と範式がある。原典の経済表とその説明は必ずしも首尾一貫していないので，いくつかの解釈が行われているが，ここでは根岸 (1997) が採用している解釈にもとづいて，範式について説明する。経済活動は，単純化のためまず生産が行われ，その後で交換が行われるとする。生産的階級である農業部門には耐用年数 10 年，100 億 (以下単位は当時のフランス貨幣単位リーヴル) の工業製品が原前払 (固定資本) として投資されている。その減価償却分 10 億 (= 100 億 ÷ 10 年) を補填するために工業製品 10 億 f が回収され，固定資本が修復される。

生産活動の期首には，前期の生産活動の結果，農業部門は年前払 (流動資本) の農産物 20 億 (d) と原前払 (固定資本) の減価償却分 10 億 (f によって補填される) を，工業部門は年前払 (流動資本) の農産物 10 億 (b) と原料の農産物 10 億 (c) を，地主は前期に地代として支払われた貨幣 20 億 (m) を所有

2.5 フィジオクラシー (重農主義)

している．まず，期首に所有している生産要素を投入して，農業部門は農産物 50 億 (p) を産出し，工業部門は工業製品 20 億 (q) を産出する．

それらの生産物に対し，地主は貨幣 20 億 (m) を支出して農産物 10 億 (a) と工業製品 10 億 (e) を購入する．農業部門は地主に農産物を販売して得た貨幣で工業製品を 10 億 (f) 購入し，次期の原前払減価償却補填にあてる．工業部門は地主と農業部門に工業製品を販売して得た貨幣で農産物を 20 億 ($b+c$) 購入する．この農産物 20 億 ($b+c$) は次期の年前払い (流動資本)10 億 (b) と原料 10 億 (c) である．農業部門は工業部門に農産物を販売して得た貨幣を地代として地主に支払い，生産した農産物 50 億のうち地主に 10 億 (a)，工業部門に 20 億 ($b+c$) 販売して残った 20 億 (d) を次期年前払い (流動資本) にあてる．こうして，それぞれの経済主体はこれらの経済活動を行った結果，期末には期首と同じ状態に戻る．この経済活動は，毎期同じ生産活動が繰り返される再生産システムになっている．

ケネーの経済表はマルクスの再生産表式に利用され，ワルラス，カッセル (Karl Gustav Cassel, 1866–1945) らの線形経済モデルを経てレオンティエフ (Wassily Leontief, 1905–99) の産業連関表に至る，国民経済全体を把握する理論展開の源泉であるといってよい．産業連関表の観点から解釈すると，ケネーの経済表はつぎのように表現できる．

投入＼産出		中間需要		最終需要	総産出額
		農 業	工 業		
中間投入	農業	20 (d)	20 ($b+c$)	10 (a)	50 (p)
	工業	10 (f)	0	10 (e)	20 (q)
付加価値		20 (m)	0		
総投入額		50^+	20 ($b+c$)	$50^+ = d+f+m$	

ここで説明されている経済表の範式は原典のものと同じではなく，現代的観点から解釈されたものである．原典にはこの解釈で補整された仮定以外にもいくつかの問題点が指摘されている．この原典における問題をどのように解釈するかによって，フィジオクラシーの歴史的評価には異なる考え方がある (Negishi, 1989)．

2.5.2 フィジオクラシーの展開と終焉

ケネーとミラボー (Mirabeau, V. R. M. de, 1715-89) は，地主階級を中心とする「装飾の奢侈」(≒消費の増大) が富と収入の再生産を縮小し，「生活資料の奢侈」(≒投資の増大) がそれらの再生産を拡大すると考えていたが，それについて経済表を用いて証明していない。また，ボードー神父 (abbe Nicolas Baudeau, 1730-1792) は，ケネーの枠組みにもとづいて，つぎの資本蓄積モデルを構成している。

国民的総生産物 = 前払いの回収 + 純生産物
純生産物 = 生産的支出 (投資) + 不生産的支出 (消費)

であり，今期の前払いの回収は次期の前払い (資本) として再投入される。そこで，不生産的支出 (消費) = 奢侈を減らして，生産的支出 (投資) を増大させれば，前払い (資本) が増大し，国民的総生産物は増大することになる。

チュルゴ (1727-81) ははじめ神学教育を受けたが，父の死後僧籍を離れ，官界入りした。『百科全書』への寄稿を通して名を知られるようになり，ヴォルテール (Voltaire, 1694-1778) やケネーをはじめとする当時の知識人とも交流をもった。34歳のときリモージュ財務管区知事，ルイ15世のもとで海軍大臣，ルイ16世のもとで財務総監 (1774-76) に任命された。チュルゴは財務総監時代，フィジオクラシーにもとづいて政策を実行しようとした。とくに，1776年穀物取引の自由化，税制改革，賦役の廃止，ギルド制の廃止など6項目にわたる布告を発したが，貴族，僧侶，その他の特権階級の反対にあい，失脚することになった。

チュルゴは，『富の形成と分配にかんする省察』(1770) において，単純な個人の経済から出発して，個人の特徴に応じて社会的分業が行われ，所有する生産要素と経済活動の相違に応じて階級が形成されるプロセスを説明し，さらに資本蓄積による富の増大と富の分配について見事な分析を行っている。

かれは，すべての個人が自分に必要な生活資料を生産するだけの土地を所有している，公平な社会から出発している。この経済には土地所有者 = 農業労働者である個人しか存在しない。ところが，社会的分業と交換が行われ，生産性が向上して進歩した社会においては，生産要素の所有と個人の経済活動

が分離し，農業労働者，工業労働者，企業者，土地所有者，資本所有者，などの階級が形成される。

　生産活動は企業者によって運営される。企業者は，土地所有者から土地を，資本家から資本を借り入れ，資本で賃金を前払いし，労働を雇用する。企業者は，農業労働と土地から農業生産物を，工業労働から工業生産物を生産する。企業者は，生産物から土地生産性に応じて土地所有者に地代を支払い，前払いを回収した残りの利潤から資本利子を資本家に支払う。資本蓄積を促す余剰を生み出すのは農業労働だけである。

　土地も資本ももたない労働者の賃金は，労働者間の競争により，それぞれの生活資料への支出に必要な額に等しくなる。生産物の余剰として蓄積された資本は，労働者に前払いされ，労働を投入して生産された生産物から前払いを回収して，残った利潤が再投資され，生産規模が拡大する。企業者である資本家はその資本に比例する利潤を獲得し，貨幣を貸し付ける資本家は企業利潤のなかから利子を獲得する。これらの報酬は土地が地代を得るのと同じ理由で得られると考えていた。

　ボードーやチュルゴの資本蓄積論は，フィジオクラシーを超えて，スミスの『国富論』に影響を及ぼしたと考えられている。また，チュルゴには「価値と貨幣」(c.1769) という論文があり，先駆的限界効用理論と交換価値の理論が構築されている。この理論はコンディヤックの『商業と政府』(1776) に継承されている。フィジオクラシーは，スミスの『国富論』が公刊された1776年に，チュルゴの失脚とともに，終焉を迎えることになった。

演習問題

1. 重金主義，貿易差額主義と自由貿易主義について説明せよ。
2. マグヌソンの「重商主義革命」について説明せよ。
3. 重商主義的保護貿易政策とスミスの自由貿易的政策の有効性について，事実解明的分析の観点，規範的分析の観点から論評せよ。
4. フィジオクラシーが登場した背景と，フィジオクラシーの基本的考え方について説明せよ。

5. 図 2.2 のケネーの経済表における取引を産業連関表によって表せ。また、a〜e が満たす条件を示し、それらを求めよ。

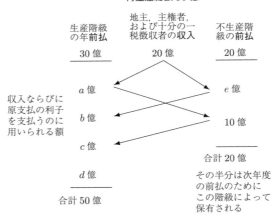

図 2.2　経済表

6. チュルゴの資本蓄積論について説明せよ。

3 スミスと経済学の成立

　スミスは，第1次産業革命が進行し，資本主義経済が成立する過程において，経済学を構築した。重商主義は，市場における価格調整メカニズムや貨幣数量説にかんする萌芽的言及を仮定していたが，国富を金と考え，貿易収支の黒字を最大化するという政策目標を追求したために，経済学の普遍的原理とはなりえなかった。重農主義は，重商主義に対する反省から国富を労働の生産物であると考え，自由放任思想にもとづいて市場は完全に自由でなければならないとしていたが，生産的なのは農業だけで商工業は不生産的であると考えたことに問題があった。

　スミスは，最大化すべき国富は貴金属ではなく労働が生み出す生産物（物質的GDP）であるという認識にもとづいて，自由な競争によりすべての国が国富を最大化する方法を提示した。スミスが経済学の創始者であるといわれる理由は，その後マーシャル，ヴィクセル，ケインズらによって市場の失敗や機能不全が指摘されるまで100年以上にわたって，支配的な役割を果たした研究計画を確立したことにある。1つは，自由な競争のもとでの個人の合理的行動と国富の最大化がインセンティヴ両立性を満たすことを指摘したことであり，もう1つは，分業と自然価格の理論にもとづいて資本蓄積による均衡成長理論モデルを示唆したことである。

3.1　スミスの研究構想

　スミスは，1723年スコットランドのカーコーディに生まれた。グラスゴー大学で学びハチスンから大きな影響を受けた。オックスフォード大学に遊学した後，1748年エディンバラで文学と法学の講義を始め，1751年グラスゴー大学教授となり，論理学，道徳哲学を講義した。1759年『道徳感情論』が出版された。1764年バックルー侯爵の付き添い家庭教師としてフランスに滞在し，フィジオクラートと交流した。帰国後『国富論』の執筆に専念し，1776年に公刊した。スミスは亡くなる直前ほとんどの原稿を焼き捨てるよう遺言したが，残された原稿に「天文学史」があり，ニュートン力学からの強い影響がうかがえる。

　スミスの研究構想は，グラスゴー大学で行われたスミスの講義の学生による筆記ノート『法学講義』から知ることができる。それは，法と統治の一般原理を確立することを目標として，第1部「正義」，第2部「治世」，第3部「国家収入」，第4部「軍備」，第5部「国際法」から構成されている。スミスの思想体系は法と経済学を中心とする思想体系であったことがわかる。また，スミスの構想は，第1部「正義」は『道徳感情論』として出版され，第2部「治世」，第3部「国家収入」，第4部「軍備」は『国富論』によって実現されたが，「法学の理論」はついに実現されることはなかった。さらに，フランス渡航以前に執筆された『法学講義』においては[1]，分業，交換と価格体系について，説明されているが，資本蓄積にかんする言及はない。この事実は『国富論』の核心である資本蓄積論がフィジオクラシーの影響を受けていることを示唆している。

3.2　『道徳感情論』

　『道徳感情論』においてスミスは，社会秩序をもたらす人間本性は何かを明らかにしている。

---

[1] 『法学講義』は2種類あるが，フランス渡航以前のグラスゴー大学における最終講義と集中講義を受講生が速記・清書したものである。

人はどんなに利己的でも，自分自身を他人の境遇において，他人の感情を想像し，知ろうとするし，他人から自分の感情を知ってほしいと思う．人はさまざまな境遇について相互に同じ感情をもつ (同感する) ことを望んでいるが，経験的に，人により同じ行為や事象に対して異なる感情をもつことも知っている．そこで，人は公平な観察者の立場から，さまざまな行為や事象に対して世間が同感する程度の分布を形成し，それを判断基準として設定する．人は，社会から称賛され，愛されるにふさわしい対象であることを望み，社会から非難され，憎まれるにふさわしい対象であることを恐れる．そこで，人は，公平な観察者の立場にもとづいて世間から称賛されるような行動を一般的規則として設定する．人々は一般的規則にしたがうことを義務とみなし，正義については法をたてて社会秩序を形成する．

　人は，歓喜をイメージさせる富や高い地位を求め，悲哀をイメージさせる貧困や低い地位を避けようとする弱さと同時に，真の幸福 (心の平静) をもたらす徳と英知を目指す賢さをもっている．これらは矛盾することがあるが，人々が徳や英知を優先させ，フェア・プレイのルールに従えば，社会の秩序は維持され，社会は繁栄する．人々がフェア・プレイのルールを守り，胸中の公平な観察者が認めない競争を避け，徳と富の追求を両立させることにより，正義感によって制御された野心にもとづいて行われる競争が社会に秩序と繁栄をもたらすのである．

　『国富論』におけるスミスの自由競争もこうした社会秩序の基盤のうえに行われているのである．

3.3　『国富論』

　スミスの『国富論』はつぎの 5 編から構成される．

第 I 編　労働の生産性の向上をもたらす要因と，各階層への生産物の分配に見られる自然の秩序，
第 II 編　資本の性格，蓄積，利用，
第 III 編　国による豊かさへの道筋の違い，

第IV編　経済政策の考え方，
　第V編　主権者または国の収入，

であり，それぞれ市場の資源配分，経済成長理論，経済史，経済政策論，財政学である。『国富論』の核心は序文において要約されている。すなわち，国富とは，毎年国民が消費する生活の必需品と生活を豊かにする利便品であり，それらは国民の労働によって生産されるか，国内の生産物と交換に外国から輸入される。この量は労働の技能や生産技術の水準，生産的労働と非生産的労働の比率に依存しており，前者は分業によって高められ，生産的労働の比率は倹約によって大きくなる。この主張を裏づけるのがスミスの資本蓄積理論である。この主張は，富とは金あるいはストックとしての資産であり，貿易収支の黒字を大きくするような保護主義的貿易政策を主張する重商主義の主張を否定し，分業と自由競争市場による資源配分と資本蓄積による経済成長こそが国を豊かにする方法であると宣言している。

　スミスの『国富論』は非常に魅力的な本であり，読み進むにしたがってどんどん引き込まれる。『国富論』は，分業という経済成長の核心部分から入り，国富の増大に必要な経済要因を一つ一つ説明しながら経済全体の構造を描いていくという構成で，それぞれのテーマの説明のなかにつぎの考察のための動機づけが巧妙に用意されている。個々の推論においては一般的説明が行われた後さまざまな事例を挙げて例証が行われ，難しい理屈がないのでどんどん読み進むことができる。しかし，『国富論』には厳密な意味での証明を読みとるのは困難である。そのため，理論的な再構成は不可能である。そこで，スミスの言説を公理系として理論的に再構成することは諦め，スミスの議論にしたがって説明を進めることにする。

3.3.1　分　　業

　スミスの経済学において最も重要な役割を果たす概念の1つは分業である。労働の生産性が飛躍的に向上するのは分業の結果であるが，それはつぎの3つの要因による。第1に，単純化された作業に専念することによって個々人の技能がの向上する。第2に，ある種類の作業から別の種類の作業に移行す

3.3 『国富論』

る時間を節約できる。第3に，分業によって単純化された作業の多くは機械によって代替可能であり，多数の機械が発明されて仕事が容易になり，時間を節減できるようになる。スミスはピン，すなわち裁縫用の待ち針を作る製造業を例にとり，訓練されていない人ならば1日20本を作ることも不可能であるが，作業を分割して適切な分業を行えば，1人当たり4800本を製造できるようになると指摘している。

スミスは，分業は人々がものを交換しようとする交換性向に基因する，と考えている（第1編第2章）。職業によって労働者の天分に大きな違いがあるようにみえるが，それは分業の原因であるというより，むしろ分業の結果能力の違いが生み出されると考えるべきである。ものが交換されるからこそ，各人は各自に向いた職業に就くことができるし，能力の違いを活かすことができる。

分業の度合いは市場規模によって制約され，市場規模が大きくなるほど進む（第1編第3章）。分業は交換活動によって生じるから，交換活動の規模すなわち市場規模が大きいほど分業の程度も強くなる。その意味で，分業は市場の大きさによって制約される。各自が生産する商品を販売してそれ以外に自己が必要とする商品を市場で購入できなければ，誰も一つの仕事に専念するわけにはいかないのである。

すべての産業において水上輸送の方が陸上輸送より大きな市場を確保することができるので，海岸や河川の沿岸部において，さまざまな産業が分化し発達する。スミスは，「信頼できる歴史書によれば，最初に文明が発達したのは地中海沿岸だった」と指摘している。

分業の発展による生産性の増大は規模の経済性をともなうが，少数の生産者が市場を寡占化してしまうほどには市場の規模が大きくないので，市場規模によって規模の経済性が制限され，生産者間の競争が存在する。

3.3.2 貨　　幣

分業が進んで交換が頻繁に行われるようになると，物々交換では交換が機能しなくなるので，交換手段として適した商品が貨幣として選ばれる（第1編第4章）。

社会的分業が確立すると，各自が労働によって生産する商品は，かれらの生活に必要な商品群のごく一部にすぎなくなる。誰もが市場において，必要な商品を自由に入手できる，商業社会というべき市場経済が必要になる。そこで，「分業が確立した後，どの時代にも賢明な人はみな，自分の仕事で生産したもの以外に，他人が各自の生産物と交換するのを断らないと思える商品をある程度持っておく方法をとったはずである。」(Smith, 1776, 訳上 pp.25-26) この円滑な交換手段として利用される商品が貨幣の起源である。やがて，それ自体価値があり，持ち運びが容易であり，耐久性があり，分割可能である商品が貨幣として選ばれるようになる。それが，それぞれの時代の貴金属であり，加工されて利用される。金属が加工されるのは，質量と純度の測定が必要だからであり，その品質保証のために，当局により公的刻印が押されることになる。

通貨として使用される金属に押される刻印ははじめ，金属の品質である純度を確認することを目的としていたが，金属の重さを正確に測るのは不便で困難であったため硬貨が使用されるようになった。硬貨の単位は重さで表されるが，さまざまな種類の貨幣単位・重量の関係は時代によって異なる。国王や政府が貪欲と不正によって国民の信頼を悪用し，硬貨に含まれる金属の量を当初のものから減らしてきたからである。通貨の改鋳はつねに債務者に有利であり，債権者に不利である。

3.4 市場と自然価格

それでは，生産物の価値とは何であろうか。スミスは，価値概念には，あるものがどこまで役立つか (どこまで効用があるか) を意味する「使用価値」と，あるものを持っていることで他のものをどれだけ買えるか意味する「交換価値」の2つがあることを指摘して，価値のパラドックスを紹介している。使用価値がきわめて高いが，交換価値はほとんどないものも少なくない。逆に，交換価値がきわめて高いが，使用価値がほとんどないものも，少なくない。水ほど役立つものはないが，水と交換して得られるものはほとんどない。これに対してダイヤモンドは，ほとんど何の役にも立たないが，それと交換

3.4 市場と自然価格

してきわめて大量のものを得られることが多い。

商品の交換価値を決める原理を探るために，以下の論点を考察している。第1に，交換価値の真の尺度とは何か，そして，商品の真の価格とは何かである。第2に，真の価格を構成する要素は何かである。第3に，価格の各要素の一部または全部を，自然で通常の水準より上昇させたり下落させたりする状況はどのようなものかである。言い換えれば，商品の実際の価格である市場価格が，自然価格とよべるものに一致するのを妨げる要因とは何かである。

スミスは，短期においては市場の需要と供給によって市場価格が決まるが，長期においては基本的に生産費用にもとづいて決まる自然価格が存在すると主張している。自然価格こそスミスのいう真の価格であり，その価値は労働によって測定される。自然価格とは，実現する市場価格の平均的価格であり，市場価格はつねに自然価格の周囲を振動しつつ収斂する。現代的な観点からは，自然価格は経験的に得られる概念であり，理論にとっては外性与件だとみなせる。

3.4.1 労働と交換価値

スミスによれば，土地が希少ではないため所有権が確立しておらず，生産のために資本が蓄積されていない原始的な社会においては，労働によって生産された生産物はすべて労働者の報酬になるから，生産物の交換価値は労働投入量によって決まる。しかし，やがて経済が発展して，土地が希少になって所有権が確立し，資本が蓄積されるようになると，土地に対する地代や資本に対する利潤が支払われるようになる。それゆえ，商品価格は，生産要素である労働，資本，土地の価格すなわち賃金率，利潤率，地代から構成される。

スミスによるこの議論は，リカードやマルクスにしたがって，真の価値理論である労働価値理論を誤った方向へ展開していると批判されることがる。その主張は必ずしも誤りではないが，それだけが経済学史的観点から妥当な主張である，というわけではない。需給均衡理論の観点からは，本来労働，資本，土地と3つあるべき生産要素が労働しかなかったときには，自然価格が賃金だけに還元されるのはきわめて当然であり，そこで線形の生産係数が成立していれば生産物価格が労働投入量に等しくなる労働価値理論が成り立つ

のも当然である.ところが,それはあくまでも一般的な需給均衡理論の特殊ケースにすぎない.ただし,これらの解釈については優劣を論じているのではない.それぞれの方向への歴史的理論展開が実在し,それぞれが理由のある理論展開であったと考えなければならない.

労働価値理論の歴史的観点からはもちろん,需給均衡理論の観点からも,スミスが労働を国富デフレーターとして有効であると考えていたことがつぎの言及からわかる.「労働だけは価値が変化せず,商品の価値を測定し比較する際の最終的な尺度として,真の尺度として,時期や場所の違いを超えて利用できる.労働を尺度にした価格こそが真の価格であり,通貨を尺度にした価格は名目上の価格にすぎない.」(Smith, 1776, 訳上 p.35)

3.4.2 市場価格と自然価格

すべての生産物が労働,資本,土地の3つの生産要素から生産され,それらの報酬として分配し尽くされる.それらの価格である,賃金率,利潤率,地代にはそれぞれに自然水準があり,それを自然価格という.自然価格とは一般的,平均的価格であり,その構成要素はつぎの通りである.

$$自然価格 = 自然賃金 + 自然利潤 + 自然地代$$

それぞれの商品が実際の市場で取引される一般的な価格,実行される価格は市場価格とよんでいる.各商品の市場価格は,実際に市場で取引される需要と供給によって決まる.商品の需要とは単に商品を欲する量ではなく,その商品の自然価格を支払う意思のある人の需要すなわち自然価格に対する需要であり,それを有効需要とよぶ.

市場価格は価格調整によって自然価格に収斂する(図3.1).供給 $S_1 <$ 有効需要 D_N のとき,供給は自然価格に対応する有効需要を満たせないので価格が上昇して,市場価格 $P_1 >$ 自然価格となる.このとき,市場価格は自然価格を構成する賃金・利潤・地代のどれかを上回るので,その自然水準を上回った生産要素の投入が増大し,生産物の供給が増大する.反対に,供給 $S_2 >$ 有効需要 D_N のとき,供給は自然価格に対応する有効需要では売れ残るので価格が下落して,市場価格 $P_2 <$ 自然価格となる.このとき,市場価

3.4 市場と自然価格

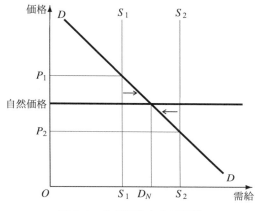

図 3.1　市場価格と自然価格

格 P_2 では自然価格を構成する賃金・利潤・地代のどれかを回収できないので，その自然水準を回収できない生産要素の投入が減少し，生産物の供給が減少する．

公正で自由な競争が行われる市場においては，見えざる手に導かれるように，効率的経済活動が実現される (第 1 編第 8〜11 章)．

3.4.3　労働の賃金

労働賃金は利害の対立する労使間交渉によって決まる．労働者は賃金引き上げを，雇用主は賃金引き下げを望むが，雇用主の方が労働者より交渉力が強いので賃金率は引き下げられる傾向がある．しかし，労働量は長期的に維持される必要があるから，長期にわたって賃金が最低生存水準以下になることはない．

労働需要は国富の増加関数であり，賃金は資本や収入の増大とともに上昇する．賃金上昇率は経済成長率に依存するから，経済が成長している国では賃金率は上昇するが，経済が停滞している国では賃金率は労働者がようやく生活できる水準になり，経済が衰退している国では労働者は飢えることになる．国富は大きくても増加しない国では賃金は上昇しないのである．

「人口の最大部分を占める下層労働者がとくに幸せに快適に暮らせるのは，

豊かさが頂点に達したときではなく，社会が前進しているとき，豊かになる方向に発展しているときである。社会が停滞しているときには労働者の生活は厳しく，社会が衰退しているときは労働者の生活はみじめだ。社会が前進しているときは，社会のどの階層も楽しく元気だ。停滞しているときは元気がなく，衰退しているときは憂鬱である。」(Smith, 1776, 訳上 p.85)

労働賃金の上昇は生産物価格の上昇要因であるが，労働賃金の上昇をもたらす資本の増加は分業を促進させ，労働生産性の向上をもたらすから，より少ない労働投入で以前と同水準の生産物を産出できるようになる。分業による労働需要減少の効果は，賃金上昇の効果より大きいから，賃金が上昇しているときには労働需要は減少する。

3.4.4　資本の利潤

資本の利潤率の変化は，労働の賃金の変化と同じように，国富が増加傾向にあるか減少傾向にあるかによって起こる。しかし，同じ原因が与える影響は，資本の利潤率と労働の賃金とではまったく異なる。

資本の増加は，賃金の上昇要因であり，利潤率の下落要因である。利潤率を正確に確認することはできないが，利潤率は金利と連動するので，利潤率の動向は金利に変化によって判断できる。一般的に，どの産業においても農村より大都市の方が事業に必要とされる資本が多く，事業に必要な労働を確保しにくい。そのため，大都市においては農村と比較して資本の利潤率は低く，労働賃金は高い。遠隔地においては，労働者を全員雇用できるほどの資本がない場合が多く，労働者間の競争が厳しいため，賃金は低くなり，利潤率は高くなる。

新しい領土を獲得したり，新しい産業が興ると，資本の利潤率が上昇し，金利が上昇する。

経済全体の資本が減少すると，労働を雇用する基金が減少し，労働の賃金は下落するのに対し，資本の利潤率は上昇し，金利が上昇する。労働賃金の下落は商品のコスト減少をもたらし，資本総額の減少によって生産物の供給が減少するので商品の販売価格は上昇する。こうして，労働賃金の下落によっても生産物価格の上昇によっても利潤率が高くなり，高い金利を負担できる

3.4 市場と自然価格

ようになる。

「土壌と気候，他国との位置関係から可能な範囲の上限まで富を獲得し，それ以上発展することはできないが，かといって後退もしていない国では，おそらく労働の賃金も資本の利潤率もきわめて低いだろう。」(Smith, 1776, 訳上 p.99) 経済が発展しきった国では，職を得るための労働者間の競争が激しく，投資先を確保するための資本家間の競争が激しいからである。

3.4.5 土地の地代

土地の地代は，土地の借り手が支払いうる最高額になる。「地代は，土地の利用に対して支払われる価格とみたとき，その土地の現状で借り手が支払える最高の価格になるのが自然である。地主は貸借の条件を取り決めるにあたって，土地の生産物に対する借り手の取り分の比率をなるべく低くしようと努力する。借り手が種子を用意し，労働の賃金を支払い，農業用の家畜や用具を購入し維持するために使った資本を回収した後に，その地域で農業資本が通常得られる利潤しか獲得できない比率にしようとするのだ。この比率は明らかに，借り手が損のない取引だと満足できる範囲で最低の比率であり，地主がこれ以上の比率を借り手に残そうとすることはめったにない。地主は当然，生産物かその対価のうちこの比率を超える部分を，土地の地代として獲得しようとする。これは明らかに，土地の現状で借り手が支払える最高の水準である。」(Smith, 1776, 訳上 p.152)

地代はそれぞれの土地に生じる独占価格である。「地代が賃金や利潤とは違った道筋で，商品価格の構成要素になることに注意すべきだ。賃金や利潤の高低は，価格の高低の原因になる。これに対して地代の高低は，価格の高低の結果である。」(Smith, 1776, 訳上 p.154)

改良され耕作される土地の増大，土地生産物の真の価格上昇，製造業製品の真の価格下落，社会全体の真の富の増大は，土地の地代，地主が得る富，地主の購買力を増大させる要因である。

改良され耕作される土地が増大すると，土地の生産物が増大し，地代は上昇する。土地生産物の真の価格が上昇しても，資本や労働の投入量は変わらないから，真の地代は上昇する。労働の生産性が上昇して，それが工業部門

の生産物価格を引き下げるならば，地代で購入できる工業生産物の量が増大するので，相対的に地代は上昇するといえる。社会全体の真の富が増大すると，すなわち社会全体の有用な労働が増大すると，土地の耕作に投入される労働者や家畜が増大し，生産に使用される資本が増大し生産物が増大するから，地代は上昇する。逆の状況は反対の帰結をもたらす。

これらの議論の本質的な部分は，リカードの差額地代理論にもとづいて整合的に解釈できるが，そのためには，より多くの仮定を必要とするだろう。スミス自身は明確なモデルを定式化していない。

3.4.6 三大階級と社会の利害

分配にかんする以上の帰結から，それぞれの階級と社会の利益との関係がわかる。地主が受け取る地代の増減は，社会全体の富である生産物価値の増減と正の相関関係がある。すなわち，地主階級の利害は社会全体の利害と密接な関係がある。労働者の賃金が上昇するのは，社会が経済成長し，労働需要が増大しているときである。逆に，社会が停滞しているときには賃金水準は低く抑えられる。したがって，賃金で収入を得る労働者階級の利害は，地主階級の場合と同じように，社会全体の利害と密接な関係がある。資本の利潤率は地代や賃金とは違って，社会が繁栄すれば上昇するわけでも，社会が衰退すれば低下するわけでもない。逆に，豊かな国では低く，貧しい国では高く，急速に衰退している国ではとくに高くなるのが自然である。このため，労働者の雇い主であり，利潤で収入を得る資本家階級の利害は，地主階級や労働者階級の利害とは違って，社会全体の利害と正の相関関係はない。

3.5 資本蓄積論

3.5.1 階級経済

スミスは『国富論』第1編第11章においてかれの分配理論について要約している。アダム・スミスの経済は基本的に土地を所有する地主，労働のみを所有する労働者および流動資本や固定資本を所有する資本家の3つの階級から構成される。経済においては，生産活動すなわち，土地，労働および資本

3.5 資本蓄積論

を投入して生産物を産出する経済活動が行われ，土地と労働による年間の総生産物は，地主の地代，労働者の賃金，資本家の利潤に分配される。生産を指導・運営するのは資本家である。

地主は，土地を資本家に供給して，地代を受け取り，その地代で生産物を購入し，残りを貯蓄する。労働者は，前払い賃金を受け取って資本家に労働を供給する。かれらの賃金は基本的に生存費に等しいので，労働者は貯蓄しない。資本家は，地主から需要した土地と労働者に前払い賃金を支払って雇用した労働を投入し，生産物を生産する。資本家は，生産物から前払い賃金として支払われた資本を回収し，地代を支払った残りを利潤として受け取る。経済活動を主導するのは資本家である。

3.5.2 資本蓄積モデル

ここから経済成長を促進させるための仕組みを考えるのは難しいことではないだろう。国富は労働の生産物である。労働の生産性を飛躍的に向上させるのは分業であり，分業を促進させるのは資本蓄積である。スミスは資本蓄積の構造をつぎのように記述している。前期に投資された今期の資本は生産的労働の雇用に投入され，生産的労働の投入によって生産物が産出される。生産物からはまず労働に支払われた賃金＝資本が回収され，残りが利潤＋地代として資本家と地主に分配される。それらのなかから，税金が納められ，消費に支出された残りが貯蓄される。消費支出は資本家・地主の自己消費および使用人などの不生産的労働の雇用のために支出される。貯蓄は投資され次期の流動資本となる。

分業の理論から，流動資本の額が大きくなるほど分業が促進され，労働の生産性が飛躍的に向上する。したがって，国富である，資本として蓄積される有形の生産物を増大させるためには，労働を雇用するための資本を増やせばよい。資本蓄積は，生産された生産物のなかから税金を納め，消費をした残りが貯蓄され，投資されることにより増大する。したがって，投資を増やすには倹約して消費を減らし貯蓄を増やすことが重要である。

ところで，一般に商品 (commodity) は有形の財 (goods) と無形のサービス (service) から構成される。もちろん，財もサービスも有用であり，対価を

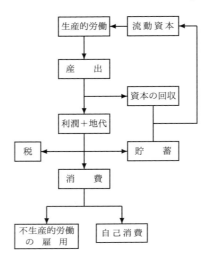

図 3.2 資本蓄積の仕組み

受け取ることができる。しかし，経済成長を生み出すために必要な資本として利用可能なのは，有形の財だけである。そこで，スミスは，資本として利用可能な財の価値こそが国富であり，国富を形成する有形の財を生み出す労働は生産的であるが，国富を形成しない無形のサービスを生み出す労働は不生産的労働であると考えている。生産的労働は経済成長に資するという意味で付加価値を生み出す労働であり，不生産的労働は付加価値を生み出さない労働である。したがって，製造業に従事する労働者の労働は生産的であるが，裁判官，軍人，聖職者，法律家などの労働は家事使用人の労働と同じく不生産的である。経済成長は資本の蓄積によって分業を促進すること，生産的労働の比率を高めることによって達成される (第2編第3章)。

こうした資本蓄積論を受けて，第III編において，経済は農業，工業，商業の順で発展するはずであるが，ヨーロッパ各国ではその逆の順序で経済発展が生じていると指摘している。その理由として，スミスは，ローマ帝国崩壊後にゲルマン民族とスキタイ民族の侵入によりヨーロッパの旧秩序と農業への障害が生まれたために，農民が土地の改良をできなかったこと，都市の発生と発展が都市の商業を生み出し，農村の発展に寄与したことを挙げている。

3.6 自由競争と社会的利益

　重商主義と重農主義を批判的に考察した第 IV 編は，自由競争の重要性を指摘している。ただし，現在のミクロ経済学における完全競争は価格メカニズムのルールにおける価格受容者としての行動を意味するが，スミスをはじめとする古典派の自由競争は基本的に参入と退出の自由を意味する。スミスの有名な「見えざる手」の命題はつぎの通りである。

　「人はみな，自分が使える資本でもっとも有利な使い道を見つけ出そうと，いつも努力している。その際に考えているのは，自分にとって何が有利なのかであって，社会にとって何が有利かではない。だが，自分にとって何が有利かを検討すれば自然に，というより必然的に，社会にとってもっとも有利な使い道を選ぶようになる。」(Smith, 1776, 訳下 p.29)

　「ところで，どの社会でも年間の総収入はつねに，労働による年間の総生産物の交換価値に正確に一致する。というより，この交換価値とまったく同じものである。このため，各人が自分の資本をできるかぎり国内の労働を支えるために使い，しかも労働を生産物の価値がもっとも高くなるものに振り向けようと努力するのだから，各人はかならず，社会の年間の収入ができるかぎり多くなるように努力することになる。もっとも，各人が社会全体の利潤のために努力しようと考えているわけではないし，自分の努力がどれほど社会のためになっているかを知っているわけでもない。外国の労働よりも自国の労働を支えるのを選ぶのは，自分が安全に利潤をあげられるようにするためにすぎない。生産物の価値がもっとも高くなるように労働を振り向けるのは，自分の利潤を増やすことを意図しているからにすぎない。だがそれによって，その他の多くの場合と同じように，見えざる手に導かれて，自分がまったく意図していなかった目的を達成する動きを促進することになる。」(Smith, 1776, 訳下 p.31)

　ところで，マスコレル＝ウィンストン＝グリーン (Mas-Colell et al., 1995, 524) のような著名な教科書においても，「厚生経済学の第 1 基本定理は，競争的市場経済に対して，アダム・スミスの「見えざる手」の形式的表現を与えている」と説明されている。個々人の合理的行動と社会的利益の一致すな

わちインセンティヴ両立性を指摘しているという意味においてこの主張は妥当である。ところが，スミスの命題は個別生産者の利潤最大化と社会全体の利潤の最大化が同値であることを主張しており，基本的に生産に関する分権定理を意味していると考えられる (Mas-Colell et al., 1995, 150)。

自己の理論が革新的であることを自覚している研究者は，マーシャルのように過去の理論との共通性を指摘して旧い SRP から無用な批判を避けようとする慎重な人もいるが，むしろ革新性を訴えるために，旧い SRP との相違点を誇張する傾向がよくみられる。スミス，ジェヴォンズ，ケインズらはその代表である。確かに，自由貿易を唱えるスミスの主張と保護貿易を擁護する重商主義的政策では表面上正反対の主張をしているように見えるが，理論内容には見た目ほどの差異はない。このことには注意が必要である。マグヌソンが指摘しているように，市場原理は重商主義時代から利用されていた。もちろん，スミスに至るまでに，より明確に認識され，より洗練されているが，重商主義の主要学説は，価格の減少関数としての需要曲線，需給と価格の変化，交換手段としての貨幣の数量と物価の相関関係などと矛盾することは述べていない。つまり，重商主義学説は，市場原理に関する事実解明的分析についてはほぼ同じ内容をスミスと共有していたといえる。

3.7 国家財政

スミスは，『国富論』で最も長い第 IV 編において重商主義の保護貿易政策を批判し，重農主義の自由放任思想に賛意を示し，自由競争の重要性を強調した後，完全な自由，自然な自由の体制のもとで主権者が行うべき義務は，国防，司法，公共サービスの供給の 3 つしかないことを指摘して，第 V 編において国家財政について議論している。

国の防衛，司法，公共交通機関や地域住民へのサービス，教育機関と宗教団体の経費などは，「社会全体の利益になる公共機関や公共施設が，それによって直接益を得る人の負担では維持しきれないか，維持されていない場合には，不足分はほとんどの場合，社会全体が負担しなければならない。社会全体の一般財政収入のうち，社会の防衛に必要な経費と，元首の権威を支えるため

に必要な経費を支出して残る部分は，多数の個別部門の収入で不足する部分を埋めるのに使わなければならない。」(Smith, 1776, 訳下 404 頁)

経費の負担については，経費が社会全体のために支出されるときにはすべての国民が負担能力に応じて負担することが適切であるという公平負担の原則，経費の支出によって特定の個人が利益を受ける場合にはその個人によって負担されるのが適切であるという受益者負担の原則，が提案されている。

また，財政収入は主権者か国が保有する財源と国民の収入から引き出される財政収入によってまかなわれる。徴税原則については，負担能力に比例する公平負担，徴税ルールの明確さ，支払時期と方法を納税者に便利なものにすること，主権者が受け取る財政収入に対して納税者の負担が軽減されるようにすることを原則として指摘している。民間人の収入は，地代，利潤，そして賃金から構成され，直接的にはそれらに課税されるが，実際には税の転嫁が生じることを指摘し，個々の税制について論じている。

最後に政府債務について議論されている。とくに当時は，自由貿易に向かってはいたが，重商主義政策の名残で覇権を争うための戦争やアメリカ独立運動に対抗するための争いがあり，戦費の調達は国債によって賄わざるをえなかった。そのために生じた政府債務の返済のため税収や経費削減について議論されている。

3.8 スミスの評価

最後に，スミスの経済学とその解釈，歴史的評価についていくつかの論点を指摘したい。スミスは経済学の創始者として高い評価を受け続けてきた。しかし，かれは思想的支柱としては確固たる礎を築いたが，理論的には厳密に証明された定理はほとんどない。

たとえば，スミスの価格理論は，見えざる手に象徴される自由競争市場における価格調整メカニズムを説明しており，需給均衡理論の先駆的業績であるという見解がある。しかし，スミスの価格に関する理論は現代的な観点からは価格理論ではない。価格理論とは，経済環境を記述する外生与件 (消費者の選好順序，生産者の生産技術など) の関数として価格を表現する理論で

ある。ところが，スミスの市場価格は需給均衡によって決まると述べられているが，需要関数や供給関数の説明はない。自然価格は観察された価格の平均値という経験的な概念であり，何によって決まるか説明されていない。基本的な経済変数の定義式にもとづいて，それぞれの変数間の相関関係を想定して経済目標の達成のためにどの政策変数を操作すればよいかを主張している。しかし，これは価格決定の理論ではない。

　個々の議論は，現在では比較静学分析と呼ばれる命題に対応するものが多い。資本や収入が増大すると賃金率が上昇する，賃金率が高いのは経済成長しているときである，国富の増大のためには貯蓄の増大と資本蓄積による分業の促進が必要である，などの中心的な命題は比較静学の命題である。

　しかし，比較静学分析は経済環境を規定する外生変数の変化前に内生変数として決定される均衡と変化後の均衡を比較して，外生変数の変化に対する内生変数の変化の法則性を見出すものである。ところが，スミスはある種の均衡が存在することを暗黙に想定しているが，そもそも均衡とは何かが説明されていない。内生変数が外生変数の関数として表現されていないので，証明することができないのである。

　ワルラス以前の需給均衡理論には少なくとも2つのタイプがある。需要曲線と供給曲線を利用する部分均衡タイプの需給均衡理論と2人2財の交換モデルを利用する一般均衡タイプの交換価値理論である。スミスの理論は前者であり，後者はチュルゴ，コンディヤックらによって構成された。

演習問題

1. スミスが『道徳感情論』において説明している，社会秩序が成り立つ理由を説明せよ。
2. スミスの階級経済とそこにおける各経済主体の経済活動を記述せよ。
3. スミスの資本蓄積モデルを図解せよ。また，経済成長を促進するために必要な条件を指摘せよ。
4. スミスが分業概念にかんして指摘している諸性質について説明せよ。
5. 市場価格と自然価格の定義を述べ，長期においては市場価格が自然価格に収斂することを説明せよ。

4 リカードの経済学

　リカードは『経済学および課税の原理』の序文において，生産物が，地主，資本家，労働者の間に地代，利潤，賃金として分配される法則を決定することが経済学の主題であると指摘し，つぎのように述べている。「この学問は，テュルゴ，ステュアート，スミス，セー，シスモンディおよび他の人々の著作によって，大いに進歩させられたけれども，それらは，地代，利潤，および賃銀の自然の成行きにかんしては，満足な知識をほとんど与えていない。・・・アダム・スミス，そして私が先に言及した他の有能な著者たちは，地代の原理を正しく考察していなかったために，地代の問題が徹底的に理解されたときをまってはじめて発見しうる多くの重要な真理を，見逃してきたように私には思われる。」(Ricardo, 1817, 序文)

　リカードの経済学の意義は，労働価値理論，差額地代理論を含む分配理論，比較生産費の理論と国際分業の理論などの理論的貢献である。かれは，経済現象を大胆に抽象化・単純化して少数の単純な仮定によって経済環境を特徴づけ，それらの仮定にもとづいて演繹的に定理を導出している。イギリスにおいて初めて経済理論を構築したのはリカードであるといえる。

4.1　リカードの伝記

　デイヴィッド・リカードは，ポルトガル系ユダヤ人証券仲買人の子としてロンドンに生まれた。リカードの学校教育はロンドンの小学校とアムステルダ

ムの商業学校で実業教育を受けた後，1786 年 14 歳のときに父親の仕事を手伝うようになる。21 歳のとき婚姻を禁じられている他教徒の娘と駆け落ちしたため，父親から勘当され，証券仲買人として自立する。1793 年結婚。1792 年に英仏戦争が始まり，1815 年まで続くが，この時期にリカードは株式仲買人および公債引受人として活躍し，ひとかどの成功をおさめ，ワーテルロー戦役 (1815) 前後の国債取引で財産をなした[1]。

リカードは，1799 年夫人の病後保養のためバースに滞在中，巡回文庫のなかにあったアダム・スミスの『国富論』を読み，経済学に興味をもつようになった。ナポレオン戦争下のイングランド銀行兌換停止中の 1809 年以降生起した金価格・諸物価高騰，為替相場大幅下落の原因と対策をめぐり，地金論争が起こった。その渦中に，リカードは『地金高価論』(1810) を刊行して，貨幣数量説の立場に立ち，後の通貨主義にいたる議論を展開し，早期兌換再開を勧告する議会の『地金委員会報告』(1810) を擁護する論陣を張った。

英仏戦争後，商工業の戦後恐慌と同時に，穀物価格急落のため農業も深刻な不況に陥った。安価な穀物輸入を事実上禁止する穀物法改正案の議会上程ととも，穀物法論争が起こった。マルサスと一般的利潤率規定法則について論争中のリカードは，1815 年にマルサスが農業保護政策支持を表明すると，ただちに，『利潤論』(1815) を著してこれに反論した。続く両者の論争を経て，リカードは新たに労働価値論にもとづく主著『経済学および課税の原理』(1817) を出版し，経済学者としての地位を確立した。同書第 2 版 (1819) に続くマルサスの『経済学原理』(1820) を検討の末，1821 年に第 3 版 (価値論の大幅増訂，機械論の章追加) を公刊した。1820 年，下院議員となり，金本位制への復帰，穀物法改正等に活躍，その間もマルサスと一般的供給過剰の存否を争った。その後，マルサスの『価値尺度論』(1823) に関する論争中の同年，耳痛を訴えて急逝した。

---

[1] 英仏戦争において，1797 年ナポレオンがフランス陸軍総統に任命されると，それ以降戦闘が激しくなった。ネイサン・ロスチャイルド (Nathan Meyer Rothchild, 1777–1836) は，ワーテルロー戦役のとき戦場に息子を派遣して，政府より早く勝報を入手し，下落していた国債を大量に購入し，勝報がもたらされて値上がりした国債を売却して巨万の富を獲得し，ロスチャイルド家の基礎を築いた。

4.2 マルサスの人口原理

　産業革命が進行するプロセスで，資本が蓄積され，生産性が著しく向上したにもかかわらず，下層階級の貧困と道徳的頽廃が拡大していった。ゴドウィン (William Godwin, 1756-1836) が 1793 年の『政治的正義』において，下層階級の貧困と道徳的頽廃の原因は，私有財産制度と専制政治にあると主張して，社会制度の改革を説いた。ゴドウィンによれば，人間とは本来理性的な存在であり，専制政治をなくし，私有財産制度を廃止して平等な社会を実現すれば，貧困も悪徳もなくなり，人間も社会も完全なものになるのである。

　このようなゴドウィンの主張に対して，マルサスは 1798 年に匿名で『人口論』を出版し，ゴドウィンの楽観的な平等社会の構想を批判した。マルサスの主張は，人口は制限されなければ，1，2，4，8，16，32，・・・ と等比級数的に増大するが，食料生産は，1，2，3，4，5，6，・・・ と等差級数的にしか増大しないので，人口の増大は食料生産の限界によって制約される，というものである。もしゴドウィンが主張するような平等社会が実現したとしても，人々が飢餓の恐怖から解放されれば，人口は急速に増加し，短期間のうちに人口増加が食料の増加を上回ってしまう。その結果，再び貧困と悪徳とが生まれ，足りない食料を守るために私有財産制度が復活し，社会改革以前の状態に戻ってしまう，と考えられる。

　国連の『世界人口白書』から，歴史的に統計を遡れるかぎり，人口の成長率と食物生産量の成長率がほとんど一致していることがわかる。人口が食料生産によって決まるというマルサスの人口原理は実証されているといってよい。

　そのため，産業革命以前は一人当たり GDP はほとんど変化がなく生活水準は低い状態で維持されていた。生活水準が向上するのは産業革命により工業製品が大量に生産されるようになってからである。

　マルサスの人口原理は，リカードの賃金生存費説や J. S. ミルの賃金基金説などに継承され，イギリス古典派経済学が共有する学説となった[2]。

---

[2] なお，C.R. ダーウィンはかれの自伝のなかでつぎのように述べて，生存競争に関するアイデアのヒントをマルサスの『人口論』から得たことを指摘している。
「1838 年 10 月，すなわち組織的な研究を開始して以来 15 ヶ月したとき，たまたま慰みにマルサスの『人口論』を読んだが，動植物の習性にかんして長期間続けた観察の結果と

4.3 地金論争と穀物法論争

4.3.1 地金論争

　フランス革命・ナポレオン戦争 (1793-1815) の期間に，大陸において巨額の軍事支出が必要となり，そのために大量の金がイギリス国外に流出した。そのために，イギリスは 1797 年イングランド銀行券の金兌換を停止した。その後，不換銀行券の大量発行や手形割引と貸し付けの急増により，信用が膨張し，インフレーション，金価格の騰貴，ポンドの為替相場下落などをもたらした。こうした経済的混乱の原因をめぐって，イングランド銀行の銀行券が過剰発行されていると主張し，銀行券の金兌換再開を求める論者とイングランド銀行の金融政策を擁護した論者の間で論争が起こった。イングランド銀行を批判する前者は地金主義者，イングランド銀行を擁護する後者は反地金主義者とよばれ，かれらの間の論争は地金論争といわれる。

　この論争の中でリカードは，貨幣数量に応じて物価水準が変化するという，ヒューム以来の貨幣数量説の立場に立ち，これらの経済的混乱の主因は金兌換停止のもとでイングランド銀行券が過剰発行されたことにあると考え，その対策として金兌換の再開を主張した[3]。

4.3.2 穀物法論争

　イギリスでは，1793 年以来の対仏戦争によって大陸諸国からの穀物輸入が困難になり，1806 年のナポレオンの大陸封鎖以後とくに穀物価格が高騰した。そのため資本が農業に流入し，生産性の低い土地でも耕作がおこなわれていた。ところが，ナポレオンの敗勢にともなって大陸諸国から低価格の穀物が大量に輸入されたために穀物価格は大幅に下落し，農業資本家の破産，地代の激減，農業労働者の解雇など深刻な農業不況が生じた。そこで穀物の輸入規制を求める地主・農業経営者と利害が対立する商工業者との間で議論が闘

して，いたるところに行われている生存のための抗争を認める素地ができていたので，すぐにわたしには，このような事情のもとにおいては，そしてその状況下では好ましい変異は保存され，好都合な異変は保存され，不都合なものは滅ぼされる傾向があることが想い浮かんだ。」(『自伝』)

[3] 地金論争や通貨論争については 12.2 節において触れる。

わされた。結局，1815年穀物法が改正され，小麦の国内価格が1クォーター80シリング以下のときには，外国穀物の輸入が禁止されるようになった。

マルサスは，『穀物法論』(1814)や『穀物輸入制限論』(1815)において，自由貿易の経済的利益と弊害を指摘している。利益は，価格の低い大陸産穀物の輸入により穀物価格を抑制し，相手国へのイギリス工業製品の輸出を可能にすることである。不利益について第1の論点は，食糧の安全保障問題である。国民の生活維持のための穀物消費を外国産穀物の輸入に依存するようになると，戦争や不作の時期に穀物供給を突然失う危険がある。第2は，工業製品の需要は地主の所得である地代によって支えられているのであり，農業と工業は均衡成長することが必要だということである。穀物法を廃止すると，低価格の輸入穀物が労働者の賃金を抑制し，工業部門の利潤は増大するが，地主の地代が減少すると工業製品の需要が減少して，経済の不安定要因となる。

リカードは，『利潤論』においてマルサスの穀物法擁護論を批判し，穀物の自由貿易を主張した。かれは，食料安全保障について，自由貿易は互恵的な関係によって成り立っているのであり，穀物を輸入に依存しても国家の安全が脅かされるとは考えられないと主張している。イギリスが規則的な穀物輸入国となれば穀物産出国はイギリスへの輸出のために耕作を拡大するので，いかなる君主もその国に不況を引き起こすような輸出の制限を行えなくなる。自由貿易に賛成する理由は，自由貿易によって穀物価格が低下し，労働者の生活費が低下するから，賃金は低下し利潤は増大する，その利潤の増大にともなう資本蓄積の増大により経済発展が促される，ということである。

当時の経済学者を巻き込んで行われた穀物法論争は，地主・農業経営者と商工業者の間の利害対立の様相を呈していたのは事実であるが，マルサスやリカードの議論はいずれも経済成長の持続を目標とするものであり，決して階級対立の議論ではない。イギリスは次第に自由貿易体制を整え，穀物法は1846年に廃止された。

4.4　リカードの経済学原理

穀物法をめぐるマルサスとの論争から，地代理論と自由貿易の理論が洗練

され，それらの体系がジェームズ・ミル (James Mill, 1773-1836) の強い支持により『経済学および課税の原理』として結実することになる。そこで，リカードはスミスの自由競争の原理，資本蓄積論に，賃金生存費説，差額地代理論という分配理論を補完することにより，イギリス古典派の理論体系を完成させたといえる。

4.4.1 価値理論

リカードはスミスの価値理論を批判して，投下労働価値理論を主張したが，リカードの労働価値理論は必ずしも普遍的な原理でないことには注意すべきであろう。効用をもっている商品の交換価値は，その商品の希少性と，その商品の生産に必要な労働投入量によって決定される。希少性のみによって交換価値が決まる，美術品のような商品は，労働によって再生産できない商品であり，再生産不可能な商品の取引量は経済活動のなかで無視しうる程度であるから，経済分析の対象とはなりえない。労働によって再生産可能な商品の価値は生産に投入された労働量によって決まる。

しかし，投下労働価値理論が厳密に成立するためにはいくつかの条件が必要になる。まず，労働の質が異なるときには，投入量が同じでも生産物の価値は異なる。また，投下労働価値理論は，生産に固定資本が利用されることによって修正され，流動資本と固定資本の投入比率に依存する。

生産物は労働と資本によって生産される。生産物の価値はその生産物の生産に直接投入される労働と資本の生産に直接投入され，生産物の生産に間接的に投入される労働の量によって決まる。したがって，生産物の価値を決定するのは，労働を雇用するための流動資本と固定資本の組み合わせで投入される労働量である。このとき，労働と資本の組み合わせ (マルクスの資本の有機的構成) は，1. 流動資本と固定資本の比率を決定する技術，2. 固定資本の耐久性の相違，3. 流動資本の回収期間の相違，によって変化する。

「しかしながら，読者は，諸商品の変動のこの原因は，その影響が比較的に軽微であることに，留意すべきである。利潤に1パーセントの低下をひき起こすほどの賃銀の上昇をもってしても，私が仮定した事情のもとで生産された財貨は，その相対価値においてわずかに1パーセント変動するにすぎな

い，すなわち，これらの物は，利潤がこれほど大きく低下しても，6050 ポンドから 5995 ポンドに下落するにすぎない。賃銀の上昇によってこれらの財貨の相対価値にもたらされうる最大の影響でさえも，6 ないし 7 パーセントを超えないであろう，というのは，利潤は，おそらく，いかなる事情のもとでも，その額以上の一般的かつ永続的な低下を許しえないだろうからである。」(Ricardo, 1817, p.36/訳 p.40) したがって，投下労働価値理論は 93％は正しいといえる。

このように，リカードの投下労働価値理論が成り立つためにはさまざまな条件が必要であり，リカード自身も決して普遍的な原理と考えていたわけではない。

4.4.2 分配理論

リカードの階級経済は，労働者，資本家，地主の 3 つの経済主体から構成される。労働者は労働，資本家は資本 K，地主は土地を所有している。資本家の資本は，前期の生産活動の結果，今期当初に保有している穀物である。地主は資本家に土地を貸して地代収入 R を得る。労働者は資本家から前払い賃金 W を受け取り労働 N を提供する。資本家は地代 R を支払って地主から土地を借り，資本で賃金 W を前払いすることにより労働者 N を雇用して生産物である穀物を生産する。生産された穀物から地代 R を支払い，前払い賃金 W を回収して残るものが利潤 P である。このときの生産技術を生産関数 $Y = f(N)$ によって表す。土地は肥沃度 $f' = df/dN > 0$ に違いがあり，資本家はかれが雇った労働者を肥沃度の高い土地から順に投入するため，労働の限界生産性は逓減する，すなわち $f'' = d^2 f/dN^2 < 0$ である。

賃金生存費説により，労働者の賃金率は生存費に等しい自然賃金率 $\bar{w}$ によって定まる。したがって，資本家が所有する資本 $\bar{K}$ によって雇用される労働量は $N^* = \bar{K}/\bar{w}$ であり，その報酬 $W + P$ は投入された土地の中で最も肥沃度が低い，したがって労働の生産性が低い限界地の生産性すなわち全体の労働の限界生産性 $f'(N^*)$ に等しくなる。

というのは，資本家の土地需要と地主の土地供給は相互に競争しているから，限界地の地主が限界地において地代を獲得しようとすれば，資本家の土

地需要は限界地と肥沃度のほぼ同じ他の代替的な土地に移ってしまう。また，資本家がそれぞれの土地の生産性と限界地の生産性の差異である差額地代を支払わなければ，地主はその土地を他の資本家に供給しようとするし，資本家はその地代を支払っても限界地以下の取り分になることはないから，その地代を支払ってもその土地を需要しようとする他の資本家に需要される。こうして，それぞれの土地の地代はその土地と限界地の肥沃度の相違，それらの土地で生産される生産物の差額によって決まる。この理論は差額地代理論 (differential theory of rent) といわれる。

資本家は資本 $\bar{K}$ したがって労働雇用量 N^* の制約のもとで労働者を投入し，利潤を最大にするように労働を投入する。このとき，労働の限界生産性 $f'(N^*) \times$ 労働投入量 N^* に等しい収入を資本家が受け取り，残りは地代 R として地主に支払われる。資本家の純収入である利潤 P は $P = f'(N^*)N^* - W$ であり，資本の回収分と純収入の和 $W + P$ が次期の資本となる。

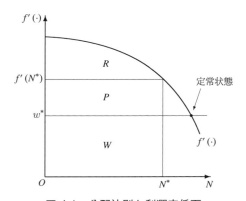

図 4.1 分配法則と利潤率低下

以上の分配理論は，生産と分配が穀物のみによって表されるので，穀物 (コーン)・モデルとよばれる (Pasinetti, 1960)。穀物モデルはつぎの方程式体系によって記述される。

$$Y = f(N), \; f' > 0, \; f'' < 0 \tag{4.1}$$

$$\bar{K} = W \tag{4.2}$$

4.4 リカードの経済学原理

$$W = \bar{w}N \tag{4.3}$$

$$P = f'(N^*)N^* - \bar{w}N^* \tag{4.4}$$

$$R = f(N^*) - f'(N^*)N^* \tag{4.5}$$

4.4.3 利潤率低下の法則

　資本蓄積が進み，労働人口が増大すると，生産性の高い肥沃な土地が耕作し尽くされ，次第に生産性の低い不毛な土地が耕作されるようになる．すると，自然賃金率が不変であるとすると，労働の生産性が下落し，利潤率 P/K が低下し，やがて利潤率が 0 になり，新たな資本が蓄積されない定常状態に陥り，経済成長が停止することになる．

　これは，穀物モデルの単純な分析結果であるが，リカードによれば，労働の自然賃金率は，(1) 労働の需給均衡，(2) 労働の賃金が支出される商品群の価格変動，に依存して決定されるので，社会進歩 (資本蓄積，労働人口の増大と技術進歩) によって結論は若干ずれてくる．

　社会が進歩すると，労働人口の増大によって労働供給が増大するのに対し，その追加的労働供給によって生産される生産物，したがって蓄積される追加的資本は減少するから (追加的に利用される土地の肥沃度が下落するため労働の限界生産性が下落する)，相対的に労働需要は減少するので，労働の需給均衡により，労働の賃金率は下落する傾向がある．他方，労働人口が増大すると，商品需要の増大に対し労働供給の増大は相対的に小さくなるから，労働者が購入する必需品の価格は上昇するので，それに伴い名目の労働賃金率も上昇することになるが，実質賃金率は社会が進歩する前の状態と比較すると下落することになる．

　しかし名目賃金率の増大は利潤率の減少をもたらし，やがて利潤率は 0 になる．このような経済成長の停止を先送りするためには，利潤への分配を維持することが必要になる．地主はほとんど貯蓄しないのに対し，資本家は倹約家であり消費を抑制し，利潤のほとんどを貯蓄する．したがって，資本家の利潤を持続させることが経済成長の持続をもたらすからである．

　これが，リカードが穀物法論争において自由貿易を支持し，穀物法に反対する理由である．実際，外国から低価格の穀物が輸入されると，労働者の生

存費が低下し，自然賃金率が下落すれので，利潤率は上昇する。

4.4.4 比較優位の原理

資本蓄積を増大させるためには利潤率を上昇させなければならないが，利潤率の上昇をもたらすのは賃金率の低下だけである。自由貿易は，自国の労働者が消費する商品の価格を下落させ，賃金率を低下させる効果があるときには，利潤率を上昇させるから，経済成長を維持することができる。リカードはつぎのように述べている。

「利潤率は賃銀の低下による以外にはけっして増大しえない，そして賃銀の永続的低下は，賃銀が支出される必需品の下落の結果として以外には起こりえない，ということを本書をつうじて証明するのが，私の努めてきた点であった。それゆえに，もしも外国貿易の拡張によりあるいは機械の改良によって，労働者の食物と必需品が低減された価格で市場にもたらされうるならば，利潤は上昇するであろう。もしも，われわれが，自国の穀物を栽培したり，あるいは労働者の衣服およびその他の必需品を製造したりするのではなくて，より安い価格でこれらの商品をわれわれに供給することができる新しい市場を発見するならば，賃銀は低下し利潤は上昇するであろう。しかし，もしも，外国貿易の拡張によりあるいは機械の改良によって，より安い値段で取得される諸商品が，もっぱら金持によって消費される諸商品であるならば，利潤率にはなんらの変更も起こらないであろう。たとえブドウ酒，ビロード，絹織物，およびその他の高価な商品が 50 パーセント下落するとしても，賃銀率は影響を受けないであろう，またその結果として利潤はひきつづき不変のままであろう。

そうしてみると，外国貿易は，収入が支出される諸物の分量と種類を増加し，また諸商品の豊富と低廉とによって，貯蓄と資本の蓄積とに刺激を与えるから，一国にとって高度に有利であるとはいえ，輸入される諸商品が労働の賃銀が支出されるその種類のものでないかぎり，資本の利潤をひき上げる傾向をすこしももたないであろう。」(Ricardo, 1817, 訳 pp.154–55)

リカードはイギリス A 国とポルトガル B 国の二国が服地 (商品 1) とワイン (商品 2) を生産するモデルについてつぎのような生産技術を仮定している。

4.4 リカードの経済学原理

イギリスは，服地の生産に 1 年間 100 人の労働を必要とし，ブドウ酒の醸造に 1 年間 120 人の労働を必要とする，ポルトガルはブドウ酒の醸造に 1 年間 80 人の労働を必要とし，服地の生産に 1 年間 90 人の労働を要する，とする。

このとき，ポルトガルは服地の生産においてもワインの生産においてもイギリスより高い生産性をもつから，ポルトガルはイギリスに対して絶対優位をもつ。この仮定は，当時の先進国であるイギリスの生産性より後進国のポルトガルの生産性の方が高いことを意味している。それは，イギリスの方が経済成長を遂げて，経済規模が大きいため，肥沃度が低い土地まで利用しているので，労働の限界生産性逓減の法則をより強く反映していると理解されている。そこで，A 国と B 国の労働資源をそれぞれ L_A, L_B，ただし $L_A > L_B$ であるとする。それぞれ商品 1，2 を産出するための労働投入 l_{i1}, l_{i2} に振り分け ($l_{i1} + l_{i2} \leqq L_i$)，それらを投入して商品 1，2 を y_{i1}, y_{i2} 産出する。このとき，生産技術はつぎの生産関数

$$100 y_{A1} + 120 y_{A2} = L_A, \quad 90 y_{B1} + 80 y_{B2} = L_B$$

によって表される。このとき，それぞれの国の生産可能性フロンティアは図 4.2 および 4.3 のようになる。

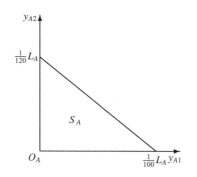

図 4.2 A 国の生産可能性フロンティア

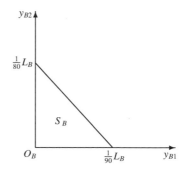

図 4.3 B 国の生産可能性フロンティア

ところが，$100/120 < 90/80$ であるから，イギリスはポルトガルに対してワインの生産より服地の生産に相対 (比較) 優位をもつ。ポルトガルはイギリスに対して服地の生産よりワインの生産に相対 (比較) 優位をもつ。このとき

には，相互に比較優位をもつ商品の生産に特化することが，両国にとって望ましいと主張している。リカードの主張は，(1) 分業は総生産を増大させる，(2) 交換 (貿易) は資源配分がパレート改善になるときかつそのときのみ行われるということである。リカードの主張は二国の生産可能性フロンティアの性質を調べることにより，確認することができる。二国の生産可能集合は，A 国と B 国の生産可能集合を足すことにより得られる。

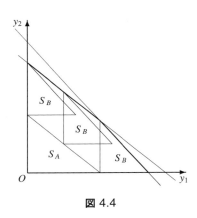

図 4.4

二国の生産可能集合のどの生産が選択されるかを決定するためには，二国間の交換比率を決定するための二国の需要あるいは選好順序に関する情報が必要である。交換比率は

$$\frac{100}{120} \leqq \frac{p_1}{p_2} \leqq \frac{90}{80}$$

の範囲で成立するが，不等式が成り立つときには完全特化が成り立つが，どちらかの等式が成り立つときには不完全特化になる。

このようにリカードの理論においては，異国間の生産技術の相違によって比較優位が説明されている。ところが，技術上の差異は比較的容易に追随することができるので，異国間の比較優位を決めるのはより本源的な要因であると考えられる。比較優位の原理は一般的な経済環境に拡張され，ヘクシャー＝オーリンの定理として定式化されている。この定理は，それぞれの国は相対的に豊富な資源をもつ生産要素を集約的に投入する商品に比較優位をもつこ

とを指摘している。

リカードは，経済学をはじめて理論的に記述した研究者の1人である。リカードの理論は，マルクスの経済学を経てスラッファ (Piero Sraffa, 1898–1983) の経済学に継承され，一部の研究者から強い支持を得ている。

演習問題

1. マルサスの人口原理が主張する内容，それが登場した背景とイギリス古典派経済学に及ぼした影響について説明せよ。
2. 本書12章を読み，地金論争における地金主義者と反地金主義者の貨幣供給の考え方について説明せよ。
3. リカードの分配理論について図解し，生産物が賃金，地代および利潤にどのように分配されるか説明せよ。
4. 経済成長にともなって定常状態に至るプロセスを説明せよ。
5. A国とB国，商品1と商品2の2商品と労働から構成される，2国2商品労働の国際貿易モデルを考える。$i = A, B$ 国において1単位の生産物 $h = 1, 2$ を産出するために必要な労働量を a_{ih} によって表す。

	1	2
A国	$a_{A1} = 100$	$a_{A2} = 120$
B国	$a_{B1} = 90$	$a_{B2} = 80$

   このとき，比較優位の原理とリカードの比較生産費説について説明せよ。

5
イギリス古典派経済学の展開：マルサスとミルの経済学

　イギリス古典派は，スミス，リカード，マルサス，J.S. ミルに代表される学派であり，スミスの階級経済，自由競争市場の理論，資本蓄積理論，マルサスの人口原理，リカードの差額地代理論などを共有していた。ところが，同じアダム・スミスの学説を継承しながら，価値理論および分配理論，すなわち生産物および生産要素の価値(価格)決定理論において，マルサスとJ.S. ミルはリカードとは異なる道を進んでいる。かれらは基本的に，短期においては需給均衡理論，長期においては生産費用理論を採用していた。

5.1　マルサスの経済学

　トーマス・ロバート・マルサスは，ロンドン近郊のウットンに生まれた。ルソーを崇拝する父の教育方針によって，14歳の頃グレイブス R. Graves の私塾へ，続いて非国教徒(ユニテリアン)であるウェイクフィールド G. Wakefield の学校へ兄とともに送られる。18歳のとき，ケンブリッジ大学ジーザス・カレッジに入学，1788年に数学トライボス(卒業資格試験)を受け，第9位の成績で卒業する。卒業後マルサスは聖職叙任を受け，生涯牧師の地位にあった。1805年に東インド会社の上級職員養成学校である東インド・カレッジの教授となり，バースで急逝するまで，このポストにあった。なお，これはイギリスで最初の経済学という名の付く教授のポストであったといわれる。

5.1 マルサスの経済学

5.1.1 『経済学原理』

マルサスの経済学は『経済学原理』において体系化されている。『原理』は「富の定義および生産的労働について」，「価値の性質および尺度について」，「土地の地代について」，「労働の賃金について」，「資本の利潤について」，「富と価値の相違について」および「富の増進の直接的原因について」の7章から構成されている。リカードとマルサスの最大の相違は，リカードはスミスと同じように基本的に生産面のみを分析し，生産性が向上すれば富は増大すると考えているのに対し，マルサスは生産性の向上によってもたらされる生産物を需要が吸収できないときには一般的過剰生産が生じる可能性があると考えていたことである。

5.1.2 富の定義と生産的労働

フィジオクラートやスミスは，労働によって生産される有形の生産物を富として定義している。しかし，フィジオクラートが土地のみが富の源泉であり，農業だけが生産的であると考えたのに対し，スミスは富である有形の生産物を生産する労働のみが生産的であると定義している。マルサスもスミスと同じように「人類に必要で，有用な，または心よい物質物 (material objects) である」(Malthus, 1820/1989, 訳上 p.49) と富を定義している。ところが，マルサスはすべての労働が生産的であり，異なるのは生産性の水準であると考えているから，不生産的労働という用語は用いていない。農業労働は，農産物が地主，資本家，労働者のすべての生活に資するから最も生産性が高く，商工業労働は，商工業製品が地主と資本家の生活に資するからつぎに生産性が高く，スミスの意味の不生産的労働はかれら自身の生活に資するのみであるから最も生産性が低い。

5.1.3 財の価値と貨幣

マルサスは，スミスにならって，3つの価値概念を定義している (Malthus, 1820/1989, 訳上 p.94)。対象の内在的効用である使用価値，貴金属での財の価値である名目交換価値，一対象が，労働を含む生活の必要品および便宜品を交換において支配する力である実質交換価値の3つである。マルサスの価

値理論は，基本的に需給均衡理論である．財の生産費によって決まるとスミスが述べている自然価格も，それを構成する賃金，利潤，地代が需給によって決定されるのであるから，需給によって決定されると考えられる．

マルサスはスミスと同じように貨幣を交換を円滑に行うための仲介物であると考えている．この仲介物はさまざまに変遷しながら，結局，金銀などの貴金属に落ち着いた．これは，金銀の耐久性，可分割性，均質性，および少量で大きな価値をもつという性質によるものである，とマルサスは考えている．

5.1.4 地　　代

マルサス (Malthus, 1820/1989, 訳上 p.189) は，「土地の地代は，全生産物の価値から，いかなる種類のものでも土地の耕作にかかわるすべての費用を支払った後，土地所有者に残る部分であると定義してよい．その費用は，投入された時点の農業資本の通常の利潤率にしたがって見積もられる資本の利潤を含む」と地代を定義している．労働を所有する労働者，資本のを所有する資本家，土地を所有する地主から構成される階級経済を仮定すれば，マルサスもスミスやリカードと同様，

　　　ある土地の地代 ＝ その土地の生産物総額

$\qquad\qquad - $ (その生産物の生産に投入された労働の賃金

$\qquad\qquad + $ 資本の利潤)

と定義している．

　土地の生産物の価格が耕作の総費用を上回る理由を3つ指摘している．第1の理由は，その土地の生産性が高く，その土地の生産物の生産に投入される労働や資本を維持するのに必要な額より大きな価値を生み出すからである．第2は，土地の生産物は，賃金，利潤，地代として分配され，それらの所得が土地生産物に対する需要を生み出すからである．第3は，土地の生産性は土地によって異なり，生産性の高い土地は希少だからである．経済全体の生産規模が大きくなると土地の投入量も大きくなり，土地はその生産性の高いものから投入されるから，生産物の生産のために土地に投入される労働の限界生産性は逓減する．

地代 $R = pY - wN - rK = pY - (1+r)wN = pf(N) - (1+r)wN$ が上昇するのは，資本 K の増大，人口の増大＝労働供給 N の増大による賃金 w の下落，農業技術 $f(\cdot)$ の改善＝労働需要の減少による賃金の下落，農業生産物需要の増大による農業生産物価格 p の上昇，などの要因による。資本が増大すると，より収益率の低い産業に資本が投下され，より生産性の低い土地が耕作されるようになるから，地代は増大し，利潤率は下落する。人口が増大すると，労働供給が増大するから，賃金率は下落し，耕作される土地は増大するから，地代は増大する。逆に，地代が下落するのは，資本の減少，人口の減少＝労働供給の減少による賃金の上昇，農業生産物需要の減少による農業生産物価格の下落，などの要因による。

5.1.5 賃　　金

労働の賃金は，労働を維持するために必要な商品への支出であると考えるのは，リカードと同じである。しかし，マルサスは「労働の貨幣賃金は，労働の需要および供給に比較した，貨幣の需要および供給によって決められる。そして貨幣がほとんど同じ価値を維持すると考えられる期間のあいだは，労働賃金の変動は，労働の供給に比較した需要の変動によって規制される」(Malthus, 1820/1989, 訳下 p.9)，「需要および供給の原理は，商品の価格と同じく，労働の価格の，一時的にだけでなく永続的にも，最も重要な規制者である。また生産費は，単にそれが労働のまたは商品の永続的供給の必要条件であるがゆえに，それらの価格に影響をおよぼすにすぎない」(Malthus, 1820/1989, 訳下 p.10) と述べ，賃金は労働の需給によって決まると指摘している。

労働者は資本家が資本 K から前払賃金 W を支払うことによって雇われることを考慮すれば，マルサスの賃金理論は，J.S. ミルが明確に定式化している賃金基金理論と同じものであると考えられる。ただし長期においては，労働の賃金は生活に必要な衣食住において習慣によって決まる生活水準を維持する費用である。賃金の水準は基本的に人々の生活習慣に依存する。

5.1.6 利　　潤

マルサスは，ストックとキャピタルを区別している。ストックは，現在用

いられているフローとストックを区別するために用いられているストックの概念と同じように，現時点において存在する富の総額である。キャピタルは蓄積された富のうち，利潤を獲得する目的で投入される部分のストックである。マルサスは資本 (キャピタル) の利潤率を次式で定義する。

$$資本(キャピタル)の利潤率 = \frac{生産された商品の価値 - 前払の価値}{前払の価値}$$

したがって，利潤率の大小は前払の価値に影響する諸要因と生産物価値に影響する諸要因に依存している。

生産に必要な前払のうち最も重要なのは労働を維持する手段 (キャピタル) である。それに影響を及ぼす主な要因は土地における生産性と資本・労働比率である。生産物の価格を決定するのは，競争原理あるいは生産物の需要および供給の原理であるから，資本の利潤を決定する原理は，競争市場における需要および供給の法則にしたがって作用する。

5.2 国富が継続的に増大する直接要因

マルサスは『経済学原理』第7章において国富を継続的に増大させるために有効な要因について議論している。スミスは倹約によって貯蓄・投資を行い資本蓄積がもたらす分業を促進することが重要であることを指摘した。リカードは分配理論によって，賃金，利潤，地代の決定原理を説明し，資本蓄積には資本家が受け取る利潤を維持することが重要であることを明らかにした。ところが，かれらが指摘しているのは，基本的に生産面，生産物供給に関する要因である。マルサスの主張はつぎのようなものである。

「生産に有効な三大要因は，資本蓄積，土地の肥沃度および労働節約的発明である。それらはすべて同じ方向に作用する。それらはすべて供給を促進する傾向があるが，需要とは無関係であるので，別々にであれ一緒にであれそれらが富の持続的増大に適宜刺激することはありそうもない。富の持続的増大は商品需要の持続的増大によってのみ維持されうるのである。」(Malthus, 1820/1989, 訳下 p.250)

マルサスの貢献は，国富が継続的に増大するための条件として，生産物供給

5.2 国富が継続的に増大する直接要因

の増大を促すための条件だけでなく，生産物供給の増大を継続するための誘因となる生産物価値の増大すなわち生産物需要の増大を促す条件を指摘していることである。この原理は，商品の価格は需要と供給の法則によって，そして競争の法則によって決まるというマルサスの基本原理を明確に反映している。

「一般に，生産物の増大と価値の増大とは歩調を合わせる。そしてこれは，富の増進にもっとも好都合な，自然のかつ健全な諸事情の状態である。生産物の数量の増大はおもに生産力に依存し，生産物の価値の増大はその分配に依存している。生産と分配とは富の二大要素であり，これが適正な割合で結合されれば，地上の富と人口とをまもなくその可能資源の最高限界にまでもたらしうるが，しかし生産と分配が別々に行われ，あるいは適正でない割合で結合されれば，数千年を経た後でも，現在地球上に散在している程度の，わずかな富とわずかな人口しか生み出さない。」(Malthus, 1820/1989, 訳下 p.271)

生産物は生産性の向上により増大するが，生産物は資本が回収されたのち，消費のための所得と貯蓄に分配される。消費のための所得は有効需要を増大させ，生産物需要を増大させる。貯蓄は投資によって資本を増大させ，生産物供給を増大させる。ところが，生産物が過剰貯蓄・過剰投資されると，生産物需要が減少して生産物価格が下落し，生産物価値も減少することになる。

議論を単純化するために，今期の生産物需要は前期の生産物のうち今期の消費のために分配された所得に依存し，今期の生産物供給は前期の生産物のうち今期の生産のために投資された貯蓄に依存して決まるものとする。また，図 5.1 に示されているように，現在の均衡が生産物の需要曲線 D_0 と供給曲線 S_0 の均衡 X_0, P_0 であるとする。生産性が向上すると現在の均衡を実現した前期の生産物産出量より，次期の均衡を決定する現在の生産物産出量 X_0 の方が大きいから，生産物産出量 X_0 が消費のための所得と投資される貯蓄に適正に分配されれば，生産物の需給はそれぞれ需要曲線 D_1 と供給曲線 S_1 のように右方向にシフトする。このとき，均衡は X_1, P_1 となる。ところが，今期の生産物が消費のための所得に過少に分配され，投資される貯蓄に過剰に分配されるときには，需給がそれぞれ需要曲線 D_2 と供給曲線 S_2 のように

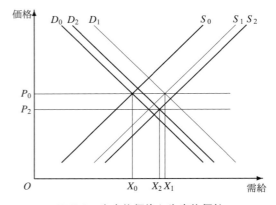

図 5.1 生産物価格と生産物価値

シフトし，均衡は P_2, X_2 となる。前者の場合には生産物価格が維持され，生産物価値すなわち富は増大するが，後者の場合には生産物価格が下落し，生産物価値も減少する可能性がある。

5.2.1 生産物供給の増大要因

　一般に人口増加が国富の増大要因として指摘されるが，マルサスは次のように指摘している。人口の増大は，一般に，賃金を引き下げ生産費用を減少させることによって，資本家の利潤と生産物にたいする刺激とを増大させる，といわれている。ところが，賃金の下落が進みすぎると，人口の増進を停止させるだけでなく，減少させることになるのである。人口の増大により労働投入が増大すると生産物供給が増大し，生産物価格が下落するため，資本家の利潤およびより多くの労働を用いるべき能力と意志とを減少させてしまうのである。人口が増大しても，それによって個々人の生活水準が低下し，生産物に対する経済全体の需要が増大しなければ，富の増大にはつながらない。マルサスは，生産性の向上がもたらす生産物供給の増大とともに，生産された生産物の適切な所得分配によって可能になる有効需要[1]が増大することが必要だと考えている。

---

[1] マルサスの有効需要はスミスの概念と同じで，消費者の欲求だけでなく，それを購入するのに必要な所得の裏づけのある需要を意味している。

5.2 国富が継続的に増大する直接要因

　資本蓄積は内生的に経済成長を達成する重要な手段である。土壌の肥沃度の向上，労働節約的生産技術の開発はいずれも生産性の向上をもたらす外生的要因である。これらはいずれも確かに生産性を向上させ，生産物供給を増大させる。ところが，生産物価格が生産物の需要と供給の均衡によって決まると仮定すると，生産物供給の増大は生産物価格の下落をもたらし，場合によっては国富を減少させるかもしれない。少なくとも時期の生産活動にとって積極的要因とはなりえない。生産物価格を維持あるいは上昇させ，国富を増大させ，次期の生産意欲を刺激するためには，増大した生産物供給に見合った生産物の需要が必要である。ところが，生産物の需要はその生産物に対する欲求だけではなく，その生産物の価格と生産物を購入する消費者の所得に依存している。

　マルサスは，生産物の一般的供給過剰の可能性を指摘している。利潤率が大きくなれば，資本蓄積が進んで生産性が向上するのに対し，地代の減少が地主の消費したがって経済全体の消費の減少をもたらし，供給が需要を上回る可能性がある。経済成長論について，スミスやリカードは分業による生産性の向上と倹約による資本蓄積の促進が経済成長をもたらすと考えている。かれらは，生産・供給面の要因のみから説明しているが，マルサスは，安定的な供給を維持するためには安定的有効需要を維持することが必要であり，需要と供給のバランスのためには農業と工業の均斉的な成長が必要であると考えている。

　マルサスのこうした見解に対する反論は，リカード，J.B. セー，ジェームズ・ミルらの販路説あるいはセーの法則である。マルサス自身の説明によれば，「何人かの非常に有能な著者によってつぎのように考えられている。特定の商品の供給過剰は容易にありうるけれども，商品の一般的供給過剰はおそらくありえない。というのは，この問題についてのかれらの見解によれば，商品はつねに商品と交換されるから，その半分はほかの半分のために市場を提供するだろうし，また，このように生産は需要の唯一の源であるから，一つの物品の供給過剰は単にほかの物品の供給不足を証明するにすぎないし，一般的過剰は不可能であるからである。セー氏は，経済学にかんするかれの名著において，実際に，ある商品の消費はそれを市場からとり去ってしまうこ

とによって需要を減少させ，ある商品の生産はそれに見合った需要を増大させる，と述べさえしている。」(Malthus, 1820/1989, 訳下 p.162)

マルサスの主張は，「仮定された事例においては，その国の不生産的労働者が，資本の蓄積によって生産的労働者に転換させられたために，異常な分量のあらゆる種類の商品が市場に明らかに存在するであろう。ところが労働者の数は全体として同じであり，そして地主および資本家のあいだの消費のための購買能力および意志は仮定によって減少するから，商品の価値は労働と比較して必然的に下落し，やがては利潤をほとんどゼロにまで低下せしめ，そしてしばらくのあいだそれ以上の生産を妨げるようになるであろう。しかし，これこそはまさに供給過剰ということばの意味するところであり，しかもこの場合には，それは明らかに一般的 (general) であって部分的 (partial) ではないのである」(Malthus, 1820/1989, 訳下 pp.163-164) である。

土壌の肥沃度については，ニュー・スペインとアイルランドの事例によって，「もしある事情のもとにおいて，肥沃な土地がもたらす生産上の便宜のため勤労と熟練との成長が妨げられるという結果をもたらすならば，土地は，その肥沃度において著しくまさっていない場合よりも，それに使った人数に比較して実際上その生産性がより低くなるであろう」(Malthus, 1820/1989, 訳下 pp.202-203) ことを例証している。労働を扶養する能力はその意志よりもはるかに広大な範囲に存在するであろう。食物を獲得するのにわずかな時間しか使う必要がないからといって，それはかならずしも，より大きな部分の時間を便宜品および奢侈品の獲得に向けさせるものではない。肥沃な国の富の不足は，資本の不足よりは需要の不足により多くよるものであろう。したがって，一般的には，土壌の肥沃度はそれだけでは富の継続的増大にたいする適当な刺激ではない。

5.2.2 生産物需要の増大要因

生産物の価値を増大させる要因，すなわち生産物需要を増大させる要因は「分配に依存する価値の増大にもっとも適した原因は，第一に，土地財産の分割，第二に，内国商業および外国貿易，第三に，不生産的消費者の維持これである。」(Malthus, 1820/1989, 訳下 p.272)

5.2 国富が継続的に増大する直接要因

　土地財産を分割すると，少数の人々によって占有されていた土地が多数の人によって所有されることになる。このことは所有する土地から得られる地代が，より多くの土地所有者に分散されることにより，所得分布が平準化されることを意味する。マルサスはそれによって生産物需要が増大し，生産物価値が増大すると指摘している。この指摘をマクロ消費関数の性質として解釈すると，限界消費性向は所得の減少関数であると仮定できるから，所得分布の平準化により限界消費性向が上昇する。このとき，生産物需要は増大し，生産物の交換価値は増大する。

　内国商業および外国貿易は生産物の需給に影響を与える。大陸からの対価格の穀物輸入がもたらす効果として，リカードは労働者の生存費の減少によって利潤が増大することを評価しているが，マルサスは穀物価格の下落がもたらす生産誘因の縮小を懸念している。

　また，マルサスは貿易の利益を評価する別の原理を指摘してつぎのように述べている。「これは，単純かつ明白な原理で，しばしばあらゆる物々交換の行動原理として言及される。それは，国外と国内を問わず，相対的に必要でないものをより必要なも必要やのと交換することから得られる価値の増大である。われわれが国内商品を輸出してそれと引き替えに上述のすべての外国商品を獲得した後に，われわれの商品の数量が増大したとか，減少したとか言うことにはまったく困惑してしまうが，生じた生産物の新しい分配は，手放した商品よりわれわれの必要や好みにはるかに適合した商品をもたらすように行われたもので，われわれの所有物，享楽手段そして富の交換価値を決定的に増大したことを，確信するに違いない。」(Malthus, 1820/1989, 訳下 p.324)

　不生産的消費者を維持すれば，生産物に対する需要も維持される。生産物の分配を便宜にすることによってその価値を維持しかつ増大する傾向のあるおもな原因は，不生産的労働の使用，または適当な比例の不生産的消費者の維持である。

5.3 古典派の景気循環論

セー法則の妥当性が疑われなかった時代にも，不況が一般的に生じる可能性を説明しようとする理論があった。

5.3.1 オスカー・ランゲによるマルサス経済学のケインズ的解釈

一般的過剰生産の可能性を指摘したマルサスの経済学は，ケインズ自身によってかれの先駆的学説として高く評価されているため，マルサスの経済学はケインズ経済学の先駆的研究として再評価されることがあるが，マルサスの想定はケインズの想定と両立しないことに注意する必要がある。ランゲ (Lange, 1938) によるマルサス経済学のケインズ的解釈は以下のとおりである[2]。Y は GDP，C は消費支出，I は投資支出，r は利子率，M は貨幣供給である。投資関数は $I = F(r, C)$，貨幣需要関数は $L = L(r, Y)$ によって表される。ただし，投資は利子率が上昇すると減少し，所得が増大すると増大するから $F_r = \partial F/\partial r < 0$, $F_C = \partial F/\partial C > 0$ であり，貨幣需要は，利子率が上昇すると資産としての需要が減少し，所得が増大すると取引のための需要が増大するから，$L_r = \partial L/\partial r < 0$, $L_Y = \partial L/\partial Y > 0$ である。物価水準 P は 1 である。こうして，マルサス体系は，投資関数，生産物の需給均衡および貨幣の需給均衡

$$I = F(r, C) \tag{I}$$

$$Y = C + I = C + F(r, C) \tag{IS}$$

$$M = L(r, Y) \tag{LM}$$

によって記述される。マルサスの最適貯蓄率は投資を最大にする消費支出を求めることによって定まる。すなわち，マルサス体系は C と M を所与とするとき，Y と r が決まる IS–LM モデルである。このとき，投資支出最大化の条件 $\partial I/\partial C = 0$ から，最適消費の条件は $L_r/L_Y = F_r/F_C$ となる[3]。消費が変化すると，投資は減少する。

---

[2] ケインズ経済学については第 14 章を参照せよ。
[3] 演習問題 4 のヒントを参照せよ。

5.3 古典派の景気循環論

$$\frac{\partial I}{\partial C} \gtreqless 0 \Leftrightarrow \frac{L_r}{L_Y}F_C \gtreqless F_r$$

であるから，消費が増大するときには $\partial I/\partial C < 0$ であり，消費が減少するときには $\partial I/\partial C > 0$ である。

$$\frac{\partial I}{\partial C} < 0 \Leftrightarrow \frac{L_r}{L_Y}F_C < F_r, \quad \frac{\partial I}{\partial C} > 0 \Leftrightarrow \frac{L_r}{L_Y}F_C > F_r$$

であるから，消費が増大すると，消費の増大によって投資が増大するより，消費の増大がもたらす利子率の上昇によって下落する投資の方が大きくなる。消費が増大するときの投資の増大効果はクラウディングアウト効果によって大きな部分が相殺されてしまうからである。また，消費が減少すると，消費の減少によって生じる利子率の下落がもたらす投資の増大より，消費の減少によってもたらされる投資の減少の方が効果が大きくなる。消費が減少すると，貨幣市場を通して利子率が下落し，有効需要を増大させるという相乗効果をもたらす。

ランゲによるケインズ的解釈が可能であるためには，マルサスがケインズの想定

- 雇用は完全雇用であるとは限らない
- 貯蓄と投資の恒等性は仮定されない

を共有している必要がある。しかし，マルサスの原典からわかるのは，かれが貯蓄と投資の恒等性すなわちセー法則を仮定していたということである。「現代の経済学者は誰ひとりとして，貯蓄をもって単なる退蔵 (hoarding) を意味するものとはなしえまい。」(Malthus, 1820/1989, 訳上 pp.53-54) すなわち，マルサスの最適貯蓄率の理論をケインズ的に解釈するのは適切ではないのである[4]。

5.3.2 シスモンディ

マルサスの理論と並んで 19 世紀前半の景気循環理論として重要なのは，マルクスの恐慌論に利用されているシスモンディの過少消費説である。シスモ

---

[4] マルサスによる一般的生産過剰の理論の解釈には根岸 (Negishi, 1989) の解釈がある。

ンディはスイス，ジュネーヴ生まれで，スミスの経済学を批判的に継承し，『新経済学原理』第 1,2 巻 (1819) において，過少消費によって全般的過剰生産恐慌が発生する可能性を指摘した。シスモンディによれば，国富の増大は 所得 ⇒ 支出 ⇒ 消費 ⇒ 生産 ⇒ 所得 の循環的活動によって進行する。ところで，資本主義経済における資本間の競争により，生産費用を抑制する生産技術 (機械) が導入され，生産性が向上するのに対し，労働雇用は減少する。それにより，生産規模が拡大するにしたがって，資本家所得が増大するのに対し労働者所得は減少し，資本家と労働者の間で所得の不平等化が進み，それによって経済全体の消費が減少するため，過剰生産が生じることになる。この説明は，マルクスの『資本論』第 1 巻第 22 章「剰余価値の資本への転化」において利用されている。

5.4 J.S. ミルの経済学

　J.S. ミルは，1806 年ロンドンでジェームズ・ミルの長子として生まれた。J. ベンサムの功利主義思想 utilitarianism とリカードの経済理論の信奉者であった父によって，3 歳の頃から早期教育を受けた。17 歳でかれの父とともに東インド会社で書記補として働くようになった。1826 年頃から鬱病になったかれは，功利主義に疑問を抱くようになり，観念論哲学，社会主義思想，歴史哲学を学んだ。1830 年テイラー夫人に出会い，1851 年に結婚する。1865 年下院議員となる。1873 年アヴィニヨンで死去。かれの精神的，思想的な人生の記録はかれの『自伝』に詳しい。著作には，1843 年『論理学体系』，1848 年『経済学原理』，1859 年『自由論』，1861 年『功利主義論』，1861 年『代議制統治論』，1869 年『女性の解放』，1873 年『ミル自伝』などがある。

　ミルの『経済学原理』は，生産，分配，交換，生産および分配に及ぼす社会の進歩の影響，政府の影響について，の 5 編から構成されている。

5.4.1 生産と分配

　J.S. ミルは，富の生産にかんする法則や条件は物理的性質にもとづいて決定されるから，それに従う以外にないが，富の分配は人為的制度にもとづい

て決定されるので重要な経済問題であると考えていた。またかれは，分配と所有の制度の歴史的な可変性を認めていたので，従来の経済学が自明とみなしてきた私有財産制度を究極的な社会形態とみなさず，むしろ社会主義制度との比較によってその優劣を判定すべきだと考えていた。かれは，オーエンやルイ・ブランの共産主義，サン-シモンの社会主義，フーリエ主義について検討し，つぎのように述べている。「これから先しばらくの間，経済学者が取り扱うべき主な問題は，私有財産制と個人の競争とにもとづく社会の存続発展の諸条件という問題であり，また主な目標は，人間の進歩の現段階においては，私有財産制を顛覆せず，それを改良して，この制度の恩恵に社会の全員に十分に参与させることである。」(Mill, 1848/1968, 第 2 編第 1 章 4)

5.4.2 分配理論

ミルの分配理論は，私有財産と自由競争を制度的枠組とする資本主義社会における，労働者，資本家，地主の 3 階級に対する賃金，利潤，地代の分配にかんする分析である。

まず，賃金は労働の需要と供給によって，いいかえれば資本ないし賃金基金と労働人口との割合によって定まる。リカードの賃金生存費説においては，資本家が所有する資本 K，生存費に等しい労働者の自然賃金率 $\bar{w}$ を所与として，労働雇用量が決定されていた。ミルの価値理論は需給均衡理論であり，労働の価値である賃金も需要と供給の均衡によって決定される。労働供給 N_S は所与の労働人口であり，一定である。労働需要 N_D は賃金基金にもとづいて導出される。

5.4.3 賃金基金説

資本家が所有する資本 K を労働者を雇用するための基金 W とすると，賃金率が w であるときの労働需要 N_D は $N_D = K/w$ となる。したがって，賃金は労働の需給均衡

$$N_D = \frac{K}{w} = N_S$$

において決定される。この理論をミルの賃金基金説という。

また，W.T. ソーントン (William Thomas Thornton, 1813-1880) の『労働論』(1869) における需給均衡理論の批判に対して，ミルは，その書評論文において賃金基金説を撤回している[5]。これらの議論は，イギリス古典派経済学の学説を超えており，その古典派経済学の終焉を象徴することになった。

5.4.4 価値について

J.S. ミルは，価値を交換比率の意味で用いている。商品の一時的な価値または「市場価値」は需要と供給に依存し，需要が増大すれば上昇し，供給が増大すれば下落する。商品の需要は価値の減少関数であり，商品の価値はその商品の需要と供給が等しくなるように調整される。商品は永続的な価値である「自然的価値」をもち，通時的に平均すると商品はこの自然的価値にもとづいて交換されるとみなせる。商品の自然価値はその商品の生産費用にもとづいて決定される。このように J.S. ミルは短期の価値は需給均衡によって，短期の価値は生産費用によって決まると考えていた。ただし，J.S. ミルは効用概念を不安定な概念であるとして需要を説明する要因とは考えなかった。このような効用概念に対する認識はイギリス古典派に共有されており，それが需給均衡理論がそれ以上の展開されなかった理由であると考えられる。

5.4.5 国際貿易理論の展開

リカードの貿易理論によって，国際分業と自由貿易が世界経済に利益をもたらすことが示されたと考えられる。しかし，国際貿易がどのように行われるかは明確には説明されていない。J.S. ミルは，「国際交易の条件は国際的需要の方程式に依存する」こと，すなわち国際貿易における交易条件は，2国間の相互需要によって決まることを示唆している。「二つの国が二つの商品を相互に貿易するとき，これらの商品の相互に対する交換価値が，隣国から輸入する物品について各国が必要とする数量が精密に相互に対して支払いをするに足りるように，両国における消費者たちの志向と事情に応じて調整されるということは，確定的なことだと考えてよいであろう。消費者たちの志向や

---

[5] この問題については根岸 (1997) を参照されたい。

5.4 J.S. ミルの経済学

事情がいかなる法則に従わしめることもできないものであるから，二商品が交換される割合もまたそうである。われわれは，この変動が閉じこめられている限界が，一国におけるそれらのものの生産費の比と，他国におけるそれらのものの生産費の比とであることを知っている。」(Mill, 1848/1968, 訳第3編第2章 pp.284–285) ただし，J.S. ミルの相互需要の概念がオファー曲線を意味していると考えるのは誤りである。オファー曲線はそれ自体需要関数と同じ情報を必要とする (西村, 1990, pp.70–71)。J.S. ミルは主観的な効用概念は普遍的な法則性をもたないので，経済分析に用いるべき概念ではないと考えていた。したがって，J.S. ミルは需要関数やオファー曲線の正確な概念を導き出すことはできないのである。

J.S. ミルの国際貿易理論はマーシャルによって展開され，かれの『外国貿易の純粋理論 国内価値の純粋理論』においてオファー曲線の概念にもとづいて定式化されている。このことは，ミルの理論が古典派経済学から新古典派経済学への経済理論の展開における過渡的特徴をもっていることを意味している。

5.4.6 定常状態について

定常状態とは，人口増大，資本蓄積，技術進歩，新しい土地の開拓，したがって国富の増大が停止した状態である。アダム・スミスの『国富論』には資本主義経済について暗いイメージはほとんどない。リカードは，収穫逓減の法則にもとづいて，資本主義社会における経済成長の限界を危惧していた。J.S. ミルは，定常状態の到来を受け入れ，公平な所得分配を達成する適切な社会制度の設計によって理想的な社会への道筋を視野に入れていた。

「世界のなかで発展途上国においてのみ，生産の増大がいまだに重要な目的である。最も先進的な国々においては，経済的に必要とされることはよりよい分配であり，そのための不可欠な手段の1つは人口により厳格な制限をかけることである。平等化のための諸制度だけでは，それが公正であろうと不公正であろうと，よりより分配を成し遂げることはできない。それらの制度は社会の最上層を引き下げるかもしれないが，底辺層を永続的に引き上げることはできない。

他方，われわれは，この所有権のよりよい分配は達成されると仮定してよい。それは，個々人の慎重さと倹約，そして財産の平等に好ましい立法体系との結合効果により，かれあるいはかの女の勤労の果実（大小にかかわらず）に対する個人の公正な要求と整合的であるかぎりにおいて達成される。われわれは，たとえば，誰でも一人の人が贈与あるいは相続によって獲得できる総額を適度な独立性をもたらすに十分な額に制限すると仮定してもよい。この2元的な影響のもとでは，社会はつぎのような主要な特徴を示すだろう。労働者の集団は高給で裕福ではあるが，単一の生涯で稼いで蓄積した額以上には莫大な財産などない。ところが，現在よりはるかに多数の人々の集団は，機械的な細かい仕事からより荒々しい労苦を免れるだけでなく，肉体的に精神的にも十分な余裕をもって優雅な人生を追求できる。そして，かれらの成長のためにはあまり好ましくない状況におかれた階級にそれらの事例を与えるだろう。この社会状態は，現在ではきわめて好ましいが，定常状態と完全に両立可能であるだけでなく，他のいかなる社会状態より定常状態と自然に結びついているようである。」(Mill, 1871/1968, 第4編第6章)

こうした古典派のヴィジョンを継承して，経済学研究がマクロ経済成長からミクロの資源配分に移行したのは自然な成り行きであろう。

演習問題

1. 重商主義，フィジオクラシー，スミスおよびマルサスの国富概念を比較し，それらの相違について説明せよ。
2. 穀物法に対するマルサスの主張とリカードの主張をかれらの経済理論にもとづいて説明せよ。
3. 国富を継続的に増大させるのに必要であるとマルサスが考えている条件について説明せよ。
4. ランゲ・モデルから結果を計算せよ。
   ヒント： 式ISと式LMを全微分して整理すると，

$$\begin{bmatrix} 1 & -F_r \\ L_Y & L_r \end{bmatrix} \begin{bmatrix} dY \\ dr \end{bmatrix} = \begin{bmatrix} (1+F_C)\,dC \\ dM \end{bmatrix}$$

が得られる。この式の両辺に左辺の行列の逆行列をかけて整理すると，

演習問題

$$\begin{bmatrix} dY \\ dr \end{bmatrix} = \frac{1}{L_r + F_r L_Y} \begin{bmatrix} L_r & F_r \\ -L_Y & 1 \end{bmatrix} \begin{bmatrix} (1+F_C)\,dC \\ dM \end{bmatrix}$$

したがって，

$$dY = \frac{L_r(1+F_C)}{L_r + F_r L_Y} dC + \frac{F_r}{L_r + F_r L_Y} dM$$

$$dr = \frac{-L_Y(1+F_C)}{L_r + F_r L_Y} dC + \frac{1}{L_r + F_r L_Y} dM$$

が得られる。ここで，$dM = 0$ とおくと，

$$\frac{\partial r}{\partial C} = -\frac{L_Y(1+F_C)}{L_r + F_r L_Y} > 0$$

が得られ，これを投資支出最大化の条件

$$\frac{\partial I}{\partial C} = F_r \frac{\partial r}{\partial C} + F_C = 0$$

に代入して整理すると，最適消費の条件 $L_r/L_Y = F_r/F_C$ が得られる。

5. リカードの賃金生存費説と J.S. ミルの賃金基金説の相違を説明せよ。
6. J.S. ミルの定常状態に対する認識を説明せよ。

6 マルクス経済学

　資本主義経済がもたらした諸問題に直面し，マルクスは，自由で平等な社会主義社会を理想として，その実現への道筋を示すことにより，人類の歴史に重大な影響を及ぼした。権力者の善意を期待する空想的社会主義に対し，マルクスは資本主義から社会主義へ至る歴史的プロセスが必然であると主張している。マルクスの経済学はかれの思想体系において理想的社会主義社会の実現への理論的支柱となったが，かれの主張が科学的 (論理的，経験的) に妥当であるか否かはけっして自明なことではない。

　また，マルクス経済学においてはさまざまな経済的命題が主張されているが，論理的妥当性が厳密に証明されていない未解決問題も多い。命題それ自体は矛盾を含まない限りそれを正当化する枠組みを見いだすことは可能であるが，その枠組みが本来マルクスが想定していたものと両立するか否かを確認しなければならない。これらの問題は，置塩信雄 (置塩, 1977)，森嶋通夫 (Morishima, 1973) らによって数理経済学にもとづいて解明され，分析的マルクス経済学として展開されている。

6.1　マルクスの伝記と経済思想の形成

　マルクスの歴史における影響は，純粋理論の発展によるものよりむしろ，社会主義社会実現のための思想にあるから，かれの思想形成の過程を知っておくことは重要である。

6.1 マルクスの伝記と経済思想の形成

　マルクスは1818年5月，ドイツのライン州トリアで，ユダヤ系の法律家の子として生まれた。かれは法律家になるためボン大学，ベルリン大学で学んだ(1836〜41年)が，かれの関心は法学よりもむしろ歴史と哲学にあった。研究者を希望したが自由主義的な思想のために果たせず，ジャーナリストとなった。『ライン新聞』での経済問題に関する執筆活動の経験からフランスの社会主義や共産主義の思潮内容に判断をくだす力がないことを率直に認め，まずヘーゲルの法哲学の批判的検討を行った。

　それを通して，マルクスはフォイエルバッハ(Ludwig Andreas Feuerbach, 1804-72)の影響を受け，社会は時代精神によって形成されるという，ヘーゲルの哲学すなわち精神史観を転倒させて唯物史観に到達し，市民社会の分析は経済学の研究を土台とすべきだという結論に至った。唯物史観は『ドイツ・イデオロギー』(1845-46)において確立された。マルクス(Marx, 1859/1934, 序文)は，唯物史観を「物質的生活の生産様式は，社会的，政治的，精神的生活諸過程一般を制約する。人間の意識がその存在を規定するのではなくて，逆に，人間の社会的存在がその意識を規定するのである」と説明している。

　マルクスは1843年イェニーと結婚し，経済学を研究するためパリに移住する。このときマルクスの親友となりかれの研究生活を支援し続けることになったエンゲルスと出会う。1845年フランス政府に追放され，ブリュッセルに転居，1848年『共産党宣言』を刊行した。マルクスは，唯物史観により労働者階級の自己解放に期待するとともに，その社会運動の基盤，目標と可能性を示す科学的社会主義を確立しようとしていた。

　1849年ロンドンに亡命したマルクスは大英博物館の図書室にこもり，経済学批判体系の形成に没頭する。1859年『経済学批判』を刊行し，その序文においてかれの思想形成のプロセスを自らの言葉で語っている。マルクスは，エンゲルスの援助を受けて，困窮した研究生活を続け，1867年『資本論』第1部を公刊した。エンゲルスによって1885年第2部，1894年第3部が公刊された。マルクス自身は1883年に没した。

　このように，マルクスの思想体系は，ドイツ古典哲学，イギリス古典派経済学およびフランスの革命諸学説とむすびついた社会主義思想を源泉としている。マルクスの経済学がリカードの賃金生存費説，差額地代理論，ケネー

の経済表，シスモンディの景気循環理論を利用していることは明らかだと思われる。

マルクスは『資本論』において，労働価値理論，搾取と剰余価値理論，資本蓄積論と平均利潤率傾向的低下法則，恐慌論を展開して資本主義経済の本質とその矛盾を指摘し，その矛盾を解消するためのプロレタリアート革命によって社会主義社会に移行するというシナリオを描いている。ところで，マルクスの経済学の特徴は労働価値理論，搾取と剰余価値理論にある。その他の社会主義革命へのシナリオの科学的妥当性を証明するには多数の未解決問題が残されているので，ここでは，理論的に妥当性が確認されている，労働価値理論，搾取と剰余価値理論について説明する。

6.2 労働価値理論

リカードは，さまざまな商品の異なる時点の価値を測るための尺度として労働が適格だと考え，労働価値理論が厳密に成り立つために必要な条件について検討している。ところが，それらの条件はかなり制限的であるとみなされるので，リカードは労働価値理論を近似的にのみ成り立つ理論だと考えていた。マルクスは，リカードが指摘した労働価値理論が成立するための条件をすべて満たす単純な枠組みから出発して，それらの条件を一つずつ外し，複雑な経済を仮定して労働価値理論の妥当性を検討している。

マルクスは，『資本論』第1巻の価値理論において，多数の商品，本源的生産要素である労働，労働者階級と資本家階級から構成される経済を仮定している。労働者と資本家は階級を代表して行動するから，それぞれの階級は実質的に1人の経済主体から構成されている。

富は商品の価値であり，商品は労働と資本という生産要素を投入して産出される。他の生産要素から生産されない本源的生産要素は労働のみであり，資本は労働によって生産される中間生産物である。したがって，商品はその生産に直接投入される直接労働と資本の生産に直接投入され，商品の生産に間接投入された間接労働によって生産される。マルクスは，商品の生産に直接投入される労働を「生きた労働」，生産手段に直接投入され，商品の生産に

6.2 労働価値理論

間接的に投入された労働を「対象化された労働」などとよんでいる。こうして，商品の価値はその商品を生産するために直接・間接に投入された労働量に等しく，その価値にしたがって商品は市場で交換される。

『資本論』第3巻の生産価格理論においては，資本投下の産業間競争を仮定し，労働価値理論を修正している。産業が複数存在するとき，一般に，産業間で全資本における直接労働に投下される可変資本 V_i と間接労働に投下される不変資本 C_i の比率 (資本の有機的構成) が異なる。軽工業のように労働集約的産業においては資本の有機的構成 $\mu_i = C_i/V_i$ は低く，重工業のように資本集約的産業においては資本の有機的構成は高い。このとき，資本家は利潤をより大きくするため，資本をより利潤率の高い産業に投下するから，産業間で利潤率が均等化される。この経済において成立する価格は生産価格と呼ばれ，一般に価値とは異なる。マルクスは，価値理論において妥当な労働価値理論は生産価格の理論においても妥当であることを示そうとしている。さらに，利潤がさまざまな資本家の間に，そして地主に土地として分配されるときにも労働価値理論が妥当であることを証明しようとしている。

6.2.1 価値理論における労働価値と剰余価値

マルクスは『資本論』第1巻において資本家階級と労働者階級，複数の商品と労働から構成される経済環境について考察している。単純化のため商品は2つであるとし，x_i は財 i $(i=1,2)$ の産出量，d_i は財 i $(i=1,2)$ の最終需要，a_{ij} は財 i $(i=1,2)$ を生産するために必要な財 j $(j=1,2)$ の投入を表す投入係数である。このとき，$a_{11}x_1$ は第1財1単位の生産に必要な第1財の投入 (需要) 量であり，$a_{21}x_2$ は第2財1単位の生産に必要な第1財の投入 (需要) 量である。生産技術は固定的であり，投入係数は一定であるとする。

それぞれの財の投入産出すなわち第 i 財の供給 x_i と需要 $a_{1i}x_1 + a_{2i}x_2 + d_i$ が等しい，すなわち

$$x_1 = a_{11}x_1 + a_{21}x_2 + d_1 \tag{6.1}$$

$$x_2 = a_{12}x_1 + a_{22}x_2 + d_2 \tag{6.2}$$

となる。

第 i 財の価値を v_i，第 i 財の生産における労働投入係数を l_i とする。労働投入係数も一定である。このとき，式 (6.1)，(6.2) の双対体系として，第 i 財の価値 v_i は平均費用 $a_{i1}v_1 + a_{i2}v_2 + l_i$ に等しいから，

$$v_1 = a_{11}v_1 + a_{12}v_2 + l_1 \tag{6.3}$$

$$v_2 = a_{21}v_1 + a_{22}v_2 + l_2 \tag{6.4}$$

が得られる。2 財の価値 v_1, v_2 は式 (6.3), (6.4) を解くことにより得られ，それぞれの財を 1 単位生産するのに直接，間接に必要な労働量を表わしている。

労働の総雇用量 l は，商品 1，2 の生産に投入された労働投入量の合計であるから，

$$l = l_1 x_1 + l_2 x_2 \tag{6.5}$$

であり，式 (6.1)〜(6.4) から

$$l = v_1 d_1 + v_2 d_2 \tag{6.6}$$

が得られる[1]。l は労働価値によって表示された純生産物すなわち付加価値であり，資本家と労働者の間で分配される。

ところで，商品の生産に投入される労働量とその労働力とは異なる。労働

---

[1] 式 (6.1), (6.2) と (6.3), (6.4) を行列表示すると，

$$\begin{bmatrix} x_1 \\ x_2 \end{bmatrix} = \begin{bmatrix} a_{11} & a_{21} \\ a_{12} & a_{22} \end{bmatrix} \begin{bmatrix} x_1 \\ x_2 \end{bmatrix} + \begin{bmatrix} d_1 \\ d_2 \end{bmatrix}, \quad \begin{bmatrix} v_1 \\ v_2 \end{bmatrix} = \begin{bmatrix} a_{11} & a_{12} \\ a_{21} & a_{22} \end{bmatrix} \begin{bmatrix} v_1 \\ v_2 \end{bmatrix} + \begin{bmatrix} l_1 \\ l_2 \end{bmatrix}$$

から，

$$\begin{bmatrix} 1-a_{11} & -a_{21} \\ -a_{12} & 1-a_{22} \end{bmatrix} \begin{bmatrix} x_1 \\ x_2 \end{bmatrix} = \begin{bmatrix} d_1 \\ d_2 \end{bmatrix}, \quad \begin{bmatrix} 1-a_{11} & -a_{12} \\ -a_{21} & 1-a_{22} \end{bmatrix} \begin{bmatrix} v_1 \\ v_2 \end{bmatrix} = \begin{bmatrix} l_1 \\ l_2 \end{bmatrix}$$

と表現される。ところが，$l = l_1 x_1 + l_2 x_2 = [x_1, x_2] \begin{bmatrix} l_1 \\ l_2 \end{bmatrix}$ であり，

$$[x_1, x_2] \begin{bmatrix} 1-a_{11} & -a_{12} \\ -a_{21} & 1-a_{22} \end{bmatrix} = [d_1, d_2]$$

したがって

$$[x_1, x_2] = [d_1, d_2] \begin{bmatrix} 1-a_{11} & -a_{12} \\ -a_{21} & 1-a_{22} \end{bmatrix}^{-1}$$

であるから，

6.2 労働価値理論

力は市場で取引される商品であり，労働力の価値である賃金はその労働力を再生産するために必要な生活資料の価値，すなわち生活資料の生産に投入された労働量である。労働力1単位の再生産に必要な2財の量をそれぞれ c_1, c_2 とする。このとき，価値表示の賃金は

$$v = c_1 v_1 + c_2 v_2 \tag{6.7}$$

である。

生産による純生産物である付加価値は l である。労働投入量は l であるから，労働者の賃金は vl である。資本家は可変資本 vl を前貸しして，付加価値 l を生産し，その中から前貸し資本を回収した残りを利潤として受け取る。したがって，資本家の利潤すなわち剰余価値は $l - vl$ であるから，剰余価値率あるいは搾取率は

$$\frac{l - vl}{vl} = \frac{1 - v}{v}$$

である。労働力の再生産の投入係数 c_1, c_2 も含めて生産における投入係数が一定であるかぎり，式 (6.3), (6.4) から価値 v_1, v_2 は一定であり，また式 (6.7) から v も一定であるから，剰余価値率は一定である。

6.2.2 剰余価値理論

マルクスは剰余価値の発生をつぎのように説明している。資本主義経済においては，労働者階級は生産手段をまったくもたないから，生産手段を所有している資本家に雇われなければ，生活できない。そのため資本家はこれらの労働者を，労働力の価値に等しい労働時間を超えて働かせることができ，

$$
\begin{aligned}
l &= l_1 x_1 + l_2 x_2 = [x_1, x_2] \begin{bmatrix} l_1 \\ l_2 \end{bmatrix} \\
&= [d_1, d_2] \begin{bmatrix} 1 - a_{11} & -a_{12} \\ -a_{21} & 1 - a_{22} \end{bmatrix}^{-1} \begin{bmatrix} 1 - a_{11} & -a_{12} \\ -a_{21} & 1 - a_{22} \end{bmatrix} \begin{bmatrix} v_1 \\ v_2 \end{bmatrix} \\
&= [d_1, d_2] \begin{bmatrix} 1 & 0 \\ 0 & 1 \end{bmatrix} \begin{bmatrix} v_1 \\ v_2 \end{bmatrix} = [d_1, d_2] \begin{bmatrix} v_1 \\ v_2 \end{bmatrix} = v_1 d_1 + v_2 d_2
\end{aligned}
$$

が得られる。ただし行列を A と表すと，A^{-1} は A の逆行列であり，$AA^{-1} = A^{-1}A = E$ である。E は対角因子が1でそれ以外は0の単位行列を表す。

労働者が生み出す生産物の価値は，かならずそれを生産するために投入される労働力の価値を上回ることになる。この労働投入量が労働力の価値を超過する部分は「剰余価値」であり，それが資本家階級が獲得する利潤の源泉となる。この剰余価値を生み出すのは直接労働の部分のみであると考えられている。

資本は生産手段に転換される資本部分と労働力に転換される資本部分から構成される。生産手段に転換される資本部分の価値は生産手段から生産物に転嫁されるだけで，その価値は変化しない。労働力に転換される資本部分は労働者に賃金として支払われるため生産物に移転することはないが，その労働力は生産物の生産に用いられ，それ自身の価値を上回る価値すなわち剰余価値を生み出す。この意味において，価値が転嫁されるだけで変化しない前者を不変資本 C，それ自身の価値を超えて剰余価値を生み出す後者を可変資本 V という。価値を増殖しうるのは可変資本であり，不変資本は自らの価値をそのまま生産物に転化するのみである。

資本主義経済が持続可能であるためには，つねに資本が必要である。資本を維持するのは利潤であるから，資本主義経済を維持するためには，利潤とその源泉である労働の搾取が必要である。このマルクスのヴィジョンを定式化している定理は，マルクスの基本定理と呼ばれる。

6.2.3 労働価値理論と非代替定理

マルクスの経済学は固定投入産出係数にもとづいて構成されている。ところが，新古典派的な経済環境すなわち消費者の選好順序や生産者の生産技術の性質にもとづいて経済活動にかんするさまざまな特徴づけを行う場合，マルクスの投入産出係数はどのような新古典派的経済環境を仮定しているのかは重要な問題である。完全競争市場の理論で仮定される経済環境において労働価値理論が成り立つための十分条件が，非代替定理によって知られている。

非代替定理 (Samuelson, 1951) つぎの条件,
1. それぞれの産業は単一の生産物を生産する,
2. 本源的生産要素は労働のみである,

6.2 労働価値理論

3. それぞれの産業の生産関数は 1 次同次である[2]，

を満たすとき，投入産出係数は生産者の合理的行動の結果一定になり，生産物需要と労働投入から独立に決まる．

非代替定理から推論するかぎり，この定理が成り立たない経済環境においてはマルクスの主張が妥当ではないことは明白であろう．

6.2.4 搾取理論の科学的妥当性

マルクスの搾取と剰余価値の理論は正しいのであろうか．マルクスの搾取概念についてはベーム-バヴェルクの批判がある．現在 1000 円の小麦を労働者に前貸しして小麦を生産し，1 年後に 2000 円の小麦を受け取る資本家を考える．マルクスは 1000 円の資本しか投入せず，2000 円の小麦を手にしているのであるから，利潤である 1000 円は搾取であると主張する．ところで，資本 1000 円に対して 1 年後に利潤が 1000 円得られるのであるから，利子率は 100％であると考えられる．すると，現在 1000 円を投資すれば 1 年後には $(1+1) \times 1000 = 2000$ 円の収益が得られるはずであるから，資本家は何も搾取していないことになる．どちらの理論が正しいのであろうか．実はどちらの理論もある程度科学的に妥当である，すなわち正しいのである．その科学的妥当性は本書のはじめで説明したように，単独では科学的に妥当であるが，相互に両立不能な，ある程度科学的に妥当な複数の仮説のうちの 1 つであるという意味である．そこで，われわれは限界効用理論と同じ水準で科学的に妥当な理論としてマルクスの搾取理論を認知しなければならない．

6.2.5 転化問題

『資本論』第 1 巻の価値理論においては，資本家は資本家階級を構成する多数の資本家の代表者として行動するので，さまざまな産業間の競争という問題は生じない．第 i 部門の資本家は可変資本を生産物 1 単位当たり $C_i = vl_i$ 前貸しするとともに，不変資本を $V_i = a_{i1}v_1 + a_{i2}v_2$ 前貸しして，剰余価値を

---

[2] 生産関数 $y = F(z_1, z_2)$ が n 次同次であるとは，任意の $\lambda > 0$, $n > 0$ について，$\lambda^n y = F(\lambda^n z_1, \lambda^n z_2)$ が成り立つことである．とくに，$n=1$ のとき 1 次同次という．この性質は，生産技術が規模に関する収穫不変の法則を満たすことを意味している．

$(1-v) l_i$ 得る．剰余価値は可変資本に比例的になるから，可変資本に対する不変資本の比率 $\mu_i = C_i/V_i$ の大きい部門の資本家の利潤率 $r_i = M_i/(C_i + V_i)$ は低くなる．

しかし，第 3 巻の生産価格論においては，一般に経済を構成する労働者階級と資本家階級には多数の労働者と多数の資本家がいて，競争的に行動している．競争的市場においては，資本家はより剰余価値の大きな産業に投資しようとするから，剰余価値はすべての産業において等しくなる．各産業の利潤率 r_i は

$$r_i = \frac{M_i}{C_i + V_i} = \frac{\frac{M_i}{V_i}}{\frac{C_i}{V_i} + 1}$$

である．資本の有機的構成 $\mu_i = C_i/V_i$ は一般的に産業間で異なり，農業や軽工業は相対的に労働集約的 (μ_i は小さい) であり，重工業は相対的に資本集約的 (μ_i は大きい) である．そのため，μ_i が大きい産業ほど利潤は小さく，μ_i が小さいほど利潤は大きくなるが，他方競争市場においては利潤率均等が成り立つはずであるから，それらの間に矛盾が生じる．この矛盾をいかに解消するかが転化問題である．

マルクスは，転化問題について，社会全体の総資本に対する総余剰価値の比率を平均利潤率として各産業に利潤を割り振る調整を繰り返す，という方法を示唆している．つぎの表はマルクスの数値例である (Marx, 1867, 第 3 巻第 2 編第 9 章)．

産業	資本 $c+v$	剰余価値 m	商品の価値 $c+v+m$	商品の価格 $c+v+p$	利潤率 $(c+v)/p$	価値からの価格の乖離 $p-m$
I	$80c + 20v$	20	120	122	22%	+2
II	$70c + 30v$	30	130	122	22%	−8
III	$60c + 40v$	40	140	122	22%	−18
IV	$85c + 15v$	15	115	122	22%	+7
V	$95c + 5v$	5	105	122	22%	+17

ところで，この表においては利潤率が単純に平均化されているが，それは資本間の競争すなわちより高い利潤率を追及して資本が部門間で移動するこ

6.2 労働価値理論

とによって実現されるはずである。この表には部門間の資本移動は反映されていないが、転化問題は確率過程論を適用することにより厳密に証明できることが森嶋通夫 (Morishima and Catephores, 1978) によって示されている。

資本の有機的構成が高い部門では利潤率は低く、資本の有機的構成が低い部門では利潤率は高い。よって、利潤率が均等化されて平均利潤率が成立するためには、資本の有機的構成の高い部門の生産物は価値より高い生産価格で、資本の有機的構成の低い部門の生産物は価値より低い生産価格で、取引されなければならない。平均利潤率 $r = r_1 = r_2$ と2財の生産価格 p_1, p_2 とはつぎの式を満たす。

$$p_1 = (1+r)(l_1 w + a_{11} p_1 + a_{12} p_2) \qquad (6.8)$$

$$p_2 = (1+r)(l_2 w + a_{21} p_1 + a_{22} p_2) \qquad (6.9)$$

ただし、w は賃金で

$$w = c_1 p_1 + c_2 p_2 \qquad (6.10)$$

である。生産価格表示の可変資本は $l_i w$、不変資本は $a_{i1} p_1 + a_{i2} p_2$ である。たとえば、第2財を価格表示の基準として $p_2 = 1$ とおけば、(6.8), (6.9), (6.10) から p_1, r, w を求めることができる。すなわち、$r > 0$ となる解は生産関数のふつうの性質のもとで成り立つから、マルクスの基本定理は転化問題にかかわりなく成り立つ。

価値の生産価格への転化を通して、利潤が均等になるように、資本家間で剰余価値の再分配が行われると、資本家間の所得分配が変化する。そのため、労働の雇用量が一定であり、各商品に対する労働者階級の需要は変化しないとしても、それらに対する資本家の需要であり、各財の純産出量 d_1, d_2 は変化する。これは式 (6.1), (6.2) を通して、各商品の粗産出量 x_1, x_2 を変化させる。ところが、上記のように、産出量が変化しても投入係数が一定であれば、価値 v_1, v_2 は一定であるから、価値表示の資本と労働の間の分配率したがって剰余価値率も変化しない。価値理論において成立した主要命題は、生産価格の理論においても成立するのである。

ただし、生産要素として土地を考慮すると、土地には肥沃度の差異があるため、生産規模の拡大にともなって労働の生産性が減少し、投入係数が変化

するから，労働価値理論は成立しなくなる (根岸, 1997, 第 5 章)。

6.3 資本主義の運動法則

マルクスは，資本主義経済の運動法則についてつぎのように述べている。

「資本主義的生産は，不変資本にたいして可変資本の相対的減少の進展が行なわれるとともに，総資本のますます高度な有機的組成を産み出し，その直接の結果は，労働の搾取度が不変なばあいには，またそれが上昇するばあいにさえも，剰余価値率が，不断に低下する一般的利潤率で，表現されるということである。」(Marx, 1867, 第 3 巻第 3 編第 13 章)

6.3.1 本源的資本蓄積

貨幣が資本に転化され，資本によって剰余価値がつくられ，その剰余価値からさらに資本が増大していく。マルクスは資本主義的生産様式に先行する資本蓄積を本源的資本蓄積とよんでいるが，この段階では，個別商品生産者によって資本蓄積が行われる。個別資本家による資本蓄積が進むとともに，資本家の数が増大して次第に蓄積される資本が増大する。

資本の蓄積にともなって生産規模が拡大すると，一方で，より多くの資本家あるいはより大きな資本家を再生産し，他方で賃金労働者を再生産する。増大した労働需要は労働者人口を超えて労働に対する超過需要を生み出すため，資本に隷属し，搾取される労働力すなわちプロレタリアートを増殖させる。

資本蓄積が増大すると，可変資本も不変資本も増大する，すなわち労働も生産手段も増大する。生産手段の増大は，労働生産性の上昇を伴うから，相対的に，資本に対する労働投入は減少し，労働に対する資本は増大する。すなわち，資本蓄積が増大すると，生産手段が増大し，労働の生産性が増大するから，労働の絶対量は増大するが，資本に対する相対的労働投入が減少する，すなわち資本の有機的構成が増大する。資本の有機的構成の増大は，相対的に労働需要を減少させるから，賃金は下落する。賃金が下落すると労働需要が増大し賃金が上昇する。賃金の上昇は利潤を減少させるから，資本家は労働節約的な生産方法，すなわち機械を導入して生産費用を引き下げる。その

6.3 資本主義の運動法則

結果，資本の有機的構成がさらに増大する。

6.3.2 資本蓄積と資本の集中

資本蓄積が増大するプロセスにおいて資本の集中が生じる。資本集中の第1要因は競争である。個別の資本家が競争に勝ち残るためには，労働節約的な機械を導入して生産費用を引き下げ，価格競争によって競争相手を市場から駆逐しようとする。ところが，競争は資本の規模が大きい方が技術的に有利なので，大資本が小資本を吸収していく。第2要因は信用制度である。信用制度は小口資本を集約して，大規模資本を生み出し，競争の一翼を担う。第3要因は株式会社の発展である。いずれも巨大な資本を形成することにより生産性を上昇させ，資本を集中させる。

資本の集中により企業の生産規模が拡大し，協業と技術進歩をもたらし，資本の有機的構成は急速に増大する。

6.3.3 産業予備軍と恐慌

資本蓄積と生産規模の拡大により，資本の有機的構成が急速に増大すると，相対的労働需要が減少し，労働人口に対して労働需要が過少になるから相対的人口過剰すなわち産業予備軍を生み出す。このとき，生産性の飛躍的な向上によって生産物供給は過剰となり，相対的人口過剰による労働賃金の減少によって生産物需要は過少となるから，それらが恐慌を引き起こす。

資本の競争は，未開拓の市場の生産部門に押し寄せ，新しい市場を開拓する。新しい生産部門の発展には資本とともに十分な労働投入が必要であるが，それを補佐するのが産業予備軍である。相対的人口過剰により賃金が下落した労働は新しい生産部門に急速に吸収されることになる。開拓された生産部門において，労働需要が増大し，賃金率が上昇し，労働者人口が増大する。ところが，賃金率の上昇は利潤の低下をもたらすから，資本家は労働節約的な生産方法を採用し，既存の生産部門と同様の帰結をもたらす。

こうして，新しく開拓された生産部門においても，資本蓄積が進むにしたがって生産手段が増大し，資本の集中によって生産規模が拡大し，協業と技術進歩が資本の有機的構成を急速に増大させる。こうして既存の生産部門と

同じように, 産業予備軍を生み出し, 恐慌を引き起こす.

このような資本主義の不可避的な「運動法則」は, 繰り返されるにつれて次第に勢いを増し, 失業の累増にともなう大衆の窮乏化が深まると同時に, 資本蓄積の集中による社会の物的生産性はますます飛躍的に増大する. 資本主義経済には, こうした大衆の購買力不足と過剰生産の矛盾が必然的に含まれており, 結局それは恐慌の発生という形でたびたび顕現化する. そして貧富の差の拡大, したがって矛盾の激化とともに, 繰り返されるたびに恐慌は深刻度を増し, ついにそれが堪え難い段階にまで達したとき, プロレタリアート革命が起きて, 資本主義体制そのものが崩壊するにいたる.

6.4 運動法則の科学的妥当性

分析的マルクス経済学の観点から, マルクスの諸命題の妥当性について検討しよう. マルクスは『資本論』において, 一般的利潤率の傾向的低下 (Marx, 1867, 第3巻第3編第13-15章) と相対的過剰人口の傾向的増大 (Marx, 1867, 第3巻第3編第23章) という2つの傾向的法則を示唆している. これらの法則は, いずれも資本の有機的構成の高度化にもとづいて演繹されている. マルクスによれば, 各資本家は利潤を得るため, それぞれ労働の生産性を上昇させる生産方法を導入する. それは, 生産手段の規模を拡大する生産方法すなわち生産手段に対象化された労働量 C に対する生きた労働 N の比率 ν を低くする (資本の有機的構成を高くする) ような生産方法である. したがって, 資本主義経済においては, 資本蓄積に伴う労働生産性の上昇とともに ν は傾向的に低下していくと考えられる.

利潤 π は剰余価値 M を源泉とする. 労働者がある期間に支出する「生きた労働」N は, 労働者が受け取る生活資料を生産するために直接・間接に必要な労働 V と, 剰余労働 M に分かれるから, $N = V + M$, $M = \pi$ である. 平均利潤率 r は社会の総投下資本に対する利潤の比であるから, $r = M/(C+V)$ である. ここで, C は生産手段に対象化された労働量である. したがって,

$$r = \frac{M}{C+V} < \frac{V+M}{C+V} = \frac{N}{C+V} < \frac{N}{C} = \nu \quad (6.11)$$

6.4 運動法則の科学的妥当性

である.すなわち,平均利潤率は生産手段に対象化された労働量 C に対する生きた労働量 N の比重 ν を超えることはできない.労働節約的な生産技術の継続的導入すなわち生産活動の機械化によって V/C が減少するから,利潤の上限である $N/C = \nu$ は減少する.

しかし,新古典派的な観点からは,新技術の導入により資本の有機的構成が高まるとしても,それは競争のもとでの資本家の合理的な選択の結果であり,資本家の行動原理が利潤の追求であるならば,利潤はより大きくなるはずである.マルクス自身は,かれの議論の背景にあるはずの経済主体の行動について詳細な分析をしていない.いずれにしても,利潤率低下はマルクスの理論に適切な仮定を追加することにより,妥当であるとも妥当でないともいえるのであり,マルクス自身の分析は不十分であるといわざるを得ない.

また,N は労働量で測った雇用量であるが,$N = \nu C$ と書けるから,

$$\frac{\Delta N}{N} = \frac{\Delta \nu}{\nu} + \frac{\Delta C}{C} \tag{6.12}$$

である.すなわち,雇用の増加率 $\Delta N/N$ は,ν の変化率 $\Delta \nu/\nu$ と,不変資本の増加率 $\Delta C/C$ によって決まる.ところで,資本の蓄積は剰余価値 M の一部によって賄われるから,

$$\Delta C + \Delta V < M \quad \text{したがって} \quad \frac{\Delta C}{C} < \frac{M}{C} < \frac{N}{C} = \nu$$

となる.したがって,不変資本の増加率 $\Delta C/C$ は平均利潤率と同じく ν を超えることはできない.

ν は傾向的に低下するから,ν の変化率 $\Delta \nu/\nu$ は負である.したがって,(6.12) から

$$\frac{\Delta N}{N} < \frac{\Delta C}{C} < \nu$$

であるから,雇用の増加率も傾向的に下落することになる.このことは,相対的過剰人口の傾向的増大を支持するが,ν の傾向的低下が,生産者による効率的な生産の合理的選択の結果もたらされるか否かについては,さらに詳細な分析が必要である.

マルクスの経済学は大胆なヴィジョンを豊富に含んでおり,それらが分析

的マルクス経済学の枠組みにおいても厳密に成り立つか否かは興味深い問題である。とくにマルクスは国際経済の問題を構想していたにもかかわらず，実現することはなかったが，マルクスの主要命題が国際経済においても成り立つか否かは，重要な問題である[3]。

6.5 マルクスの思想と個人のインセンティヴ

社会主義社会に向けて社会変革を目指す根拠は，マルクスが資本主義経済は社会の歴史的段階の1局面にすぎないと捉えたからではあるが，それは資本主義社会が科学的分析対象としての普遍的・自律的メカニズムであるという考え方を超えている。資本主義経済の競争市場という考え方も第2次産業革命以降の株式会社の巨大化による弊害を是正するため，法的に市場支配力を規制したときに，スミスの「見えざる手」は消滅したといえる。資本主義経済の競争的市場メカニズムと社会主義経済の計画経済メカニズムは，どちらの性能が優れているかが社会主義経済計算論争以降盛んに議論されたが，どちらのメカニズムにも，情報の非対称性に起因する個々人のインセンティヴという問題があることが指摘され，それが，メカニズム・デザインの理論が展開される背景となった。

法的規制に護られて維持されているとはいえ，経済的に豊かな国々において採用されている資源配分メカニズムは基本的に競争市場である。その理由は，社会主義経済において採用される資源配分メカニズムが，「大釜の飯」に象徴される，インセンティヴにかんする致命的な問題を内包しているからである (山岸, 2000)。社会主義国においては，はじめからある程度の生活水準が保証されている。それならば，個々人は苦労して働く必要などなく，個々人がまじめに働いているか否かは本人にしかわからないので，計画経済当局は生産性の低い個人のなかに手抜きをしている個人がいても，その個人を見極めて能力を発揮させることはできない。その結果，一部の社会構成員は自己の労力が正当に報われないために，努力するインセンティヴをもたず，社

---

[3] これらの問題については，Negishi (1989)，根岸 (1997) およびそれらの参考文献を参照されたい。

会の活力が失われていくのである。市場経済導入後の中国のめざましい経済成長はこの議論の正しさを裏づけている。

マルクスの経済学では，資本家の利潤追求や資本家間の競争などに言及されており，経済主体の行動原理にかんする仮定がまったくないわけではない。しかし，生産にかんする理論を展開しながら，生産技術にかんする情報がほとんどなく，資本主義の運動法則にかんする論証は不十分といわざるを得ない。しかし，かれが示している資本主義経済の運動法則にかんするヴィジョンはたいへん興味深い。スミスの「見えざる手」，マーシャルの「代表的企業」，シュンペーターの「イノヴェーション」，ヴェブレンの「進化経済学」その他の理論的には十分解明されていなくても関心をもたれ続けるヴィジョンの1つといえる。

演習問題

1. 労働価値理論が妥当である新古典派経済環境の条件を挙げよ。
2. マルクスの経済思想を成立させた知的背景について，マルクス自身による『経済学批判』序文の説明を簡潔に要約せよ。
3. 現在100貨幣単位の小麦で雇用される労働を投入して1年後に200貨幣単位の小麦を産出するとき，マルクスが主張する剰余価値はいくらか。また，マルクスの主張をベーム-バヴェルクの立場から批判せよ。
4. 転化問題について説明せよ。
5. 資本主義経済から社会主義経済への移行のマルクスのシナリオについて簡潔に述べよ。

7
限界理論の先駆者と競争市場の理論

　限界分析すなわち個人の合理的行動にもとづく経済分析が経済学にもたらした，いわゆる「限界革命」は科学革命であろうか。実は，限界革命を遂行した経済学にはいくつかの流れから構成される先駆的貢献があり，それは事実として多数の経済学史研究者によって指摘されてきた。したがって，どの理論の流れを想定するかによって限界分析にもとづく経済学の展開が限界革命であるといえる場合もあるが，そうはいえない場合もある。

　限界革命以前にはあまり知られていなかったが，限界革命以降，多数の先駆的業績が再評価された。限界理論の革新性を確信していたジェヴォンズとワルラスは相互の優先権を自負していたが，かれらは先駆者の貢献を調査して，先駆的貢献の存在を確認している。ジェヴォンズが『経済学の理論』第2版の序文でそれらについて解説している。ジェヴォンズ自身は，賭博における人間行動を説明するために貨幣の総効用は対数関数として表現されるという仮説を立てたベルヌーイ (Daniel Bernoulli, 1700–82)，都市を中心とする円形の経済を想定し，輸送費の相違に依存する産業の最適立地を決定する問題について分析したテューネン，価格の関数として需要関数を前提として，独占均衡，複線均衡，不完全競争均衡と生産者の数を増やした市場の取引について分析し，生産者の数が無限になる極限状態として完全競争均衡を分析したクルノー，需要曲線と効用の関係から消費者余剰の概念を考案したデュピュイ，商品への支出が増えるほど追加的に得られる限界効用は減少することを意味する限界効用逓減の法則にもとづいて，それぞれの商品への支出は

その支出から得られる限界効用が均等になるように決められることを指摘したゴッセンらの貢献を先駆として紹介している。

7.1 効用と希少性の理論

18世紀後半大陸において商品の価値を効用と希少性にもとづいて説明する理論がガリアーニ，チュルゴ，コンディヤックらによって提示され，それらは効用と希少性の理論とよばれている。効用と希少性の理論においては価値概念と価格概念が明確に区別されている。商品の価値とは個人による商品の評価であり，商品の価格は市場において複数の個人によって商品が交換されるときの交換比率である。このことは規範的概念としての価値と事実解明的概念としての価格が区別されていることを意味している。

7.1.1 価値の理論

効用と希少性の理論においては，価値は商品の個人による評価であり，商品の効用に等しいと考えられている。

「ものの効用はわれわれがそれに対してもっている必要にもとづいている。この効用にもとづいてわれわれはものを高くあるいは低く評価する。すなわち，われわれはその効用はわれわれがそのものを利用しようとする使用に対してより大きいかあるいはより小さいかを判断する。ところで，この評価はわれわれが価値と呼ぶものである。ものに価値があるということはものがその使用の役に立つあるいはわれわれがそう判断するということである。したがって，ものの価値はものの効用あるいは同じことであるが，われわれが可能な使用にもとづいている。」(Condillac, 1776/1798, p.10)

ところが，この効用は状態によって大きさが異なる。効用と希少性の理論においては，つぎのように指摘されている。「ところで，ものの価値は必要にもとづいているから，より大きな必要はものにより大きな価値を与え，より小さな必要はものにより小さな価値を与えるということは当然である。ものの価値は，稀少なときには上昇し，豊富なときには減少する。豊富なときには価値は0になるまで減少しさえする。たとえば，人は何にも使用しないかぎ

りそのときにはまったく無用であるから，過剰なときには価値をもたない。」(Condillac, 1776/1798, p.11) すなわち，ある商品が豊富にあるときにはその商品の効用は小さく，その商品が不足しているときにはその商品の効用は大きい。

このことは，ある商品 h の資源 ω_h が豊富であり (不足しており)，すでに消費している量 x_h が大きい (小さい) ときは，さらに単位量 c_h を消費して得られる効用は小さい (大きい) ことを述べている。このとき，単位量 c_h の消費から得られる効用は $u_h(x_h+c_h)-u_h(x_h)$ と考えられる。この効用を c_h で割って，極限をとり $c_h \to 0$,

$$\lim_{c_h \to 0} \frac{u_h(x_h+c_h)-u_h(x_h)}{c_h} = \frac{du_h}{dx_h}(x_h)$$

と表せば，効用は単位量 c_h の取り方に依存せず，限界効用 $du_h(x_h)/dx_h$ に等しくなる。効用と希少性の理論においては効用が消費の減少関数であること，すなわち限界効用逓減の法則が指摘されている。効用関数 $u_h(\cdot)$ に言及されるときには，総効用，欲求・必要の総量と表現されている。

ただし，価値＝効用が成り立たない場合がある。1つのケースは，人が必要とする以上に資源が豊富にあり，資源を消費し尽くす前に人の効用が飽和してしまう場合である。

もう一つのケースは天然資源の量が0であり，生産せずに消費できない商品については，その商品を追加的に1単位生産するための費用 (限界費用) の方が追加的に1単位消費して得られる効用 (限界効用) より大きい場合である。このとき，生産および消費から得られる利益が負になるから，その商品が生産され，消費されることはない。ただし，このケースは効用と希少性の理論においては指摘されていない。

こうして，効用と希少性の理論はつぎの命題によって特徴づけられる。

1. 内点均衡条件：財が稀少である ⇔ 価値＝効用 > 0 (希少財)
2. コーナー均衡条件：財が豊富である ⇔ 価値＝効用 $= 0$ (自由財)
3. コーナー均衡条件：限界効用 $<$ 限界費用 ⇔ 消費 $= 0$ (言及されていない)

7.1 効用と希少性の理論

　これらの条件は，クーン＝タッカーの条件とよばれ，資源制約のもとでの効用最大化問題が解をもつことと同値である[1]。コーナー均衡の条件には言及されていないが，この条件は限界革命当時の限界効用理論においても明確には指摘されていない。このことは，効用と希少性の理論はたとえばメンガーの限界効用理論とほとんど同値な理論構造をもっていることを意味している。

　効用と希少性の理論においては限界効用が基礎概念であり，限界効用の性質に関する命題が公理であるために，効用関数が限界効用関数を積分することによって求められることはあっても，限界効用関数が効用関数の導関数として導出されるという議論が行われることはありえない。そのため，効用と希少性の理論に「限界」という表現が登場することはなかった。

　効用と希少性の理論は価値のパラドックスを説明するために構築された。この理論が効用と希少性の理論とよばれるのは，任意の財の価値はその財の効用と希少性によって決定されると考えられているからである[2]。たとえば，ガリアーニ (Galiani, 1750, 第2編第2章) は，価値のパラドックスとの関連で，「空気や水は人間の生活において非常に有用な要素であるが，それらは希少性を欠いているためにいかなる価値ももたない。逆に，日本の海岸の1袋の砂は希少な物であるかもしれないが，それが特別な効用をもたなければ価値はないであろう」と述べて効用と希少性の理論の考え方を適切に表現している。このように，財は希少でないときには価値をもたず，財が希少であるときには財の価値は効用によって決定される[3]。

---

　[1] クーン＝タッカー (Kuhn and Tucker, 1951) の同値定理は，最大化する関数が凹関数である ⇒ (最適問題が解をもつ ⇔ クーン＝タッカー条件が成り立つ) という形式の同値定理である。パレート以前の消費者行動の理論は，暗黙的に特別な効用関数にもとづいている。すなわち，パレート以前の効用関数は可測，分離可能，加法的で，限界効用逓減の法則を満たす (Katzner, 1970)。このとき，効用関数は凹関数になるから，クーン＝タッカーの同値定理を適用できる。
　[2] 希少性はワルラスのような資源の量で評価した限界効用の値ではなく，単に資源の量の大きさを意味している。
　[3] 基本的に同じ概念が，その財の「評価」(Turgot, 1769/1919) あるいはその財の「必要」(Condillac, 1776/1798) と呼ばれている。これらの概念はすべて同一の概念であるから，これらを効用という用語で代表させる。

7.1.2　交換価値の理論

　個人の価値は個人が私有する資源を消費したときの限界効用であり，交換を通してそれぞれの商品に対する個々人の個人的価値が均等化され交換価値が成立する．チュルゴ (Turgot, 1769/1919) やコンディヤック (Condillac, 1776/1798) は，2 消費者，2 商品の交換経済において，一方の消費者 A にとって商品 2 が希少 (資源が効用飽和量より少ないこと) であるが商品 1 は余分 (資源が効用飽和量より多いこと) にあり，他方の消費者 B にとって商品 2 が余分にあるが商品 1 は希少であるとき，たとえば消費者 A の資源は $(\omega_{A1}, \omega_{A2}) = (\omega_{A1}, 0)$ であり，消費者 B の資源は $(\omega_{B1}, \omega_{B2}) = (0, \omega_{B2})$ であるとき，消費者 A が商品 1 を手放し，商品 2 を手に入れ，消費者 B が商品 2 を手放し，商品 1 を手に入れる交換は A，B 両者の効用が向上すること，したがって交換が行われることを指摘し，交換均衡条件を示している．

　交換価値の理論は 2 消費者，2 商品の私有経済すなわち交換経済における完全競争価格の理論であるが，初期の競争価格の理論は消費者理論にもとづいて構築されたのではなく，個人価値の理論にもとづいて構築されている．

　効用と希少性の理論は，価格体系を所与として，競争均衡を，それぞれの消費者にとって，商品を手放すことによって失う効用と商品を手に入れることによって獲得する効用が等しい配分であることを指摘している．効用と希少性の理論は，交換比率としての価格とその決定メカニズムが明示的に取り扱われていないので，完全競争価格の理論としては不十分である．交換価値の理論はジェヴォンズ (Jevons, 1871) によって完成の域に達している．

7.2　J.B. セー

　J.B. セーは，フランス，リヨン生まれた．1787 年頃スミスの『国富論』を読んで影響を受け，1803 年『経済学概論』を公刊した．1821 年国立工芸学校の産業経済学の教授に就任し，没年までこの職にとどまる．1830 年コレージュ・ド・フランスに新設された経済学講座にも就き，フランス最初の経済学教授となった．

　セーは，スミスの『国富論』を熟読し，その余白に要約と批判を記した．ス

ミスが根拠に欠ける仮説や推測・議論を排斥し，観察・経験に立脚して諸国民の経済問題を論じたことを高く評価した．しかし，かれはつぎのような批判を行っている．すなわち，スミスは経済学を定義しておらず，かつ体系的に論じていない，富が労働・土地・資本の共同の生産物であるにもかかわらず，労働のみを富や価値の源泉としている，分業が技術革新以上に生産性を増大させると論じている，商業の生産性や販路説を展開していない，企業者が論じられていない，などである．

7.2.1 市場経済と需給均衡

　セーは，効用をもたらす物は財(有形)もサービス(無形)も商品であり，商品を生産することは生産的であると考える．富とは商品の価値であり，現代のGDPの概念に近い．したがって，スミスやマルサスの生産的労働と不生産的労働の区別は意味を失う．

　セーは，生産要素の所有者と経済活動の主体を区別し，統一的な概念にもとづいて，市場経済の概念を整備した．

　生産活動は，労働，資本，土地という生産要素がもたらす生産サービスを投入して，生産物を産出する経済活動である．生産活動を行う企業者と資本サービスを供給する資本家は異なる主体である．企業者は科学知識等を用いて各生産用役を結合し，財やサービスを生産する．賃金，地代，利子はその生産サービスの代価であり，経済主体の所得を構成する．企業者は，資本調達，科学的知識の応用，指揮・監督・管理，危険負担を行い，技術革新などあらゆる機会を利用して，利益を上げる．企業者は，その勤労と才能に対して，また資本に対して報酬を受け，その資本収入の一部は利子および危険補償として，資本家に支払われる．

　イギリスの階級経済とセーの市場経済は，それぞれの属す社会の特徴を反映しているように思われる．階級経済は歴史的に形成されてきた資本や土地をもっているか否かが経済主体の活動を特徴づけているが，セーの市場経済における企業者の概念は，たとえ資本を所有していなくても，企業者に企業者として必要な能力が備わっていれば，企業者は金融市場において資本を借り入れ，社会で成功する機会を与えられている．セーの市場経済は能力ある

すべての経済主体に機会の平等が与えられている経済であるといえる。

イギリス古典派経済学においては，階級経済の特徴を反映して，賃金，利潤，地代はまったく異なる原理にもとづいて決定される。セーは，市場における需給均衡理論にもとづいて，賃金，利潤，地代の決定原理を，これらの報酬をもたらす生産要素の価格および配分の決定理論として統一的に説明した。

7.2.2 セー法則

セー法則 Say's law はセーの販路説ともよばれ，同時代および後世の経済学にきわめて大きい影響を与えた。分業と交換を基礎とする社会では，生産物に販路を提供するものは他の生産物である。生産物の購買は直接には貨幣をもって行なわれるけれども，買手がその貨幣を入手するのは自己の生産物を売ることによってである。これは，生産物は生産物をもって買われることを意味する。商品の相対価格は実物の経済活動によって決定されるのであり，貨幣は交換の媒介物に過ぎないのである (貨幣ヴェール観)。

セー法則は，供給はつねにそれと等しい需要を生み出す，とも表現され，一般的な供給過剰を否定する論拠として用いられた。セーは，一部の生産物の供給が過剰になることはあるが，それは他の生産物の過少供給がもたらす貨幣不足のためだと考える。したがって，一部の生産物の過剰供給は他の生産物の過少供給を意味し，部分的な過剰生産はこうした部門間の不均衡に起因すると主張する。ただし，このような部分的不均衡は自由競争の価格調整機能によって自動的に解消されるのである。このようなセーやリカードの主張は，全般的な供給過剰による恐慌の可能性を指摘したマルサス，シスモンディの主張を否定するものであり，かれらの間で激しい論争が行われた。

セーはマルサスやリカードと同時代の経済学者であり，アダム・スミスの経済学を出発点として，それぞれ異なる分析枠組みを構築した。セーは需給均衡分析の枠組みを準備し，需要曲線と効用概念，供給曲線と費用概念を関連づけた。ただし，かれは効用概念と限界効用概念の相違を認識することもなく，需要曲線を効用にもとづいて正確に特徴づけることもしていない。しかし，現代ミクロ経済学における市場経済と需給均衡理論の枠組みを確立したといえる。J.B. セーの経済学は，イギリスを除くヨーロッパ大陸の経済学

に絶大な影響を及ぼした。

7.3 テューネン

テューネンは長い間主流派経済学において，着目されることがなかった。かれは『孤立国』(vol.1,1826, vol.2,1850) において，経済が空間をもつというきわめて当たり前の事実を仮定して，そこで生じる経済問題を分析している。

テューネンは，周辺の田舎の農家から農産物の供給を受ける孤立した町を仮定している。農産物により単位面積あたりの収穫量と輸送費用が異なり，農産物が異なる集約度で耕作されることを仮定している。輸送費用は町からの距離が近い方が小さいが，地代は町に近い土地が最も高く，町から離れるに従って低下する (図 7.1)。町への食糧供給が所与であるとするとき，生産費用と輸送費用を最小にする土地の配分について考察している。輸送費用と収穫量は農産物によって異なるから，それらの相対的関係によって，町を中心として同心円状になるようにそれぞれの農産物の生産に土地が投入されることになる[4]。

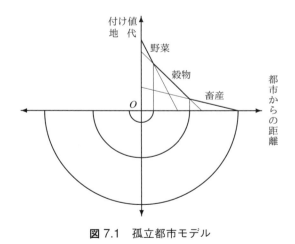

図 7.1 孤立都市モデル

---

[4] テューネンはこのモデルに付随する賃金理論に執着していたようであるが，その現代的意義は不明である。

テューネンが取り扱ったモデルは，きわめて重要な問題を分析しているにもかかわらず，20世紀中頃になるまで本格的に分析されることはなかった。テューネンのモデルを先駆とする経済分析は，他分野で開発された分析道具を利用して急速に発展し，都市経済学，経済地理学，空間経済学とよばれる分野において研究が進んでいる[5]。

7.4 クルノー

クルノーはフランス，グレ生まれであり，数学者，哲学者であると同時に，19世紀前半の数理経済学の最も重要な先駆者である。1821年にパリの高等師範学校で自然科学を学び，1833年にポワソン D.Poisson の助力を得て，リヨン大学の教授に就任し，1835年以降大学行政官に転出，1838年の視学官への昇任をはさんで，これ以降1862年に至るまで大学行政の職にとどまった。

クルノーは，関数論，微積分学，確率論，科学哲学・歴史哲学などの分野で多数の著作を残した。クルノーの経済学への貢献は，『富の理論の数学的原理に関する研究』(1838) における独占，複占，競争市場の理論であるが，より重要なのは，かれの分析方法がワルラスやマーシャルに受け継がれ，限界革命以降の著しい数理経済学の発展を促したことである。

7.4.1 為替について

クルノーはまず為替について論じ，経済における相互依存関係を考察する。各国 (地域的市場) の通貨は金属本位であるが，各国間に貨幣の現送はなく，貴金属の分配の変更は起こらないものとする。このためには，各国の通貨の交換比率，すなわち為替相場が自由に変動しなければならない。国の数を r とすれば，為替相場の数はまず $r(r-1)$ 個だけ考えられるが，2国間，3国間の裁定取引が自由であれば，決定すべき未知数は $r-1$ 個の為替相場だけ

---

[5] Fujita Masahisa, Paul Krugman, Anthony J. Venables (1999) *The Spatial Economy: Cities, Regions, and International Trade*, Massachusetts: MIT Press. (藤田昌久，ポール・クルグマン，アンソニー・J・ヴェナブルズ，小出博之訳『空間経済学 — 都市・地域・国際貿易の新しい分析』東洋経済新報社，2000年). 佐藤康裕・田渕隆俊・山本和博『空間経済学』有斐閣，2011年.

になる。これを決定する方程式は，各国間に貨幣の現送が行なわれないのだから，各国が他のすべての国にもつ負債の合計額が他のすべての国がその国にもつ負債の合計額に等しいという条件で，全部で r 個ある。しかし，これらのすべては独立ではなく，任意の一つは他のすべてを合計することにより得られる。したがって，必要な為替相場をすべて決定しうるのである。

クルノーのこの議論は，財の数が r であるとき，決定すべき価格の数は $r-1$ であり，それぞれの財の需要と供給の均等条件は全部で r 個あるが，すべての財に対する需要の総額はすべての財の供給の総額に等しいというワルラス法則により，独立な需給均等条件も $r-1$ 個になるというワルラスの議論の原型であるといえる。

7.4.2 競争市場の理論

クルノーは，一物一価を前提にして，市場価格 p の連続関数としての需要 $x(p)$ を仮定する。それに対して生産者が 1 人のみのとき，2 人のとき，$n\,(n\geqq 3)$ 人以上のとき，無限人のときの均衡を分析している。生産者は供給量 y の連続関数 $c(y)$ であるかれの生産費によって特徴づけられる。

独占理論において，クルノーは限界収入と限界費用の均等という利潤最大化条件と本質的に同一の条件を導出している。生産者は，かれの純収益 = 総収益 $px(p) -$ 生産費 $c(y)$ を最大にしようとするが，需給均等 $y=x(p)$ を前提にすると純収益は価格 p のみの関数とみなせるから，純収益 $px(p)-c(y(p))$ を p について最大化する。純収益最大化の必要条件は，純収益を p で微分して 0 に等しいとおくと，

$$y+\left(p-\frac{dc}{dy}\right)\frac{dy}{dp}=0 \tag{7.1}$$

である。

つぎに，複占理論においては，需給均等条件は 2 生産者の供給量をそれぞれ y_1, y_2 とすると，$x(p)=y_1+y_2$ となる。2 生産者の費用関数は同一であり，それぞれ $c(y_1)$, $c(y_2)$ とする。複占市場において生産者が選択できる変数は自己の供給量のみであるから，クルノーは逆需要関数 $p=f(y_1+y_2)$ を考える。第 1 生産者の純収益は $f(y_1+y_2)y_1-c(y_1)$ であり，第 2 生産者

の純収益は $f(y_1+y_2)y_2-c(y_2)$ である。すなわち，各生産者の純収益は自己の供給量だけでなく他生産者の供給量の関数でもある。クルノーは，各生産者がそれぞれ独立に，他生産者の供給量を不変とみなして，自己の純収益の最大化をはかると考える。したがって，複占市場の均衡はゲーム理論における非協力ゲームのナッシュ均衡であり，その必要条件は，それぞれの生産者の純収益をそれぞれ y_1, y_2 で微分して 0 に等しいとおくと，

$$f(y_1+y_2)+y_1f'(y_1+y_2)-c'(y_1)=0 \tag{7.2}$$

$$f(y_1+y_2)+y_2f'(y_1+y_2)-c'(y_2)=0 \tag{7.3}$$

となる。ただし，f', c' はそれぞれ f, c の導関数を表わす。

2 生産者の条件はまったく同一であるから，均衡においては $y_1=y_2$ でなければならない。したがって，式 (7.2) と (7.3) を加えれば，$y_1+y_2=y$ とおいて，

$$2f(y)+yf'(y)-2c'\left(\frac{y}{2}\right)=0 \tag{7.4}$$

となる。

同じように，n 生産者からなる寡占において，第 i 生産者の供給量を y_i $(i=1,\cdots,n)$ とすれば，その純収益は

$$f\left(\sum_{i=1}^n y_i\right)y_i-c(y_i), \quad i=1,\cdots,n \tag{7.5}$$

であり，他生産者の供給量 y_j $(j\neq i)$ を不変とみなして，式 (7.5) を y_i について最大化する条件は，

$$f\left(\sum_{i=1}^n y_i\right)+y_if'\left(\sum_{i=1}^n y_i\right)-c'(y_i), \quad i=1,\cdots,n \tag{7.6}$$

となる。すべての生産者の条件は同一であるから，式 (7.6) において $y_1=y_2=\cdots=y_n$ となるはずであり，式 (7.6) を合計すれば，$\sum_{i=1}^n y_i=y$ とおいて，

$$nf(y)+yf'(y)-nc'\left(\frac{y}{n}\right)=0 \tag{7.7}$$

が成立する。

クルノーは，式 (7.7) にもとづいて，生産者数 n が十分に大きく，競争が無制限のとき，すなわち完全競争のとき価格 p が限界生産費 c' に等しくなると主張している．この議論は，無数の経済主体からなる経済 (large economy) の理論における極限定理の先駆的業績であるといえる．クルノーが一物一価の市場価格が存在すると仮定していることには，注意すべきである．

なお，クルノーの複占，寡占理論に対して，ベルトラン (Joseph Louis François Bertrand, 1822-1900)，エッジワースなどの古典的批判を初めとして，多くの批判がある．たとえば，シュタッケルベルク (Heinrich Freiherr von Stackelberg, 1905-1946) の議論もその一つである[6]．すなわち，クルノーは，生産者は自己の供給量を変化させても他生産者の供給量は変化しない，と考えて行動するものと想定している．つまり，生産者は他生産者の供給量を所与として受動的に自己の供給量を調節する．ところが，他生産者が自己の供給量に受動的に反応することを知っていれば，それを積極的に利用して行動する方が有利である．このように，複占，寡占市場においては，生産者が受動的な追随者であるか，積極的な先導者であるかによって異なる均衡が成り立ちうる．これらの概念は基本的に異なるゲームのルールのもとでのナッシュ均衡として特徴づけられることになる (神取, 1994)．

7.5 デュピュイ

19 世紀前半はフランスにおいても道路，橋，鉄道などのインフラ整備が重要な公共事業として行われた．個別の公共事業の経済効果を分析し，優先順位をつけることはフランス土木公団の重要な仕事であった．フランス土木公団のエンジニア・エコノミストの一員であったデュピュイは，J.B. セーの需給均衡理論における欠点を補い，効用概念と需要曲線を正確に関係づけ，需要曲線にもとづいて効用や消費者余剰を定義した．

デュピュイはつぎのように説明している．「ここで展開した効用に関するさまざまな考察は，グラフを使えば，非常に簡単に表現することができる．

---

[6] クルノー＝ナッシュ均衡とシュタッケルベルク均衡の比較は奥野・鈴村 (1988, 第 26 章) を参照されたい．

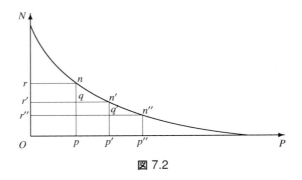

図 7.2

任意の直線 OP 上に，$Op, Op', Op'', \cdots$ の長さをとり，それぞれあるものの価格を表すとする (図 7.2)。これらに対応する垂直線上の $pn, p'n', p''n'', \cdots$ は，その価格における消費量である。このようにして得られた曲線 $Nnn'n''P$ を，消費曲線とよぼう。ON は価格がゼロのときの消費量を表し，OP は消費量がゼロになるときの価格である。pn は価格 Op における消費量を表しており，長方形 $Ornp$ の面積は，np 量に対する生産費を示している。J.B. セーによれば，これが効用である。しかし，私が力説してきたように，np 量に関する効用は Op を最低限として，多くの場合，それよりも大きい。」(Dupuit, 1844, 訳 pp.44–45)

こう指摘し，デュピュイは，商品を購入する価格はその商品に対する限界効用を表しており，したがって効用は消費量に対する需要曲線の下の面積で表されること，その効用を得るために購入した商品の支出が価格×需要量で表され，効用から支出を引いた三角形が消費者の純効用すなわち消費者余剰を表すことを説明している。

デュピュイ (Dupuit, 1844) が需要曲線と限界効用曲線を同一したグラフを用いて表現できる枠組みにおいて，消費者余剰の概念を明確に定義し，余剰分析を行っていたことは明白である。部分均衡分析を仮定する限りデュピュイの理論は現在の理論と同じ水準の厳密さである。デュピュイの概念はマーシャル (Marshall, 1890) によって一般均衡の枠組みにもとづいて解釈され，限界効用や限界費用の概念を正確に定義し，消費者行動の理論においてデュピュイの消費者余剰の概念を正当化するためには，所得の限界効用が一定であ

ることが必要であることを証明した。

7.6 ゴッセン

　ゴッセン (Gossen, 1854) は，ジェヴォンズとワルラスが自己の限界分析の優先権を立証するために行った文献調査において，ジェヴォンズによって見いだされ，再評価された。ゴッセンの経済学はかれが所属していた学問的環境においてあまりにも独創的であったために，着目されることがなく，ジェヴォンズによって再発見されるまでほとんど知られていなかった。定説では，限界効用逓減の法則がゴッセンの第一法則，消費の均衡においてはそれぞれの財への支出額に対する限界効用が等しいことを意味する限界効用均等の法則がゴッセンの第二法則として知られ，高く評価されてきた。しかし，ゴッセンの最大の貢献はかれが厚生経済学の基本定理に対応する命題を主張していることである。ゴッセンは，効用は測定可能だと考えていたので，社会的厚生はすべての社会構成員の効用を足した功利主義社会的厚生関数によって表現される。かれはまた，分業と商業が行き届いた経済において自由競争均衡を定義し，自由競争が功利主義的な社会的厚生関数を最大化する最適配分 (功利主義解) を達成することを主張した。もちろん，ゴッセンの命題の趣旨は明確であるが，それゆえにかれの命題が偽であることもまた明白である。功利主義解は社会的厚生関数に依存して一意に定まるが，自由競争均衡は個々人の初期配分に依存して無数に存在するから，任意の自由競争均衡が功利主義解になる保証はないのである。

　このように，ゴッセンの理論にはいくつかの不備が存在するが，かれの理論の体系性は高く評価されてよい。と同時に，かれの理論の問題点はワルラスの貢献をより引き立てるものであると考えられる。

7.7 イギリスの限界分析

　セリグマン (Seligman, 1903) はリカード以降の時代に，限界効用理論を構築したロイド (William Forster Lloyd, 1794-1852)，限界生産性理論を構築

したロングフィールド (Samuel Mountifort Longfield, 1802–84) ら，イギリスにおける限界分析の先駆者を紹介している。限界分析の先駆者は，他にもイタリア，ドイツ，オーストリアなどの各国に存在していたことが，T. W. ハチスン (Hutchison, 1988) やエイカランド＝ヘバート (Ekelund and Hébert, 2002) によって指摘されている。限界分析自体は限界革命以前にも広く利用されていたと考えるべきだろう。限界革命における顕著な違いは数学を積極的に用いたことであった。

演習問題

1. 重商主義，スミス，マルサスおよび J.-B. セーの国富と生産的労働の概念について説明せよ。
2. 効用と希少性の理論における「価値」と「価格」の概念の相違を説明せよ。
3. 2 人の個人 A, B と 2 つの商品 1, 2 から構成される交換経済を考える。個人 A, B の消費はそれぞれ $(x_{A1}, x_{A2}), (x_{B1}, x_{B2})$，効用関数はそれぞれ $u_A = x_{A1}^{\frac{1}{2}} x_{A2}^{\frac{1}{2}}$, $u_B = x_{B1}^{\frac{1}{2}} x_{B2}^{\frac{1}{2}}$，初期配分はそれぞれ $(\omega_{A1}, \omega_{A2}) = (9, 3), (\omega_{B1}, \omega_{B2}) = (1, 7)$ であるとする。この交換経済を

$$\mathcal{E} = \left(u_A = x_{A1}^{\frac{1}{2}} x_{A2}^{\frac{1}{2}}, u_B = x_{B1}^{\frac{1}{2}} x_{B2}^{\frac{1}{2}}, ((9, 3), (1, 7)) \right)$$

によって表す。また，それぞれの商品の交換価値を (v_1, v_2)，価格を (p_1, p_2) とする。このとき，この交換経済について下記の問いに答えよ。
   (1) それぞれの商品について初期配分における個人 A, B の個人的価値 (v_{A1}, v_{A2}), (v_{B1}, v_{B2}) を求めよ。(ヒント：個人的価値 = 個人の消費における限界効用)
   (2) 初期配分 $((9, 3), (1, 7))$ から配分 $((6, 5), (4, 5))$ への交換は行われる可能性があるか否か説明せよ。
   (3) 「交換価値」とは何か説明せよ。
   (4) (2) の交換における交換比率 p_1/p_2 を求めよ。配分 $((6, 5), (4, 5))$ は，交換経済 $\mathcal{E}$ の交換均衡であるか否か答えよ。また，その理由を説明せよ。(ヒント：価値と価格を比較せよ。その配分よりパレートの意味で優る配分があるか否か検討せよ)
4. クルノー，デュピュイ，テューネン，ゴッセンの貢献と歴史的文脈における評価について簡潔に説明せよ。

8
ジェヴォンズの経済学

　限界革命を遂行した個々の経済学者や学派は，確かに個人および社会の合理的経済活動を最適問題として定式化するという共通点をもつが，最適化の意味や市場の機能にかんする分析についてはそれぞれ固有のアプローチをもっている。ジェヴォンズとかれの後継者，ワルラスとローザンヌ学派，メンガーとオーストリア学派，マーシャルとケンブリッジ学派が用いたアプローチは，現在でも重要な意味をもっている。

　ジェヴォンズは，古典派経済学が支配的なイギリスにおいて限界分析を展開したという意味において，限界革命の推進者という評価に最も相応しい経済学者である。かれは重要な経済問題に適切な理論的説明を与えているが，体系的な学派を形成しなかったので，明確な後継者をもつことはなかった。しかし，理論的研究だけでなく，実証的研究についても多くの成果を残し，近代経済学の開拓者というべき経済学者である。ところがそのためにかえってジェヴォンズの経済学は時代背景に本質的に依存し，仮説は反証されたり，あるいは時代の変遷によって関心が移ったりしたため，具体的な経済分析の帰結は重要性を失っていった。ただし，ジェヴォンズの交換理論は他のSRPを形成した経済学者と比較しても独創的な貢献があり，エッジワースの貢献を経由して現代理論の立場から高い評価を受けている。

8.1 ジェヴォンズの生涯と著作

　ジェヴォンズは 1835 年にリヴァプールのユニテリアンの家庭に生まれた。かれの父は，産業革命の基盤商品である鉄の商いで財産を築いたが，父の会社は 1848 年に倒産してしまった。1951 年ユニヴァーシティ・カレッジに進学し，化学と数学を学んだ。1953 年化学のグレアム教授の厚意により，金鉱が発見されてその精錬が開始されたオーストラリア，シドニーの造幣局に分析官として赴任することを勧められた。家庭の財政状態が悪化していたこと，そのポストには高収入の可能性があったことなどの理由で，ジェヴォンズの父が希望したため，1854 年から 1859 年までオーストラリアで過ごすことになった。そこで気象学と地質学の研究に打ち込んだが，このとき習得した気象学の知識や統計的分析手法は後の太陽黒点説を育む土壌となり，実証的研究の礎となった。また，その頃，社会・経済問題に関心をもち，経済学の科学的研究を生涯の仕事をすることを決意した。

　1859 年 10 月ロンドンのユニヴァーシティ・カレッジに復学し，論理学，哲学，経済学，数学，古典学，歴史学などの習得に努めた。当時のイギリスでは経済学や論理学のような分野の大学教授職はわずかであり，非国教徒であることもその職を得るための足枷となったが，1863 年マンチェスターのオーウェンズ・カレッジのチューターに就任した。その頃までには論理学，応用経済学，経済理論などの分野における研究を生み出していたが，それらはすぐには認められなかった。そこで，ジェヴォンズは大衆向けの問題について執筆することにより研究者として地位を築き，注目を集めようと決意した。その結果執筆されたのが，1860 年代には一般に認識されていた石炭埋蔵量の枯渇論争に取り組んだ『石炭問題』である。1866 年経済学，論理学，精神・道徳哲学の教授となった。1871 年に『経済学の理論』，1874 年に『科学の原理』を出版し，それらの著作によって名声が確立された。1873 年頃健康を損ない 1 年間の休暇をとった後 1974 年に復職した。1875 年には『貨幣と交換のメカニズム』が出版されている。1875 年の「太陽周期と穀物価格」から 1882 年の「太陽景気循環」に至る 7 編の論文において，景気循環を太陽黒点の周期に求める仮説を提示した。これらの研究，その他の実証的研究は『通貨と

財政の研究』(1909)にまとめられているがこの著作からジェヴォンズが計量経済学者としても有能であったことがわかる。

1876年マンチェスターの職を辞し，ロンドンのユニヴァーシティ・カレッジの経済学教授となった。1880年には執筆活動に専念するため職を辞し，執筆活動を続けたが，1882年海で溺死した。晩年の経済政策に関する研究成果は，『国家と労働の関係』(1910)と『社会改革の方法，およびその他の諸論文』(1883)にまとめられている。

8.2 ジェヴォンズの先駆者

限界革命には先駆的貢献がある。ジェヴォンズ自身の先駆的研究に関する調査は数学を明示的に利用していることが重視されているため，現在知られている研究と比較すると漏れているものも多い。大陸の経済学には，ジェヴォンズが高く評価しているコンディヤックらを含む，効用と希少性の理論とよばれる限界効用理論と本質的に同じ理論の展開が存在する。したがって，フランスやイタリアなど大陸の経済学の流れにおいては，新古典派理論の革命的な意義はさほど大きいとはいえない[1]。

それに対し，イギリス古典派からジェヴォンズへの流れは紛れもない科学革命である。ジェヴォンズが『経済学の理論』の結論において述べている言葉は印象的である。

> 「科学および哲学においては，何ものも神聖と仰がれてはならない。・・・(略)・・・そうしていかなる人も，いかなる学派も，いかなる党派も，ほしいままに教義の標準を設定して科学的研究の自由を妨げることは許されないのである。
>
> 私があえてこの言葉を添えた所以は，経済学における大家の影響があまりに大きくなるのを憂えるからである。私は研究を阻害する者には，たとえそれがジョン・ステュアート・ミル，アダム・スミスまたはアリ

---

[1] 新古典派のミクロ経済学の先駆者に関する研究についてはエイカランド＝ヘバート (Ekelund ＝ Hébert2002) を参照せよ。

ストテレスであっても，これに盲従することに反対する。われわれの経済学は経験と推論に訴えるよりも学説に重きをおくために，あまりにも停滞しつづけているのである。」(Jevons, 1871, 訳 p.202)

8.3 『経済学の理論』

ジェヴォンズの自他共に認める経済学への貢献は『経済学の理論』であり，かれは，そこで，序論と結論を除いて，快楽および苦痛の理論，効用理論，交換理論，労働理論，地代理論，資本理論を展開している。

ジェヴォンズは，「私の見るところでは，われらの学問は，単にそれが量を取り扱うというだけの故をもって数学的でなければならないものである」(Jevons, 1871, 訳 p.3) と主張し，経済学に微分を適用している。快楽，苦痛，労働，効用，価値，富，貨幣，資本などはすべて量的概念であり測定可能である。感情を直接測定するのは不可能であるかもしれないが，選択行動は快楽や苦痛といった感情の比較によって実行されるのであり，量的概念がなければ比較は不可能だからである。ジェヴォンズはベンサム (Bentham, 1789) にしたがって快楽と苦痛の測定を工夫している。かれは，個人感情は不安定であるため，測定は難しいかもしれないが，集団の行動を観察して個人の行動を平均的な概念として測定することにより安定的な測定が可能であると考えている。

ジェヴォンズは，「最小の努力をもってわれわれの欲望を最大限に満たすこと —— 望ましいものの最大量を望ましくないものの最小量をもって取得すること —— 別言すれば，快楽を極大ならしめることが経済学の問題である」(Jevons, 1871, 訳 p.29) と定義している。経済理論の説明を終了した後の結論では，より具体的に，「私の見るところでは，経済学の問題は，さまざまな欲求と生産の諸力とをもち，かつ一定の土地およびその他の資源を有するところの一定の人口が与えられた場合，生産物の効用を極大ならしめるにはその労働をいかに使用すべきかということである」(Jevons, 1871, 訳 p.195) と述べている。

効用理論において，ジェヴォンズはいくつかの基礎的概念を説明している。

8.3 『経済学の理論』

商品は快楽をもたらし苦痛を防ぐものあるいはサービスである。快楽や苦痛は効用として表現される。効用は商品の性質ではあるが商品の内在的性質ではなく，経済主体が商品に対して感じる主観的な量である。効用関数は加法的であり，たとえば，商品 1，2 の消費を x_1, x_2 とすれば，効用関数は $u(x_1, x_2) = u_1(x_1) + u_2(x_2)$ と表現できる。効用概念は，商品の消費量全体から得られる効用と，商品の追加的消費によって追加的に得られる限界効用を区別しなければならない。ただし，ジェヴォンズはそれぞれ総効用と最終効用度とよんでいる。商品の消費量が増大すると次第に欲求が満たされて限界効用は減少する。効用関数のこの性質は限界効用逓減の法則といわれる。

ジェヴォンズは，ある個人が 1 つの商品の資源 ω を 2 つの用途 s_1, s_2 に消費して効用 $u(s_1, s_2) = u_1(s_1) + u_2(s_2)$ を最大にする問題について考察している。この商品を少しずつ消費するとき，得られる効用が大きい方の用途に消費される。商品の資源が配分し尽くされるとき効用が最大化されるのは，それぞれの用途から得られる限界効用が等しくなるとき，すなわち $du_1/ds_1 = du_2/ds_2$ となるときである。

ジェヴォンズは効用理論にもとづいて，スミスが指摘した「価値のパラドックス」を解消している。スミスは『国富論』においてつぎのように述べている。「注意しなければならないのは，**価値**という言葉に，二通りの異なる意味があって，あるときはある特定の対象物の効用を表し，あるときはその所有から生じる他の財貨に対する購買力を表す，ということである。前者は「使用価値」，後者は「交換価値」とよぶことができよう。最大の使用価値をもつ物が，しばしば交換価値をほとんどまったくもたないことがあり，これとは反対に，最大の交換価値をもつ物が，しばしば使用価値をほとんどまったくもたないことがある。水ほど有用なものはないが，水ではほとんどなにも購買できないし，それと交換にほとんどなにも入手できない。反対にダイヤモンドは，ほとんど何の使用価値ももっていないが，それと交換に非常に大量の財貨をしばしば入手することができる。」(Smith, 1776, 第 1 編第 4 章) ジェヴォンズは，使用価値＝総効用，交換価値＝交換比率＝限界効用の比率 と解釈することにより，パラドックスに洗練された説明を与えている。水は資

源が大量なので限界効用は小さく，ダイヤモンドは資源が微少で希少であるから限界効用が大きいのである．

8.3.1 交換理論

交換理論において，ジェヴォンズは交換経済の経済主体として交換団体という概念を導入している．経済主体を，個々人の多様な行動を集団的にとらえる仮想的平均概念として定義し，安定的な行動の特徴にもとづいて分析するためである．ジェヴォンズは，2人の個人 A, B および2つの商品の資源 $\omega_{A1}, \omega_{A2}, \omega_{B1}, \omega_{B2}$ から構成される交換経済

$$((u_A, u_B), ((\omega_{A1}, \omega_{A2}), (\omega_{B1}, \omega_{B2})))$$
$$= ((u_{A1} + u_{A2}, u_{B1} + u_{B2}), ((\omega_{A1}, 0), (0, \omega_{B2})))$$

における交換均衡について考察している． $i \in \{A, B\}, h \in \{1, 2\}$ について，限界効用逓減の法則

$$\frac{du_{ih}}{dx_{ih}}(\cdot) > 0, \quad \frac{d^2 u_{ih}}{dx_{ih}^2}(\cdot) < 0,$$

そして暗黙的に，各自が所有している商品の限界効用が所有していない商品の限界効用より小さいこと，

$$\frac{du_{A1}}{dx_{A1}}(\omega_{A1}) < \frac{du_{A2}}{dx_{A2}}(0), \quad \frac{du_{B1}}{dx_{B1}}(0) > \frac{du_{B2}}{dx_{B2}}(\omega_{B2})$$

が仮定されている．このとき，交換は，A は商品1を手放して ($dx_{A1} < 0$) 商品2を手に入れ ($dx_{A2} > 0$)，B は商品2を手放して ($dx_{B2} < 0$) 商品1を手に入れる ($dx_{B1} > 0$) ように行われる．交換は A, B の効用水準はいずれも同等以上になる，すなわちパレート改善になるとき，かつそのときのみ行われる．

ジェヴォンズは，初期配分 $((\omega_{A1}, 0), (0, \omega_{B2}))$ から出発し，何度かの交換を経て最終的な配分 $((x^*_{A1}, x^*_{A2}), (x^*_{B1}, x^*_{B2}))$ に至ることを想定している．この仮定のもとで市場において自由な取引が行われるとき，交換が満たすべき条件として，ジェヴォンズはつぎの3つの条件を挙げている．

第1条件は，交換によって到達する配分において満たされるべき条件，すなわ

ち交換均衡におけるパレート効率性の条件である。それぞれの個人 $i \in \{A, B\}$ について，交換は dx_{i1} と dx_{i2} が $dx_{i1} \cdot dx_{i2} < 0$ となるように交換されるとする。入手する商品の量はプラス，手放す商品の量はマイナスで表されている。このときの交換比率を v_1, v_2 とおくと，交換は等価交換であるから，$v_1 dx_{i1} + v_2 dx_{i2} = 0$ を満たす。すなわち，$-dx_{i2}/dx_{i1} = v_1/v_2$ である。ところで，この交換を行うときの個人 i の効用の変化が

$$du_i = \frac{du_{i1}}{dx_{i1}} dx_{i1} + \frac{du_{i2}}{dx_{i2}} dx_{i2} > 0$$

であるときかつそのときのみ交換は実行される。交換によって両方の個人が追加的な効用を得られなければその交換は実行されない。

交換がそれ以上行われないのは $du_i = 0$ となるときであり，このとき

$$\frac{du_{i1}}{dx_{i1}} \bigg/ \frac{du_{i2}}{dx_{i2}} = -\frac{dx_{i2}}{dx_{i1}} = \frac{v_1}{v_2}$$

が成り立つ。交換均衡においては A と B が交換し合う商品の量に対して A が入手する効用と手放す効用は等しくなければならず，B が入手する効用と手放す効用は等しくなければならない。また，A と B が相互に入手する効用と手放す効用は等しくなければならない。

ジェヴォンズは，交換均衡についてつぎのように図解している (図 8.1)。横軸は商品の消費量を表している。商品 1 の消費量は右方向に，商品 2 の消費量は左方向に行くほど大きい。横軸上の右方向への移動は商品 2 を手放し商品 1 を入手する交換，左方向への移動は商品 1 を手放し商品 2 を入手する交換を表している。商品の単位は取引量が同じ単位で表せるように揃えてあり，交換比率は 1 対 1 であると仮定されている。右下がりの曲線は個人 $i \in \{A, B\}$ の商品 1 の限界効用曲線，左下がりの曲線は個人 $i \in \{A, B\}$ の商品 2 の限界効用曲線を表している。

この図には交換の出発点となる消費が指示されていないことに注意すべきである。交換によって到達する消費の特徴づけだけが行われている。いま，A は商品 1 のみ資源をもっているので，A の交換は右から左への移動であり，B は商品 2 のみ資源をもっているので，B の交換は左から右への移動である。

消費 f において，A が商品 1 から得る限界効用は fg であり，商品 2 から得る限界効用は fh であるから，A は商品 1 を手放して商品 2 を入手する．しかし，消費 d を超えて左方向に移動すると，交換によって得る限界効用より失う限界効用の方が大きくなるから，消費 d を超えて交換することはない．同様に，B も，消費 a において，商品 1 から得る限界効用は ac であり，商品 2 から得る限界効用は ab であるから，A は商品 2 を手放して商品 1 を入手するため右方向に移動するが，消費 d を超えて交換することはない．このように交換均衡において，それぞれの個人は交換によって得る限界効用と失う限界効用が等しくなる消費を選ぶ．

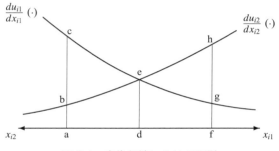

図 8.1 交換経済における取引

一般に交換比率 v_1, v_2 に対して，交換均衡は，限界効用の比 (限界代替率) = 価格比 v_1/v_2 を満たす．

第 2 条件は，交換が等価交換であることを表す条件である．初期配分 $((\omega_{A1}, 0), (0, \omega_{B2}))$ から出発し，最終的に配分 $((x^*_{A1}, x^*_{A2}), (x^*_{B1}, x^*_{B2}))$ に至るとき，全体の交換において，A が供給し B が需要する商品 1 の総量は

$$\omega_{A1} - x^*_{A1} = x^*_{B1} = x$$

であり，B が供給し A が需要する商品 2 の総量は

$$x^*_{A2} = \omega_{B2} - x^*_{B2} = y$$

である．このとき，商品 1 と商品 2 の価格を p_1, p_2 とおくと $p_1 x = p_2 y$，

$$\frac{x^*_{A2}}{\omega_{A1} - x^*_{A1}} = \frac{p_1}{p_2} = \frac{\omega_{B2} - x^*_{B2}}{x^*_{B1}}$$

一般に
$$-\frac{\omega_{A2} - x^*_{A2}}{\omega_{A1} - x^*_{A1}} = \frac{p_1}{p_2} = -\frac{\omega_{B2} - x^*_{B2}}{\omega_{B1} - x^*_{B1}}$$
が成り立つ。この式は所得制約式
$$p_1 x^*_{A1} + p_2 x^*_{A2} = p_1 \omega_{A1} + p_2 \omega_{A2}$$
$$p_1 x^*_{B1} + p_2 x^*_{B2} = p_1 \omega_{B1} + p_2 \omega_{B2}$$
と同値である。

第3条件は一物一価の法則である。自由な取引が行われる市場においては，「「同一市場においては同一時点には同じ均等の商品に対して2つの異なる価格はありえない」という自明の法則から，1つの交換行為における最後の増量は総交換量と同一比率において交換されなければならないという結論が生まれる。」(Jevons, 1871, 訳 p.72) ジェヴォンズはこれを無差別の法則と呼んでいる。

一物一価の法則から市場において成立する価格は一意であるから，
$$\frac{v_1}{v_2} = \frac{p_1}{p_2}$$
であり，したがって，
$$\left(\frac{du_{i1}}{dx_{i1}} \bigg/ \frac{du_{i2}}{dx_{i2}}\right) \times \left(-\frac{dx_{i1}}{dx_{i2}}\right) = \left(\frac{du_{i1}}{dx_{i1}} \bigg/ \frac{du_{i2}}{dx_{i2}}\right) \times \left(-\frac{\omega_{i1} - x^*_{i1}}{\omega_{i2} - x^*_{i2}}\right)$$
$$= 1$$
が得られる。すなわち，「任意の2商品の交換比率は交換完了後に消費に利用しうる上記商品量の最終効用度の比率と反比例することになる。」(Jevons, 1871, 訳 p.73) このことは限界効用均等の法則を意味している。

8.3.2 労働理論

労働理論において，個人は労働を投入し，生産物を産出する。生産関数 $x = f(l)$ は，限界生産性逓減の法則を満たす。限界生産性 (ジェヴォンズは最終生産率と呼んでいる) とは労働を追加的に1単位投入することによって追加的に産出される生産物の量であり，限界生産性逓減の法則とは生産規模の

増大にともない限界生産性が減少することである。労働は不効用 $V = V(l)$ をもたらすが，労働を投入して産出される生産物を消費して効用 $u = u(x)$ を得る。労働投入の増大にともない不効用は増大し，効用は減少する。労働投入量はこの効用 − 不効用 $u(f(l)) - V(l)$ を最大にするように選択される。生産規模が小さいときには限界効用の方が限界不効用より大きいから，生産規模の拡大にしたがって (効用 − 不効用) は増大する。ところが，生産規模が大きくなると限界効用が減少するのに対し，限界不効用は増大するから，生産規模の拡大にしたがって (効用 − 不効用) は減少する。したがって，(効用 − 不効用) 最大化の必要条件は　労働時間がもたらす限界生産性×生産物がもたらす限界効用 = 労働時間がもたらす限界不効用　すなわち

$$\frac{d(u-V)}{dl} = \frac{du}{dx}\frac{df}{dl} - \frac{dV}{dl} = 0 \quad \text{すなわち} \quad \frac{du}{dx}\frac{df}{dl} = \frac{dV}{dl}$$

が成り立つ．

さらにジェヴォンズは，1人の個人が2つの生産物 x_1, x_2 の生産に労働量 l をどのように配分するか，という問題に解答している．2つの生産物の生産関数は $x_1 = f_1(l_1)$, $x_2 = f_2(l_2)$ によって表される．個人は2つの生産物 x_1, x_2 から得られる効用−不効用 $u_1(x_1) + u_2(x_2) - V(l)$ を最大にするように労働投入 l_1, l_2 を配分する．生産関数は限界生産性逓減の法則を満たす．効用関数は加法的で限界効用逓減の法則を満たす．労働の不効用関数は一定の労働時間までは労働の喜びを感じるため限界不効用は逓減するが，それを超えた労働投入に対しては限界効用逓増の法則を満たす．このとき，労働投入を追加的に1単位ずつ増大させると，それから生産物の生産を通して得られる追加的効用すなわち，労働の限界生産性×生産物の限界効用が大きい方の生産物の生産から順番に投入され，それらが労働の限界不効用より大きいかぎり増大し続けることになる．したがって，効用が最大になるのは，生産物の限界効用×労働の限界生産性がそれぞれの生産物について均等になり，しかも労働の限界不効用に等しくなるときであり，この問題の必要条件は

$$\frac{du_1}{dx_1}\frac{df_1}{dl_1} = \frac{du_2}{dx_2}\frac{df_2}{dl_2} = \frac{dV}{dl}$$

8.3 『経済学の理論』　　　　　　　　　　　　　　　　　　　　　　　　147

であることである[2]。

8.3.3 地代理論

ジェヴォンズは，この理論を地代理論に応用し，古典派の地代理論を限界生産性理論として定式化している。それは，1人の個人が異なる生産性をもつ土地に所与の労働量をどのように配分するか，という問題であり，労働の分配理論と同じ理論である。それぞれの土地の生産関数を $x_1 = f_1(l_1)$, $x_2 = f_2(l_2)$ とする。労働はそれぞれの土地から得られる生産物の量 $x_1 + x_2$ を最大にするように投入される。このとき，それぞれの土地における労働の限界生産性が均等するように配分される。地代は余剰

$$f_1(l_1) - \frac{df_1}{dl_1}l_1, \ f_2(l_2) - \frac{df_2}{dl_2}l_2$$

として決定される。

8.3.4 資本理論

ジェヴォンズはオーストリア学派の資本理論とよく似た理論を展開している。資本は，労働を一定期間投入するために必要な資金であり，一時点の投資額と投資期間 (生産期間) に依存している。投資額を c 投資期間を t とすると資本量は $ct(t+1)/2$ である。生産期間が長くなるほど生産物は大きいが，

---

[2] この問題は生産関数の制約 $x_1 \leqq f_1(l_1)$, $x_2 \leqq f_2(l_2)$ と資源の制約 $l_1 + l_2 \leqq l$ のもとで (効用 − 不効用) $u_1(x_1) + u_2(x_2) - V(l)$ を最大にするようにそれぞれの生産物の生産に投入する労働量 l_1, l_2, l を決定する問題である。この問題は $L = u_1(x_1) + u_2(x_2) - V(l) + \lambda_1(f_1(l_1) - x_1) + \lambda_2(f_2(l_2) - x_2) - \mu(l - l_1 - l_2)$ を x_1, x_2, l_1, l_2, l, λ_1, λ_2, μ について最大にすることと同値であり，したがって，つぎの諸条件

$$\frac{\partial L}{\partial x_1} = \frac{\partial u_1}{\partial x_1} - \lambda_1 = 0, \ \frac{\partial L}{\partial x_2} = \frac{\partial u_2}{\partial x_2} - \lambda_2 = 0,$$
$$\frac{\partial L}{\partial l_1} = \lambda_1 \frac{\partial u_1}{\partial l_1} - \mu = 0, \ \frac{\partial L}{\partial l_2} = \lambda_2 \frac{\partial u_2}{\partial l_2} - \mu = 0, \ \frac{\partial L}{\partial l} = -\frac{\partial V}{\partial l} + \mu = 0,$$

が成り立つから，これらを整理すると，

$$\frac{du_1}{dx_1}\frac{df_1}{dl_1} = \frac{du_2}{dx_2}\frac{df_2}{dl_2} = \frac{dV}{dl}$$

が得られる。

限界生産性は逓減する。ジェヴォンズは，利子率は生産物 1 単位当たりの限界生産性である，と述べている。ジェヴォンズ (Jevons, 1871, 訳 p.165) によれば，「資本は仕事に従事するすべての種類または階級の労働者を養うに必要な財の総体よりなる。」さらに資本の特徴として，ジェヴォンズは資本には時間が関係することを指摘している。生産物の生産には時間がかかり，生産物が産出されるまでの期間生産に従事する労働者の生活を支援する資料が必要になるが，それが資本である。ジェヴォンズ (Jevons, 1871, 訳 p.169) によれば，「財供給におけるあらゆる改善は労働の行使された瞬間とその最終結果すなわち完遂された目的との間の平均間隔を延長させるが，このような改善は資本の使用にもとづくものである。」単なる投資額である投下資本額と投資期間に依存する資本投下量は異なる概念である。

ジェヴォンズは，一定額の資本が一定期間に均等に投下されることを仮定して，資本投下量を計算している。生産期間を t，総労働人口を L，労働者一人に対する一期間あたりの賃金率を w，資本投下量を K とする。

総労働人口 L は各生産期間に割り振られ，一期間に投下される資本は $c = \frac{wL}{t}$ であるとすると，資本投下量は $K = \frac{wL}{t} \frac{t(t+1)}{2} = \frac{wL(t+1)}{2}$ となる。生産期間が連続的であるときには，

$$K = \int_0^t cx\,dx = c\left[\frac{x^2}{2}\right]_0^t = \frac{wL}{t}\frac{t^2}{2} = \frac{wLt}{2}$$

である。$\theta = t/2$ とおくと，θ はベーム-バヴェルクが平均生産期間とよんでいる概念である。

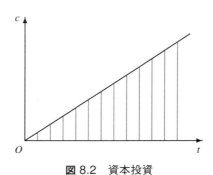

図 8.2 資本投資

ジェヴォンズによってすでに利用されていた平均生産期間という概念は，ヴィクセルに至るまで資本理論において用いられていたが，ヴィクセル (Wicksell, 1901/1934) によって労働 L と資本 K を生産要素とするコブ・ダグラス型生産関数 $y = F(K, L) = aK^\alpha L^\beta$ が導入され，「平均生産期間」は後に資本装備率 $t = K/L$ とよばれるようになる概念によって代替された。

$y = Y/L$ とおくと，$Y = F(K/L)L$ であるから，労働を t 期投入するときの生産物の産出は $y = F(t)$ である。利子率を r とすると t 期に産出される生産物 $y = F(t)$ の割引現在価値は $e^{-rt}F(t)$ である。資本家は生産物の割引現在価値 $e^{-rt}F(t)$ を最大にするように生産期間 t を選択すると仮定する。このとき，

$$\frac{d[e^{-rt}F(t)]}{dt} = -re^{-rt}F(t) + e^{-rt}\frac{dF(t)}{dt} = 0$$

であるから，$r = F'(t)/F(t)$ が得られる。生産期間を長くすると生産物の産出量は増大するが，同時に生産物の産出時期がより遠い将来になるので生産物産出の割引現在価値も小さくなる。生産期間を長くすることによる限界生産性と割引率が等しくなるとき収益率は最大になる。

8.4 応用経済学と政策

ジェヴォンズは，限界革命における役割や現代経済学への貢献という観点から，『経済学の理論』による貢献が最も高く評価されているが，かれと同時代の人々には応用経済学者として知られていた。理論は一般的・普遍的であるのに対し，実証的研究は本質的にその時代の特殊性・偶然性に依存しているから，時代の変遷とともに応用経済学が風化してしまうのはやむをえない。しかし，経済学者としてのジェヴォンズは，かれが残した理論と同じように，応用経済学を生み出した経済学における科学的手法によって高く評価されるべきである。かれのアプローチは，時代背景の制約を受けてはいるが，本質的に現代の経済学者と同じ科学的なアプローチを心がけているからである。

ジェヴォンズは「経済学という演繹科学はこれを統計学という純経験的科学によって立証しかつ有用のものとしなければならない」(Jevons, 1871, 訳

p.17) と考え，科学的研究の手続きについてつぎのように述べている。「ある観察の事実を持つとき，われわれはこれらの事実を支配する法則に関して仮説を立てる。われわれはこの仮説から，演繹的に予想される結果へと推論する。そうしてさらにこれらの帰結を問題の事実との関連において吟味する。一致すれば推論全体は確証され，抵触すれば，われわれは攪乱要因をもとめるか，さもなければわれわれの仮説の放棄を余儀なくされる。」(Jevons, 1871, 訳 p.14)

ジェヴォンズの代表的応用経済学研究として資源問題の経済学である『石炭問題』(1865) がある。かれはそのなかで，19世紀のイギリスの人口と産業の急速に発展していることを確認し，石炭消費が急激に増大し，イギリスの産業が依然と石炭に依存するかぎり，石炭資源の問題がイギリス産業発展の見過ごしがたい制約となることを指摘した。

ジェヴォンズのもう1つの代表的応用経済学研究は，太陽黒点説と呼ばれる景気循環理論である。農産物の収穫は天候に左右されるから，気象に周期的な変化があれば農産物の収穫さらに景気循環に周期的変動をもたらす可能性がある。ジェヴォンズは太陽黒点の周期的変化と景気循環との相関関係を立証することにより，景気変動の原因を太陽黒点の変化に求めようとした。この考え方はジェヴォンズの独創ではないが，科学的な手続きを踏んで立証しようとしたことに意義がある。結果として，ジェヴォンズの時代に知られていた太陽黒点の周期に誤りがあったことなど，仮説の前提を揺るがす事実が後に判明して結局反証されてしまったが，経済理論の科学性という意味においてはきわめて科学的である。

ジェヴォンズの規範理論はベンサムの功利主義であり，政策目標は最大多数の最大幸福を達成することであるが，理論の実践には懐疑的であった。かれは，『国家と労働の関係』(1910) において，交換理論の帰結を素朴に応用し，極端な自由放任主義を提唱している。『社会改革の方法，およびその他の諸論文』(1883) においては労働階級に独立自尊の精神が必要であることを主張して，そのための改革案を試みる反面，慈善政策一般に否定的であった。

8.5 ジェヴォンズの歴史的評価

　ジェヴォンズは，さまざまな経済問題を科学的に分析した。かれは，価値や分配などのミクロ経済学の問題，貨幣や景気循環といったマクロ経済学の問題，資源問題などの応用経済学の諸問題を理論的に分析しただけでなく，統計的・実証的分析にも研究に取り組んでいる。ジェヴォンズの経済学は，個々の理論は体系化されていないが，科学的分析にもとづく包括的な研究である。しかも，理論の発展段階や個人の能力に伴う限界もあろうが，ジェヴォンズの関心は一般的な理論の構築より，実証的な仮説の発見に重点が置かれている。

　ところが，理論は一般的・普遍的な法則が集積され，体系化された知識であるから，時代を超えてもその貢献の歴史的意義が失われることはない。それに対し，実証分析は研究対象である具体的な社会がもつ特殊性，偶然性を反映するものであり，社会は変動するものであるから，実証研究の分析手法が同じでも，実証研究を通して得られた，時代背景を反映した仮説は廃れやすい。したがって，ジェヴォンズのように実証的な研究を蓄積した研究者は時代の変遷とともに歴史に埋没する傾向にある。理論的貢献はその普遍性によって，歴史に明確な痕跡を残すことができるが，実証分析における貢献は一度反証されてしまえばその仮説が顧みられることはないのである。

　ジェヴォンズは，限界革命の中心人物として，交換における完全競争の理論的裏付けなどによって評価されることが多いが，つぎの評価が追加されるべきだろう。すなわち，理論的分析と実証的分析からなる科学的アプローチを整備し，現代経済学への道を切り開いた経済科学者であり，経済学に科学的アプローチを根づかせた研究者の1人である。

8.6 ジェヴォンズ経済学の後継者

　ジェヴォンズは学派を形成するには至らなかったが，後継者と呼べる経済学者はいる。

8.6.1 エッジワース

1人はF.Y.エッジワースであり，かれは，ジェヴォンズの交換理論を拡張し，交換団体を構成する交換主体の数が無限になれば完全競争の状態が成立することを指摘した。

エッジワースのモデルでは，任意の個人が誰とでも自由に協力し合うことができ，ある人や集団との取引契約において，自分に不利な条件があれば，他の任意の提携によってその取引契約を破棄してもよい。その結果誰がどんな提携を行っても，取引契約を破棄する誘因のない取引契約だけが破棄されずに残されるが，取引する人の人数が増えるほど，その契約によって破棄されない潜在的な交換の範囲は完全競争均衡配分に収斂していく。これがエッジワース (Edgeworth, 1881/1967) の極限定理の主張である。エッジワースのアイデアは，ゲーム理論による一般均衡への初期の貢献であるコアの理論を用いて，プレーヤーの数が増えればコアが完全競争均衡に収斂していくことを示したドゥブリュー＝スカーフの極限定理，そしてヒルデンブラントらによるラージ・エコノミーの理論へと展開していく。エッジワースの理論にもとづいて解釈すると，ジェヴォンズは交換経済において完全競争が成り立つ根拠を説明していることがわかる (根岸, 1997, pp.163-170)。

19世紀末のヴィクセルやリンダールの公共財供給の理論におけるただ乗り問題や，1920〜30年代の社会主義経済計算論争を受けたハイエク (Hayek, 1945) の指摘によって情報の非対称性の重要性が認識されるようになった。個人情報は本人しか知らない。情報の非対称のもとでは他人の知らない情報をもっている個人が，戦略的に誤った情報を提供することにより自己に有利な帰結をもたらそうとするインセンティヴを解消することはきわめて難しい。このインセンティヴ両立性の耐戦略性問題が完全競争メカニズムにおいても生じることが20世紀の中頃に指摘された。つまり，完全競争市場においては各経済主体は価格受容者として行動するという仮定の妥当性が問われることになった。と同時に，この問題を解決するための枠組みとして，ハーヴィッツ (Hurwicz, 1960) のメカニズム・デザインの理論が登場した。価格受容者という仮定の問題は後に経済主体を連続体として取り扱うラージ・エコノミーの理論によって1つの解答が与えられるが，この問題の妥当性は極限定理と

8.6 ジェヴォンズ経済学の後継者

してクルノーやエッジワースによってすでに指摘されており，この問題を契機にあらためて着目されることになった．

8.6.2 ウィックスティード

もう1人はP.H.ウィックスティードである．かれは，ジェヴォンズが定式化した地代理論を応用して，生産関数が規模にかんして収穫不変 (1次同次) であるならば，すべての生産要素の報酬がその限界生産性にしたがって分配されると，生産物はすべての生産要素に分配し尽くされることを主張する完全分配定理を証明した．

限界革命から1930年代までの生産と分配の理論における議論はスティグラー (Stigler, 1940) によって研究されている．最も重要な話題はすべての生産要素価格の決定を限界生産性によって統一的に説明できるか，というものである．この問題に対してウィックスティードは完全分配定理を提唱し，肯定的な解答を与えている．かれは，マルクスの剰余価値理論を批判するためにすべての生産要素価格決定を限界原理のみで説明する必要があると考えていた[3]．

限界原理にもとづく生産理論はアンダーソン (James Anderson, 1739–1808) やリカードによって地代理論として構築された．かれらの理論を生存費賃金理論や前貸し資本の概念など古典派固有の想定を除いて定式化したのが，ジェヴォンズの地代理論である．

ウィックスティード (Wicksteed, 1894) は，古典派の分配理論の枠組みで古典派固有の想定を除いたジェヴォンズの理論を応用して完全分配定理を証明した．そこでは，生産者は労働と土地を投入して生産物を産出する．労働者は労働を供給して得られる賃金に等しい生産物の分け前を受け取り，それを消費する．地主は土地を供給して得られる地代に等しい生産物の分け前を受け取り，それを消費する．このとき，生産物は価値尺度財であり，社会的厚生の指標である．生産技術は労働と土地の限界生産性逓減の法則，規模に

---

[3] マルクスの剰余価値理論については不毛な論争が繰り広げられてきたが，分配にかんする諸説は論理的に独立であること，したがって相互批判は無意味であることが，たとえば根岸隆『経済学の歴史』東洋経済新報社 (第5章第1節) において説明されている．

かんする収穫普遍の法則を満たす.すなわち生産関数は一次同次である.賃金率と単位あたり地代は生産物の産出を最大にするとき(労働と土地の資源を使い尽くすとき)の労働の貢献に対する評価(労働の限界生産性),土地の貢献に対する評価(土地の限界生産性)として決定される.また,生産物産出は労働の限界生産性によって定まる賃金と土地の限界生産性によって定まる地代に分配し尽くされる.このように,古典派の分配理論は自己充足的で完全な理論体系であり,生産関数が一次同次であれば分配法則である完全分配定理が成立する.

ところが,古典派の分配理論は生産物が1つのときでないと成り立たない.生産物が二つ以上ある場合には単一の生産物の分配だけでなく,異なる生産物の価格決定の理論が必要だからである.生産物が多数存在するときにはより一般的な枠組みが必要になる.そこで,ウィックスティードは完全分配定理を生産者理論の枠組みに拡張した.

生産者理論において,生産者は,完全競争価格 $(p, q_1, q_2, \cdots, q_H)$ を所与として,生産関数 $y_j = F_j(z_{j1}, z_{j2}, \cdots, z_{jH})$ の制約のもとでかれの利潤

$$\pi_j = py_j - (q_1 z_{j1} + q_2 z_{j2} + \cdots + q_H z_{jH})$$

を最大にするように,生産 $(y_j, z_{j1}, z_{j2}, \cdots, z_{jH})$ を選ぶ.このとき,利潤最大化条件

$$\frac{dF_j}{dz_{jh}} = \frac{q_h}{p}$$

が成り立ち,オイラーの定理から

$$\begin{aligned} y_j &= \frac{dF_j}{dz_{j1}} z_{j1} + \frac{dF_j}{dz_{j2}} z_{j2} + \cdots + \frac{dF_j}{dz_{jH}} z_{jH} \\ &= \frac{q_1}{p} z_{j1} + \frac{q_2}{p} z_{j2} + \cdots + \frac{q_H}{p} z_{jH} \end{aligned}$$

が成り立つ.生産物 y_j はすべての生産要素に限界生産性に応じて分配され尽くすので,完全分配定理が成立している.ただし,分配理論としての完全分配定理が証明されるためには,生産物および生産要素の価格が決められなければならない.そのためには,完全競争市場の理論が必要である.

演習問題

1. つぎのような交換経済
$$((u_A, u_B), ((\omega_{A1}, \omega_{A2}), (\omega_{B1}, \omega_{B2})))$$
$$= \left(\left(u_A = x_{A1}^{\frac{1}{2}} x_{A2}^{\frac{1}{2}},\ u_B = x_{B1}^{\frac{1}{2}} x_{B2}^{\frac{1}{2}} \right),\ ((9, 3), (1, 7)) \right)$$
を考える。まず，ジェヴォンズの交換価値の理論 (交換価値の成立条件) を 4 つあげ，それらの意味を説明せよ。

また，ジェヴォンズの理論にもとづいて交換均衡配分 $((x_{A1}^*, x_{A2}^*), (x_{B1}^*, x_{B2}^*))$ と交換価値 (v_1^*, v_2^*) を求めよ。

2. ジェヴォンズ，エッジワースの極限定理について説明し，この定理が再評価されることになった経緯について説明せよ。

3. ジェヴォンズの労働理論と地代理論を図解せよ。

4. 完全分配定理の主張と含意についてそれぞれ古典派分配理論，競争的生産者理論，完全競争市場理論の枠組みにおいてどう異なるか説明せよ。

9 ワルラスの一般均衡理論と ローザンヌ学派

　ワルラスとパレートによって構築されたローザンヌ学派の一般均衡分析は，数学におけるヒルベルト・プログラムと形式主義のように，経済学において20世紀中頃の約半世紀のパラダイムとなり，ミクロ経済学を記述するための基礎言語となった。ワルラスの貢献は経済学を体系的に記述し，すべての市場における相互依存関係を理論的に分析する一般均衡理論を構築したことにある。しかし，最も重要なのは，ワルラスが証券市場における取引をモデルとしてタトンマンという資源配分メカニズムを考案したことである。かれが一般均衡理論の体系を構築できた理由もタトンマンというゲームのルールを導入したことにあるといえる。タトンマンは，市場の安定性や計画経済の資源配分メカニズムの理論にも応用された。

　パレートは，経験的根拠の乏しい経済学の仮定を排除して，選好順序の合理性のみを仮定する序数的効用関数と個人間の効用比較不可能性にもとづいて経済分析を行う序数主義を経済学に導入した。経済学は，1930年代以降1980年代まで，一般的な枠組みにおいて厳密な議論を行うことを重視したため，他学派の簡潔な枠組みにおいて分析されたさまざまな経済問題は，序数主義的な一般均衡理論にもとづいて再定式化され，統合されることになる。

9.1　ワルラスの経済学観

　レオン・ワルラスは1834年，フランス，ノルマンディー県エヴリュー生

まれで，父は経済学者オーギュスト・ワルラス (Antoine Auguste Walras, 1801-1866) である。エコール・ポリテクニクを目指したが2度受験に失敗し，鉱業大学に入学したものの2度落第し中退した。浪人中にクルノーを読んで数学による経済学の定式化がひらめいたと回想している。1858年，父の説得で，経済学研究に入り，父の援助のもとに『経済学と正義』(1860) を出版。経済ジャーナリスト，北部鉄道事務職をしつつ，ローザンヌ国際租税会議 (1860年) に出席，租税問題の懸賞論文に土地国有化を論じて4等を得る。1865年にL.セーと「協同組合割引銀行」を設立し，融資担当役員に就任。翌年『労働』誌を発行した。これらは1868年には行き詰まり，多額の借金を残した。この時期にこの「科学的社会主義者」はみずからの思想と研究を世に問う手段を得て，『社会経済学研究』(1896) の重要部分の叙述を行っている。国際租税会議でワルラスに好印象をもったルショネ (のちにスイス連邦大統領) に誘われ，ローザンヌ・アカデミー改組で新設された経済学教授職に応募し，1票差で仮採用された。翌年，正教授になり生活の糧と研究の機会を得たワルラスはつぎつぎと数理経済学の論文を発表し，限界効用概念にもとづく新理論を組み立てた。『純粋経済学要論』(1874-77) は，一般均衡理論を最初に定式化した著作である。22年間経済学を教え，1892年に退任し，後継をパレートに譲った後も『要論』改訂に過ごし，一般均衡理論の普及につとめた。

　ワルラスの貢献は経済学を体系的に記述し，すべての市場における相互依存関係を理論的に分析した一般均衡理論を構築したことにある。ワルラス自身の思想体系は，『純粋経済学要論』以外に論文集『応用経済学研究』(1898) および『社会経済学研究』によって特徴づけられるが，それらを含むワルラスの思想は『純粋経済学要論』に要約されている。経済学の歴史におけるワルラスの貢献は『純粋経済学要論』に説明されている一般均衡理論である。

9.1.1　ワルラスの科学観

　ワルラスの経済学体系は，純粋経済学，応用経済学，社会経済学から構成されている。この分類はワルラスの科学観を反映している。

　世界に発生する事実には，自然力の作用に起源をもつ自然的事実と，人間

の意思に起源をもつ人間的事実の2種類がある．人間的事実にはさらに，自然力に対して働きかける人間の意思と活動から生じる，人間とものとの関係と，他人の意思または活動に対して働きかける人間の意思または活動から生じる，人格と人格との関係がある．ワルラスは前者を産業，後者を道徳と呼んでいる．ところで，効用をもち量が限られている財・サービスは希少であるために価値をもち，その全体が社会的富を形成する．社会的富とは効用があり，量が限られているから，価値があり交換される，産業によって生産される，私有されるという特徴がある．交換価値の事実は，自然に起源をもちその現れ方とその存在の仕方において自然であるから，自然的事実であるが，社会的富の生産や分配の問題は，人間の意思が自由に作用する問題であるから，自然科学の問題ではなく，人間的事実の問題である．ただし，社会的富の生産には利益を考慮し，分配には公正を考慮して人間の意思は作用する．

　純粋経済学，応用経済学，社会経済学はこれらの観点に対応している．「純粋経済学は本質的には絶対的な自由競争という，仮説的な制度の下における価格決定の理論である．」応用経済学とは，社会的富の経済的生産の理論すなわち分業を基礎とする産業組織の理論である．所有権の問題は社会的富の私有について，理性と公正に合致するように諸人格の使命の間の調和を図る道徳科学の問題であり，社会経済学である．ところが，純粋経済学は応用経済学に先行すべきであり，それは物理数学的科学であり，数学的方法が用いられる．物理数学的科学は現実からの抽象により概念を定義し，それを基礎として定理と証明の体系を先験的に構築する．そして，応用を目的として現実に立ち戻り，応用経済学や社会経済学の問題を解決するのに役立つ．

　このように，純粋経済学は完全競争市場の価格メカニズムに関する事実解明的分析であり，応用経済学は資源配分の効率性を厚生基準とする規範的分析，社会経済学は所得分配の公平性を厚生基準とする規範的分析であるといってよい．

　ワルラスの純粋経済学における主要命題は，「自由競争に支配される市場における生産は，生産要素が欲望の可能な最大満足を生み出すのに適当な性質と量の生産物に変形されうるために結合される操作である．ただし，この結合には，各生産物と各生産要素が市場においてそれぞれの供給と需要とを等

9.1 ワルラスの経済学観

しくするただ一つの価格しかもたないということ，生産物の販売価格が生産要素から構成される生産費に等しいということの2つの条件の制約に従う。」(221節)「自由は一定の制約のもとで最大効用を獲得する。それゆえ，これを妨げる原因は最大効用に対する障害である。そして，これらの原因がどのような物であろうとも，できる限りそれを除去することが必要である。」(223節) というものである。これらの主張は自由放任思想を定式化した定理であり，厚生経済学の基本定理を見据えている。

ただし，ワルラス自身が223節において，厚生経済学の第一基本定理の主張についてその限界を指摘していることは興味深い。「私的利益に関するものの生産に適用される自由競争の原理は公共利益に関するものの生産には適用できない。」「自由競争の原理は自然的必然的な独占の対象となるものの生産には当然適用されない。」「われわれの自由競争についての証明は，効用の問題を明白にしているが，公正の問題を全く考慮の外に置いている。」このように，自由競争の原理は公共サービス，独占的な状態にあるもの，所得分配の公平性については何も語らない。

9.1.2 『純粋経済学要論』の内容と意義

ワルラスの一般均衡理論の核心はかれの2人2財交換経済モデルにあり，それから多数主体多数財の交換経済モデル，生産を考慮したモデル，異時点間の資源配分を考慮したモデル，貨幣を考慮したモデルへと経済環境を拡張している。その核心はパリやロンドンの証券取引所を参考にした完全競争市場における価格メカニズムの概念にある。

一般的経済環境における一般均衡体系の記述を可能にしたアイデアこそ，ワルラスによって導入されたタトンマンである。タトンマンについて，ワルラス自身は一般均衡解を計算するための実践的方法と述べているが，現代のゲーム理論を知っていれば，タトンマンは競争市場の価格メカニズムを記述するゲームのルールとみなすべきであろう。ワルラスは「よく組織せられた市場において競争がどのようにはたらくかを見てみよう。そのためにパリまたはロンドンのような大きな資本市場における証券取引所に入ってみよう」と前置きして，つぎのようなルールを説明している。

完全競争市場の価格メカニズムを司る市場の擬人化である競売人 (オークショニア) を仮定する。

1. 競売人が価格体系を 2 人の消費者に伝達する。
2. 消費者がすべての商品の需要と供給を決定して競売人に伝達する。
3. 競売人は, 需要 > 供給である商品の価格を上昇させ, 需要 < 供給である商品の価格を下落させ, 需要 = 供給である商品の価格はそのままで価格体系を調整し, それを再度消費者に伝達する。
4. すべての市場において需要と供給が等しくなるまで, 価格調整を繰り返す。

『純粋経済学要論』はさまざまな先駆者の影響や同時代の研究者の助力を受けて成立している。ワルラスは, 需給均衡方程式体系によって表現される一般均衡体系をポアンソー (Louis Poinsot, 1777–1859) の天体力学の理論から構想したが[1], 体系を構成するためにはそれぞれの商品の価格の関数としての需要関数と供給関数を導出する必要があった。ワルラスは, 商品の需要関数や供給関数は, つぎのような消費者行動, 生産者行動から導出されると考えていた。

消費者は, すべての商品の価格を所与として行動し, 初期資源を私有している。したがって所得も所与である。消費者が所得制約のもとで効用を最大にするように消費を選ぶとき, 商品の需要はすべての商品の価格として表現される。生産者は自由な競争の結果, 均衡においては利潤も損失もない。このとき, 生産者は生産物産出に対する生産要素投入の比率を意味する生産係数の関係として表現される関数のもとで, 費用を最小にするように生産要素の投入を選択する[2]。このとき, 生産物の供給および生産要素の需要はすべての商品の価格の関数として表現される。

このように, ワルラスは需要関数や供給関数を導出する経済問題が数学的にどう表現されるかをほぼ理解していたが, それらを自分で解くことはでき

---

[1] Louis Poinsot, *Éléments de Statique*, 1803. 『静力学要論』
[2] ワルラスの生産者行動の理論には不備があり, それはパレートやバローネによって修正された。

なかった.そこで,ワルラスは,消費者問題をローザンヌ・アカデミーの力学,技術者,教授であるピカール (Antoine Paul Piccard, 1844–192?) に説明を求め,生産者問題をローザンヌ技術大学,後にローザンヌ大学科学部の数学教授であるアムシュタイン (Hermann Amstein, 1840–1922) に尋ねた.ピカールの説明は初歩的な図解であったのに対し,アムシュタインの説明はラグランジュの未定乗数法を用いていた.そのため,ワルラスは後者を利用することはできなかったが,前者は『純粋経済学要論』にほぼそのまま利用されている.

9.1.3 交換経済の一般均衡

2人2財交換経済モデルは,個人の効用最大化から導出される商品の需要関数と,商品の需給均衡によって記述される.ワルラスは個人の効用最大化問題を限界効用均等の法則によって特徴づけるというジェヴォンズと同一の結論を得たが,この条件から需要関数を導出して,商品の需給均衡条件から,交換経済の一般均衡解を求めている.

消費者の需要関数を導出する,ピカール (Jaffé, 1965, L.211(4)) の説明はつぎのとおりである.2人の個人 A,B について,個人 A は商品1の資源を ω_{A1} 私有しているが,商品2は私有していない,個人 B は商品2の資源を ω_{B2} 私有しているが,商品1は私有していないとする.個人 A の消費を (x_{A1}, x_{A2}),個人 B の消費を (x_{B1}, x_{B2}) によって表す.

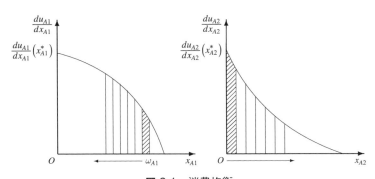

図 9.1 消費均衡

交換を始める前の A の消費は $(x_{A1}, x_{A2}) = (\omega_{A1}, 0)$ であり，図 9.1 に示されているように，この消費における商品 1 の限界効用は商品 2 の限界効用より小さい．すなわち，$\frac{du_{A1}}{dx_{A1}}(\omega_{A1}) < \frac{du_{A2}}{dx_{A2}}(0)$ である．また，商品 1 の量 Δx_1 と商品 2 の量 Δx_2 が交換されるとすると，交換は等価交換であるから，

$$p_1 \Delta x_1 = p_2 \Delta x_2 \quad \text{したがって} \quad \Delta x_2 = \frac{p_1}{p_2} \Delta x_1$$

ただし p_1, p_2 は商品 1, 2 の価格，が成り立つ．したがって，個人 A が商品 1 を Δx_{A1} 販売して，商品 2 を $\Delta x_{A2} = (p_1/p_2)\Delta x_{A1}$ 購入するとき，

$$\frac{du_{A1}}{dx_{A1}}(\omega_{A1}) \times \Delta x_{A1} < \frac{du_{A2}}{dx_{A2}}(0) \times \Delta x_{A2}$$

であるから，個人 A は商品 1 を販売して，商品 2 を購入することにより効用を増大させることができる．同じように，個人 B は商品 2 を販売して，商品 1 を購入することにより効用を増大させることができる．すなわち，個人 A と B は，相互に，商品 1 と商品 2 を交換することによって双方の効用水準を増大させることができる．

一般に，個人 A は，商品 1 を Δx_{A1} 販売するとき限界効用 $\frac{du_{A1}}{dx_{A1}}(x_{A1}) \times \Delta x_{A1}$ を喪失し，商品 2 を Δx_{A2} 購入するとき限界効用 $\frac{du_{A2}}{dx_{A2}}(x_{A2}) \times \Delta x_{A2}$ を獲得する．前者より後者の方が大きい限り，個人 A は交換を進める．すなわち

$$\frac{du_{A1}}{dx_{A1}}(x_{A1}) \times \Delta x_1 < \frac{du_{A2}}{dx_{A2}}(x_{A2}) \times \Delta x_2 = \frac{du_{A2}}{dx_{A2}}(x_{A2}) \times \frac{p_1}{p_2}\Delta x_1$$

したがって

$$\frac{du_{A1}}{dx_{A1}}(x_{A1}) < \frac{p_1}{p_2}\frac{du_{A2}}{dx_{A2}}(x_{A2}) \quad \text{あるいは} \quad \frac{\frac{du_{A1}}{dx_{A1}}(x_{A1})}{p_1} < \frac{\frac{du_{A2}}{dx_{A2}}(x_{A2})}{p_2}$$

である限り，商品 1 を販売して商品 2 を購入するという交換は進められ，最終的に，これらの等号が成り立つ．個人 B についても同様である．

こうして，交換の結果，限界効用均等の法則

$$\frac{\frac{du_{A1}}{dx_{A1}}(x^*_{A1})}{p_1} = \frac{\frac{du_{A2}}{dx_{A2}}(x^*_{A2})}{p_2}, \quad \frac{\frac{du_{B1}}{dx_{B1}}(x^*_{B1})}{p_1} = \frac{\frac{du_{B2}}{dx_{B2}}(x^*_{B2})}{p_2}$$

が得られる．また，2 人の消費者の均衡消費は所得を使い切るから，所得制約式は等式になり，

9.1 ワルラスの経済学観

$$p_1 x_{A1}^* + p_2 x_{A2}^* = p_1 \omega_{A1}, \quad p_1 x_{B1}^* + p_2 x_{B2}^* = p_2 \omega_{B2}$$

が成り立つ。これらの消費者均衡の条件から需要関数

$$x_{A1} = x_{A1}(p_1, p_2), \quad x_{A2} = x_{A2}(p_1, p_2),$$
$$x_{B1} = x_{B1}(p_1, p_2), \quad x_{B2} = x_{B2}(p_1, p_2)$$

が得られる。これらを各商品の需給均衡式

$$x_{A1} + x_{B1} = \omega_{A1}, \quad x_{A2} + x_{B2} = \omega_{B2}$$

に代入することにより，商品の相対価格 p_1/p_2 が決定される。

方程式が 2 本あるのにもかかわらず，商品の相対価格しか決まらないのは，これらの方程式が独立ではないからである。というのは，2 人の消費者の所得制約式を足し合わせることにより，

$$p_1 (x_{A1} + x_{B1}) + p_2 (x_{A2} + x_{B2}) = p_1 \omega_{B1} + p_2 \omega_{A2}$$

あるいは

$$p_1 (x_{A1} + x_{B1} - \omega_{B1}) + p_2 (x_{A2} + x_{B2} - \omega_{A2}) = 0$$

が成り立つ。経済全体の収支が等しいことを表すこの恒等式はワルラス法則とよばれる。ワルラス法則から $x_{A1} + x_{B1} = \omega_{A1} \Leftrightarrow x_{A2} + x_{B2} = \omega_{B2}$ であるから，一方の商品の需給均衡式は独立ではない。

一般的な経済環境において，消費者は，価格体系を所与として (完全競争市場)，所得制約のもとで (所得制約)，効用を最大にするように (限界効用均等) 消費を選択する。消費者均衡から，すべての商品の需要がすべての商品の価格の関数として導出される。経済全体の経済活動は，ワルラス法則

$$\sum_{h=1}^{H} p_h (x_h - y_h - \omega_h) \leqq 0$$

によって制約される。ワルラス法則は経済全体の経済活動の整合性を意味している。

9.1.4 一般均衡の存在と安定性

ワルラスは交換経済の一般均衡を多数の消費者と多数の商品からなる経済に拡張し，すべての商品の需給均衡条件を示した後，未知数の数と未知数を

条件づける方程式の数が一致していることを確認し、その事実にもとづいて一般均衡解が存在すると主張している。H 個の商品の価格に対し、H 本の需給均衡方程式が導かれ、ワルラス法則によって独立ではなくなる1本を除いて、すべての方程式が独立であるならば、解は存在するが、それを確認するのは容易ではない。一般均衡の存在問題が実質的に解決されるのは1930年代以降のことである。

ワルラスの体系においては、現在一般均衡の安定性といわれている問題は、市場においてタトンマンを用いて解を求める問題として提示されている。タトンマンについて、ワルラス自身は一般均衡解を計算するための実践的方法と述べている。ワルラスの理論においては、すべての経済主体が一堂に会し、競売人が指定する価格に対して経済計画を立て、一般均衡が成立して初めて経済計画を実行する、と仮定されている。

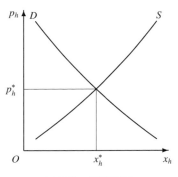

図 9.2　需給均衡

ワルラスは、タトンマンによる価格調整が均衡に収斂する条件として、現在優対角性として知られている条件に近似した考え方を示唆している。各商品の超過需要関数はすべての商品の価格の関数であり、タトンマンにおいては、すべての商品の価格をルールに従って調整することになる。ワルラスは、このとき、商品 h に対して、それ以外の商品の価格の変化による超過需要の変化は相互に相殺し合って、商品 h の価格調整による超過需要調整の効果がもっとも効果的であるから、タトンマンによって価格調整は均衡に収斂する

と主張している。もちろん，商品 h の超過需要関数は商品 h の価格の減少関数であることが仮定されている。ただし，商品 h 以外の商品の価格の変化による超過需要の変化が相互に相殺し合うというのは，ワルラスの希望的予想であり，厳密にはそれらの効果を合計しても商品 h 自身の価格の変化による超過需要の変化を逆転することはない，という仮定が必要である。それ自身の価格に対する超過需要の変化は，価格の変化に対する超過需要の変化を表現する粗代替項行列の対角線上に並んでいるので，この仮定は優対角性といわれる。

9.2 生産者と自由参入均衡

ワルラスの自由競争均衡は，生産者の市場への参入と市場からの退出の自由を想定しており，競争的な市場においてはすべての生産者の利潤は0であると仮定している。生産者は生産物産出および価格体系を所与として，1次同次の生産関数あるいは投入係数関数の制約のもとで，費用を最小にするように生産要素需要あるいは生産係数を選択するという生産者行動にもとづいていること，に特徴がある。

ワルラスは生産者行動を費用最小化問題として定式化し，その解法をアムシュタインに尋ねた。アムシュタインはその解法について明解に説明しているが，ワルラスはアムシュタインが用いたラグランジュの未定乗数法を理解できなかったため，『純粋経済学要論』においては生産理論を固定的な投入産出係数の仮定にもとづいて説明した。このモデルはカッセルらによって洗練され，後にレオンティエフによって産業連関分析に応用された。

m 個の生産物および n 個の生産要素の需要を $x_1, x_2, \cdots, x_m, x_{m+1}, x_{m+2}, \cdots, x_{m+n}$，それらの資源を $\omega_1, \omega_2, \cdots, \omega_m, \omega_{m+1}, \omega_{m+2}, \cdots, \omega_{m+n}$，$m$ 個の生産物産出を $y_1, y_2, \cdots, y_m$，その価格を $p_1, p_2, \cdots, p_m$，n 個の生産要素投入を $z_1, z_2, \cdots, z_n$，その価格を $q_1, q_2, \cdots, q_n$ によって表す。生産物 $h \in \{1, 2, \cdots, m\}$ を1単位産出するための生産要素 $k \in \{1, 2, \cdots, n\}$ の投入を a_{hk} によって表す。

このとき，ワルラスの生産を考慮した一般均衡体系はつぎの方程式体系に

よって記述できる。生産物市場の需給均衡は,

$$\begin{bmatrix} x_1 \\ x_2 \\ \vdots \\ x_m \end{bmatrix} - \begin{bmatrix} \omega_1 \\ \omega_2 \\ \vdots \\ \omega_m \end{bmatrix} = \begin{bmatrix} y_1 \\ y_2 \\ \vdots \\ y_m \end{bmatrix}$$

であり,生産要素市場の需給均衡は,

$$\begin{bmatrix} x_{m+1} \\ x_{m+2} \\ \vdots \\ x_{m+n} \end{bmatrix} + \begin{bmatrix} z_1 \\ z_2 \\ \vdots \\ z_n \end{bmatrix} = \begin{bmatrix} \omega_{m+1} \\ \omega_{m+2} \\ \vdots \\ \omega_{m+n} \end{bmatrix} \quad (9.1)$$

である。生産物産出と生産要素投入の関係は,つぎの投入産出係数行列

$$\begin{bmatrix} y_1 \\ y_2 \\ \vdots \\ y_m \end{bmatrix} = \begin{bmatrix} a_{11} & a_{12} & \cdots & a_{1n} \\ a_{21} & a_{22} & \cdots & a_{2n} \\ \vdots & \vdots & \ddots & \vdots \\ a_{m1} & a_{m2} & \cdots & a_{mn} \end{bmatrix} \begin{bmatrix} z_1 \\ z_2 \\ \vdots \\ z_n \end{bmatrix} \quad (9.2)$$

によって表される。

ワルラスは,基本的に規模にかんする収穫不変の法則を満たす生産技術を仮定していると考えられるので,このケースには個別生産者および産業の限界費用曲線と平均費用曲線は水平の同一の曲線になる。

ところが,ウィックスティードが完全分配定理を指摘してから,ワルラスは完全分配定理に関する自分の理論の優先権と一般性を主張した。ワルラスは,自由な競争のもとでは,生産者は利潤も損失も出さないと考えているから,かれの理論においては,任意の $h \in \{1, 2, \cdots, m\}$ について,

$$p_h y_h = q_1 z_1 + q_2 z_2 + \cdots + q_n z_n$$

が成り立っている。この式と,所与の生産関数 $y_h = f_h(z_1, z_2, \cdots, z_n)$ の制約のもとで[3],費用 $C_h = q_1 z_1 + q_2 z_2 + \cdots + q_n z_n$ を最小にする生産要素投

---

[3] ワルラス自身が表現した生産技術は,生産物の産出水準を達成する生産要素の組み合わ

9.2 生産者と自由参入均衡

入 $(z_1, z_2, \cdots, z_n)$ が満たす条件は何かという，ワルラスの質問に対してアムシュタインが示した条件

$$\frac{q_k}{p_h} = \frac{\partial f_h}{\partial z_k}$$

を組み合わせれば，完全分配を意味する式

$$y_h = \frac{\partial f_h}{\partial z_1}z_1 + \frac{\partial f_h}{\partial z_2}z_2 + \cdots + \frac{\partial f_h}{\partial z_n}z_n$$

が導出される．それを論証するために，ワルラスは，バローネ (Barone, 1895/1965) による論証にもとづいて『純粋経済学要論』の第 3 版 (1986) に付録を挿入した．ワルラスの議論は必ずしも十分なものではなかったが，その付録はかれの生産理論を完成させるのに役立ち，第 4 版以降では第 36 講に組み入れられている．

こうして，すべての商品の供給関数がすべての商品の価格の関数として導出される．ワルラスの自由競争は生産者の利潤を 0 にする，したがって供給曲線は水平であるから，タトンマンにおいては価格調整だけでなく数量調整を考慮しなければならない．生産を含むタトンマンはつぎのようなものである．

1. 競売人は生産物の産出量と生産要素の価格体系を消費者と生産者に伝達する．

    このとき，完全競争市場において，合理的行動原理にもとづいて，消費者は生産物の需要関数と生産要素の供給関数，生産者は生産物の供給関数と生産要素の需要関数を知っているので，生産物の産出量と生産要素の価格体系が与えられると，消費者は生産物の需要価格 (販売価格) と生産要素の供給量 (= 資源 − 需要量)，生産者は生産物の供給価格 (原価) と生産要素の需要量を選ぶ．

2. 消費者は生産物の需要価格と生産要素の供給量を，生産者は生産物の供給価格と生産要素の需要量を伝達する．

    このとき，競売人が受け取る情報は，図 9.3 に示されているように，生産物 h の市場においては，競売人が指定した産出量 (破線) に対応す

せを表す等量曲線であったが，生産技術は生産関数によって表現される情報が必要である．

る生産物の需要価格と供給価格 (水平の供給曲線)，生産要素 k の市場においては，競売人が指定した価格 (破線) に対応する生産要素の需要量と供給量 (垂直の供給曲線) である．

3. 生産物市場においては数量調整を行う．すなわち，競売人が伝達した生産物産出量に対して

    (a) 需要価格 $>$ 供給価格である生産物の産出量を増大させる，

    (b) 需要価格 $<$ 供給価格である生産物の産出量を減少させる，

    (c) 需要価格 $=$ 供給価格である生産物の産出量を維持する，

    という産出量調整を行う．生産要素市場においては価格調整を行う．すなわち，競売人が伝達した生産要素価格に対して

    (a) 需要 $>$ 供給である生産要素の価格を上昇させる，

    (b) 需要 $<$ 供給である生産要素の価格を下落させる，

    (c) 需要 $=$ 供給である生産要素の価格を維持する，

    という価格調整を行う．こうして，調整した生産物の産出量と生産要素の価格体系を消費者と生産者に再度伝達する．

4. 以上の調整を需給均衡が成立するまで継続する．

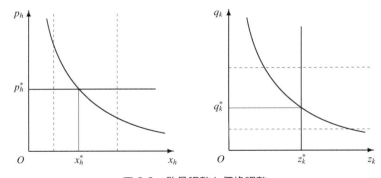

図 9.3　数量調整と価格調整

ミクロ経済学の教科書的説明と異なり，ワルラスは価格調整だけではなく数量調整も考えていることがわかる．ただし，理論体系の整合性の観点からは，ミクロ経済学において説明される一般均衡理論はワルラスの理論をより

洗練させたものであり，その意味においてワルラスはかれ自身の理論体系を首尾一貫して理解していなかったというべきである．

9.3 資本理論と貨幣理論

ワルラスの資本理論は固定資本の理論である．資本の市場においては，固定資本の減耗分に等しい価値額である資本の需要と資本の供給である粗貯蓄が等しい，純投資 = 0 となるように資本の価格が決定されると考えられている．資本には性能の低下と事故による消滅があり，それらに対して資本の生産性を維持するための減価償却費と保険料が必要になる．土地は自然的資本 (本源的生産要素) であり，人為的資本ではない．消滅することも損傷することもない．したがって，土地の粗収入を p_t，純収入率を i とすると，地代 P_t は $P_t = p_t/i$ によって決まる．労働も自然的資本である．狭義の資本すなわち資本は人為的資本であり生産物であるものであり，価格は生産費の法則に従う．

資本の価格を P，減価償却費を μP，保険料を νP，粗収入を p とおくと，それぞれの資本の純収益率 i は

$$i = \frac{p - (\mu + \nu) P}{P}$$

である．i は競争的市場においては資本間で均等になるから，

$$P = \frac{p}{i + \mu + \nu}$$

が成り立つ．ワルラスの理論には明示的に時間が導入されていないが，時間を考慮せずにワルラスの理論を理解することはできない．この時間を明示的に導入するための枠組みには，実際にワルラスの理論にもとづくその後の理論展開から，ヒックスの一時的均衡分析と成長均衡の方法が可能であることが知られている．

ワルラスは，貨幣を単なる価値尺度財ではなく，流通過程における取引のためのコストや煩わしさを軽減することによって効用をもたらす特殊な財と考え，その価値を限界効用理論にもとづいて説明している．しかし，ワルラ

ス自身の理論がドゥブリューの『価値の理論』に描かれているようなものであるとすれば，そこには貨幣が果たすべき役割は存在しないというべきである[4]。

9.4 ローザンヌ学派

ワルラスの一般均衡理論は，スイスのローザンヌ大学におけるかれの講座を引き継いだパレートやバローネ (Enrico Barone, 1859-1924) によってさらに展開された。ワルラスの一般均衡理論を研究計画の核心として共有する学派はローザンヌ学派とよばれている。1930年代以降，序数主義にもとづく一般均衡理論はローザンヌ学派を越えて，広い意味での新古典派のパラダイムとして1980年代まで支配的役割を果たすことになる。

9.4.1 パレートと序数主義

パレートは，イタリア人の父が亡命中にフランス人の母と結婚し，パリで生まれた。トリノ工科大学で工学博士を取得し，鉄道技師や鉄工会社の支配人を務めた。1890年にパンタレオーニ (Maffeo Pantaleoni, 1857-1924) と出会って，経済学に関心を持ち，数理経済学の論文を発表した。1893年ワルラスの後任としてローザンヌ大学の教授となり，1911年に退職した。パレートは，経験的な方法論にもとづいて自己の社会科学を経済学と社会学に分類し，『経済学講義』(1896-97)，『経済学提要』(1906)，『一般社会学概論』(1916)を公刊して，数理経済学と数理社会学の基礎を築いた。

パレートは，経済学において，可能な限り理論を記述する仮定から価値判断を排除し，ワルラスの一般均衡理論に序数的効用関数 (本書 12.2) と個人間の効用比較不可能性を仮定する序数主義を導入して，序数主義的一般均衡理論を再構成した。また，スルツキー方程式と同値な方程式を導出し，需要法則について詳細な考察を行った。さらに，パレート効率性を定義して厚生経済学の基本定理の論証を試みた。

---

[4] この節の議論は根岸 (1997) に詳しい。

9.4.2 選好順序と序数的効用関数

パレートの経済分析を理解するときには，かれの方法論について知っておかなければならない。かれは，経済学においては事実解明的分析以外の価値判断を排除しなければならないと考えていた。価値判断を含む規範的分析である厚生経済学は，パレートの社会学において分析されている。パレート (Pareto, 1920) は序数主義にもとづいて経済理論を再構成しているが，かれ自身は決して序数主義者ではない。パレートは，序数的効用関数と個人間の効用比較不可能性にもとづいて社会的厚生関数を構成することの困難さを指摘し，序数主義の前提を放棄したとしても社会的厚生関数の構成を優先すべきだと主張している。パレートの方法論的な経済学と社会学の分類は決して通常の分類と同じではない。パレートは，合理的に説明できることは経済学において，習慣などにもとづく合理的でない行動は社会学において分析しようとした。

パレートによる経済分析は徹頭徹尾経験的であり，経済学において使用される概念の経験的根拠を求めようとし，経験に照らしてテストできない概念は経済学から排除しようとした。

消費者理論において重要な役割を果たす概念である効用は，観察できない。アントネッリ (Giovanni Battista Antonelli, 1858-1944) は，消費者の合理的行動を仮定して，観察可能な需要にかんする情報から効用関数を構成しようとした。需要情報から効用関数を導出するとき，需要関数の積分可能性が必要とされるので，この問題は積分可能性の問題として取り扱われている。パレート (Pareto, 1909/1966) は，アントネッリ (Antonelli, 1886) の考察を受け継ぎ，需要情報から無差別曲線を経て，効用関数を導出している。この議論は，直接経験的に得られない効用関数を直接観察できる需要情報から間接的に導出する，経済学の重要な概念の経験的妥当性を裏づけようとする議論である。パレートの積分可能性の議論は，サミュエルソン (Samuelson, 1947) を経て顕示選好理論へと展開された。

9.4.3 バローネ

軍人でもあったバローネは，ウィックスティードの完全分配定理を一般均衡理論の枠組みにおいてより一般的な経済環境を想定して証明し，ワルラス

の生産理論を補完した。また，バローネ (Barone, 1908) は集産主義経済において効率的資源配分を達成するためのメカニズムについて考察し，経済計算論争の先駆的貢献をしている。

9.5 一般均衡理論

ワルラスとパレートによって構築された一般均衡理論は洗練されて，アロー＝ドゥブリュー・モデル (Arrow and Debreu, 1954; Debreu, 1959)，マッケンジー・モデル (McKenzie, 1959) として定式化されている。

経済とは，生活可能な消費の集合を表す消費集合と合理的な選好順序によって特徴づけられる多数の消費者，生産技術によって生産可能な生産の集合を表す生産集合によって特徴づけられる多数の生産者，経済全体の商品の資源が定められたものである。また，商品の資源と生産者の株式が個々の消費者によって所有され，それらの私的所有権が確立した経済を私有経済あるいは市場経済という。

完全競争市場においては個々の経済主体は価格支配力をもたないから，消費者と生産者は価格体系を所与として行動する。生産者は生産技術の制約のもとで利潤を最大にするように生産計画を選択する。その結果，生産者の生産計画すなわち生産要素の投入 (需要) 量と生産物の産出 (供給) 量が価格体系の関数として導出される。各生産者の利潤は株式保有者である消費者に，それぞれの株式保有比率に応じて配当として分配される。こうして消費者の所得 (＝ 私有資源の価値額 ＋ 利潤) が決まると，消費者は所得制約のもとで効用を最大にするように消費計画を選択する。その結果，消費者の消費計画すなわち供給する商品の量と需要する商品の量が価格体系の関数として導出される。

市場においては，それぞれの商品の取引量をすべての消費者と生産者について合計した，すべての商品の総需要と総供給が等しくなるように価格体系が決定される。その均衡価格体系に対する均衡配分すなわち需給均衡における消費者の消費と生産者の生産が決まる。これが，アロー＝ドゥブリュー・モデルとよばれる一般均衡理論の典型的モデルである。

長期の経済活動を仮定して，個々の生産者が各商品の市場において自由に参入・退出できれば，生産者の利潤は0になる．利潤を得られる商品の市場には生産者が参入して利潤がなくなり，損失が出るような商品の市場からは生産者が退出して損失が消えるからである．このような長期の参入と退出をワルラスやパレートは仮定している．この均衡は，経済全体の生産技術が1次同次で凹関数の生産関数あるいは凸錐の生産集合であるような，長期のアロー＝ドゥブリュー・モデルによって記述されるが，これはマッケンジー・モデルとよばれる．これらのモデルは，消費者の選好順序や生産者の生産技術にかんする適切な性質のもとで需給均衡解をもつ (Debreu, 1959)．

逆に，短期においては資本や土地の投入調整が不可能であるから，固定的生産要素が存在する．そのため生産関数は1次同次ではなくなり，固定的生産要素を投入している生産者の利潤は一般にプラスになる．それらの固定的生産要素は株式保有者によって所有されているので，各生産者の利潤は株式保有比率に応じて，株式の保有者である消費者に配当として分配される．この意味において，マッケンジー・モデルの短期モデルがアロー＝ドゥブリュー・モデルである．経済分析が適用される経済問題の期間は，経済学の歴史において，次第に短くなっているので，通常の経済分析ではアロー＝ドゥブリュー・モデルが利用されている．

演習問題

1. ワルラスの科学観について，第1章で説明した科学方法論の観点から論評せよ．
2. ワルラスの交換経済における価格メカニズムを記せ．
3. 交換経済 $\mathcal{E}$ (第7章の演習問題) について，ワルラスの完全競争均衡 $((x^*_{A1}, x^*_{A2}), (x^*_{B1}, x^*_{B2}), (p^*_1, p^*_2))$ を求めよ．(ヒント：効用関数 $u = x_1^\alpha x_2^\beta$，所得 M のときの需要関数は $x_1 = \frac{\alpha}{\alpha+\beta} \frac{M}{p_1}, x_2 = \frac{\beta}{\alpha+\beta} \frac{M}{p_2}$ である．)
4. 序数主義とは何か説明せよ．
5. パレートは社会科学を経済学と社会学に分類している．それらの相違について説明せよ．

10 メンガーの経済学とオーストリア学派

　カール・メンガーは，ロビンソン・クルーソー経済における個人の合理的行動原理にもとづいて資源配分の分析をしている。市場経済は，多数の個人から構成され，生産技術の制約があり，私有権によって資源が分割されているのに対して，ロビンソン・クルーソー経済においては，個人間の競合，生産における非効率な資源配分，私有権による資源の偏在などの，現実に存在するさまざまな資源配分上の障壁が生じないので，理想的な経済活動のもとで資源配分の性質を分析できる。

　メンガーはロビンソン・クルーソー経済において，限界効用理論の基本的な命題をすべて生産技術と資源の制約のもとでの個人の効用最大化という基本原理にもとづいて導出し，個人的価値の理論を構築した。メンガーの理論にもとづいて，ヴィーザーは自然価値の理論を，ベーム・バヴェルクは資本・利子の理論を構築した。資本・利子の理論はさらに，北欧学派のヴィクセル，ミュルダール，リンダールらによって異時点間の資源配分の理論として展開された。こうして，オーストリア学派は洗練された価値理論を構築しているが，市場の価格メカニズムの機能については，むしろその限界を指摘し，市場機能を補完する交換媒体として貨幣の起源を説明している。市場は，効率的な資源配分を達成するメカニズムではなく，より適切な経済行動を行うための情報収集プロセスとして機能する。この考え方はミーゼス，ハイエクを通してネオ・オーストリアンに受け継がれている。

10.1 メンガーの経済学

　カール・メンガーは1840年，当時オーストリア領ハプスブルグ帝国の辺境(現ポーランド領)のガリツィアに生まれた。兄のマックスは自由派の政治家，弟のアントンは『全労働収益権史論』で知られる社会主義志向の法律家である。ウィーン大学，プラハ大学で学び，クラカウ大学で学位を取得した。1871年に刊行した『国民経済学原理』によりウィーン大学に私講師として就職した。1876年皇太子の教育係となり，1879年ウィーン大学正教授となる。

　メンガーの経済理論は，現実の抽象化にもとづく演繹的方法によって構築されている。当時のドイツにおいては，シュモラーを中心とする新歴史学派が支配的であり，かれらは帰納法的方法を重視し，経験的でない理論研究に対して誤謬ではないが，無益であると批判した。これに対し，メンガーは1883-84年『社会科学の方法，とくに経済学の方法にかんする研究』において演繹的方法論を展開した。こうしたメンガーとシュモラーとの間のやりとりをきっかけとして，その後20-30年にわたる非建設的な方法論争が展開された。その帰結として，1885年『ドイツ国民経済学における歴史主義の誤謬』を公表した。メンガーとシュモラーの対立は演繹法と帰納法というような方法上の対立というより，価格形成と資源配分の理論と国民経済および産業の発展過程のどちらがより重要な研究対象であるかという見解の対立であった。1903年研究に専念するため職をヴィーザーに譲り，退職した。1921年に没した。

10.1.1　メンガーの経済環境

　価値を個人の評価として説明する主観的価値理論を構築した。『国民経済学原理』は，第1章 財の一般理論，第2章 経済と経済財，第3章 価値の理論，第4章 交換の理論，第5章 価格の理論，第6章 使用価値と交換価値，第7章 商品の理論，第8章 貨幣の理論，付録 から構成されている。

　メンガーは，財を「人間の欲望満足と因果的な連関におかれうる物をわれわれは効用物 (Nützlichkeiten) と呼び，われわれがこの因果連関を認識し，同時にそれらの物をわれわれの欲望を満足させるために実際に用いる力が備わっているかぎり，それを財(Güter) と名づける」(Menger, 1871, 訳 pp.3-4)

と定義している。すなわち，物が財であるためにはつぎの4つの条件が必要である。「1. 人間の欲望，2. ある物をこの欲望の満足との因果関係のなかにおくことを可能にするようなその物の諸属性，3. 人間の側でのこの因果関係の認識，4. その物を上記の欲望の満足のために実際に用いることができるように，それを支配すること」(Menger, 1871, 訳 pp.4-5)

人間の欲望満足を満たす可能性があり，実際に直接間接に可能な生産技術のもとで最終的に人間の欲望満足を満たすことに貢献できる物はすべて財である。因果関係とはたとえば，

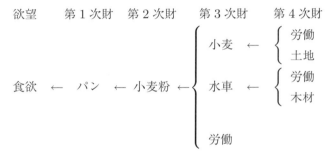

というようなものである。

この因果関係において，人の欲望を直接満たす財 (パン) は第1次財，第1次財を生産するために直接必要になる財 (小麦粉) は第2次財，第2次財を生産するために直接必要になる財 (小麦・水車・労働) は第3次財，第3次財である小麦と水車を生産するために直接必要になる財 (労働・土地) と (労働・木材) は第4次財と呼ばれる。以下，一般に，・・・，第 k 次財，・・・，第 K 次財という。第1次財は消費財，第2次財〜第 K 次財を生産手段あるいは高次財という。

ある1次財を支配するためには，その1次財を生産するために必要な補完的関係にある第2次財をすべて支配する必要がある。高次財が財であるためには最終的に第1次財に変形されて人の欲望を満たすことが必要である。したがって，生産には時間がかかる。そのために現在投入される高次財から低次財が産出されるときには，将来を予想して，生産計画が立てられる。将来予想は実現するとは限らない，すなわち生産には不確実性がある。

10.1.2 経済財

　人間は自分の欲望を可能なかぎり完全に満足させようとし，そのために必要な財を支配しようとする．メンガーはこの経済行動をとる人間を経済人とよんでいる．1 人の経済人がその欲望を完全に満たすために必要な財の数量を，その財に対するその人の需要(Bedarf) とよぶ．メンガーは個々の欲望にはそれを飽和させる量があると仮定している．欲望を完全に満足させるとは欲望を飽和させることであり，需要とは欲望満足を飽和させる量である．ところが，経済人が財の因果関係の制約のもとで欲望を満足させるためには，高次財を順次投入して低次財を産出するまでに必要な期間の効率的な生産計画を立てる必要がある．そのためには，必要な期間内の需要とそれを可能な限り完全に満たすための生産計画と，そのために利用可能な財の数量 (支配可能量) を明確にしておく必要がある．

　財の性質は需要と支配可能な量によって決まる．需要は欲望満足が飽和する量である．需要 > 支配可能量，である財は経済財，需要 < 支配可能量，である財は非経済財とよばれる．

10.1.3　価値理論： 限界効用理論

　メンガーは，財の価値は 2 つの要因から決定されると考えている．1 つは欲望満足の意義という主観的要因であり，2 つは経済人が欲望満足のために使用できる財の量という客観的要因である．

　ある財の飽和消費量が支配可能量より大きいとき，その財が満たす欲望満足を飽和させることはできない．そのとき，その財は価値をもつ (Menger, 1871, 訳 p.67)．すなわち，経済財は価値をもち，非経済財は価値をもたない．

　メンガーは，人間の欲望満足には意義に差異があると考えている．生命の維持にかかわる欲望満足は最大の意義をもつ．さまざまな欲望満足の意義に等級があり，人は支配可能な資源を意義の大きな欲望満足からその意義が大きい順序で充足させる．経済人は，その人の将来の行動期間において，財の飽和消費量が資源より大きく，人が財の因果関係を所与としてできるだけ完全に欲望を満たそうとする．財の価値は，その財を消費することによって満たされる人の欲望満足の意義である．財の価値は財の固有の性質ではなく，財

が人の欲望満足に貢献する意義を表している。

　個人は，資源の制約のもとでかれの欲望満足を最大にするように消費を選択する。いま，個人の選好が下記のメンガー表によって表現されるとする。また，この個人はこの財を10単位もっているとする。このとき，この個人はこの財の1単位1単位をもっとも欲望満足の大きな欲望の満足にあてることにより，表のように，欲望Iに4単位，欲望IIに3単位，欲望IIIに2単位，欲望IVに1単位あてることになる。こうして，欲望満足を最大にする消費においては，欲望満足均等の法則が成り立つ。

欲望のヴァラエティ

	I	II	III	IV	V	VI	VII	VIII	IX	X
欲望満足の意義	10	9	8	7	6	5	4	3	2	1
	9	8	7	6	5	4	3	2	1	0
	8	7	6	5	4	3	2	1	0	
	7	6	5	4	3	2	1	0		
	6	5	4	3	2	1	0			
	5	4	3	2	1	0				
	4	3	2	1	0					
	3	2	1	0						
	2	1	0							
	1	0								
	0									

　メンガーはつぎのように価値決定の原理を説明している。喪失原理 (loss principle) とよばれる原理である。

　「したがって，具体的な各場合において，1人の経済人の支配可能な財数量の一定部分量の支配には，全数量によって確保されてきた欲望満足のうちこの人にとって最小の意義しかもたない欲望満足がかかっている。したがって，支配可能な財数量の一部分の価値は，この人にとっては，全数量によって確保され，また同一部分量をもってもたらされうる複数の欲望満足のうちで，最も重要さの小さなものがかれにたいしてもつ意義に等しい。」(Menger, 1871, 訳 pp.85-86)

　この主張は財の価値はその財の支配量を消費するときの限界効用に等しい

10.1 メンガーの経済学

ことを意味している。

10.1.4 価値理論：帰属理論

生産活動には時間がかかり不可逆的である。生産活動においては，不可逆的に高次財の投入から低次財が産出される。ところが，生産計画は，高次財の価値に依存して低次財の価値が決まるのではなく，低次財の価値に依存して高次財の価値が決まるから，この関係は，高次財の価値がそれから生産される将来の低次財の予想価値に依存して決まることを表している (Menger, 1871, 訳 p.107)。また，生産活動には時間が必要であり，現在投入される高次財から低次財が産出されるのは将来の時点においてである。

高次財の価値も，低次財の価値と同じように，喪失原理によって決まる。「ある高次財の具体量の価値は，いずれの場合にもわれわれの支配しうる諸高次財の総体を経済的に使用するとして，その価値が問題となっている高次財の数量をわれわれが支配する場合に実現される欲望満足の意義と，そうでない場合に実現される欲望満足の意義との差に等しい。」(Menger, 1871, 訳 p.122) 高次財のある量 c_h の価値は，その高次財の資源の総量 $y_h \leqq \omega_h$ を投入するとき，問題となっている数量 c_h を投入するときに達成される欲望満足の意義 $S(y_h)$ とその量を投入しないときに達成される欲望満足の意義 $S(y_h - c_h)$ の差 $S(y_h) - S(y_h - c_h)$ に等しい。

生産の因果関係において，労働・土地投入 (labor/land) が ΔL 増大し，小麦 (wheat) の産出が ΔW 増大し，小麦粉 (wheat powder) の生産高が ΔP 増大し，パン (bread) の生産量が ΔB 増大し，そのパンを消費して得られる欲望満足 (utility) が Δu 増大する，すなわち，

$$\begin{array}{ccccccccc} 食欲 & \leftarrow & パン & \leftarrow & 小麦粉 & \leftarrow & 小麦 & \leftarrow & 労働・土地 \\ \Delta u & \leftarrow & \Delta B & \leftarrow & \Delta P & \leftarrow & \Delta W & \leftarrow & \Delta L \end{array}$$

であるとする。このとき，それぞれの商品の価値を労働・土地の価値 v_L，小麦の価値 v_W，小麦粉の価値 v_P，パンの価値 v_B と表すと，つぎの関係が成り立つ。

$$v_B = \frac{\Delta u}{\Delta B},$$
$$v_P = \frac{\Delta u}{\Delta P} = \frac{\Delta u}{\Delta B} \cdot \frac{\Delta B}{\Delta P} = v_B \cdot \frac{\Delta B}{\Delta P},$$
$$v_W = \frac{\Delta u}{\Delta W} = \frac{\Delta u}{\Delta B} \cdot \frac{\Delta B}{\Delta P} \cdot \frac{\Delta P}{\Delta W} = v_P \cdot \frac{\Delta P}{\Delta W},$$
$$v_L = \frac{\Delta u}{\Delta L} = \frac{\Delta u}{\Delta B} \cdot \frac{\Delta B}{\Delta P} \cdot \frac{\Delta P}{\Delta W} \cdot \frac{\Delta W}{\Delta L} = v_W \cdot \frac{\Delta W}{\Delta L}$$

これらの関係が成り立つという意味において，高次財の価値は低次財の価値の帰属価値である．

一般に，低次財は一群の高次財を投入して産出される。ある高次財の価値は，他の事情が一定であれば，その投入によって産出される低次財の価値が大きい (小さい) ほど大きく (小さく)，それとともに投入される代替的高次財の価値が小さい (大きい) ほど大きい (小さい)。

10.1.5 交換の理論

アダム・スミスは，分業は人々の交換成功に基因すると述べているが，なぜ交換するかは未解決の問題であると指摘し，交換が行われるのは，経済人がその欲望を可能な限り完全に満足させようとする努力と交換によって，交換をする 2 人の経済人の欲望満足が両方とも改善されるという事情によるものであることを明らかにしている。

メンガーは 2 人 2 財モデルを考える。2 人の個人の欲望満足意義が図のように表されるとする。馬と牛をそれぞれ A が $(6,1)$，B が $(1,6)$ 所有しているとき，A と B の馬牛の個人的価値はそれぞれ A が $(0,50)$，B が $(50,0)$ である。このとき，限界欲望満足が小さい方の財を手放し，限界欲望満足が大きい方の財を手に入れることにより，A，B 両者の経済状態が改善されることがわかる。たとえば，馬牛の交換比率が 1 対 1 であるとすると，A と B が馬と牛を 2 頭ずつ交換すると A と B の配分における限界欲望意義は □ の数値になる。すなわち，交換によってパレート改善である配分が得られる。

こうして交換を行うことにより，それぞれの個人の効用を最大化するときに成り立つ価値が交換価値である。

	A		B	
	馬	牡牛	馬	牡牛
	50	<u>50</u>	<u>50</u>	50
	40	40	40	40
	30	☐30☐	☐30☐	30
	☐20☐	20	20	☐20☐
	10	10	10	10
	<u>0</u>			<u>0</u>

交換取引には経済的犠牲をともなう。運送費，賃金歩合，関税，入港税，通信費，保険料，口銭と手数料，仲介手数料，・・・などの費用がそれである。経済発展はこの交換の経済的犠牲を減少させ，交換が経済的利益をもたらす範囲を拡大する。

10.1.6　価格の理論

メンガーは，2人2財の交換経済，独占的取引，競争的取引における価格形成について考察している。2人の交換経済においては，それぞれが交換を通して得られる経済的利益を可能な限り大きくしようとする。交換は双方が有利になるように行われるので，交換比率は，交換によって初期配分に対して双方が有利になる配分の範囲内で成立するが，交換において成立する価格は偶発的な現象にすぎない。当事者が交換から最大限に可能な利益を引き出そうとするので，双方の努力が相殺され，交換比率は，双方が最も有利な比率と最も不利な比率の中間の比率に近づくと考えている。

メンガーは独占的取引について，独占の経済的利益を最大にする価格と取引数量があると指摘している。というのは，設定した価格が高すぎると販売される数量が少なくなるので収益は大きくならないし，設定した価格が低すぎると多量には売れるが価格が低いために収入は大きくならない。独占者にはそれらの間に経済的利益を最大にする価格と数量が存在する。

競争が行われるようになると，市場における商品の取引量が増大する。生産者は薄利多売を目指して，高度な経済性を利用する大量生産を行う。市場への供給量は増大し，価格は下落する。

10.1.7 商品の販売力

財は，消費者によって消費されるか，別の商品と交換される。メンガーは，消費者によって消費される財を使用財とよび，別の商品との交換に用いられる財を商品とよんでいる。商品は，ほかの商品と交換されるが，それぞれの商品には交換の容易さに応じて固有の販売力がある。

商品の販売力は4つの要因によって規定される。(1) 人が欲望満足をもち，輸送が可能なこと，(2) 流通費用が交換の利益を超えないこと，(3) 経済財であること，(4) 耐久性があり，流行のないものであること，である。商品が，販売力の4要因をすべて備えているとき，商品は流通力をもつ，という。市場における交換を円滑に行うためには流通力のある商品が必要になる。

10.1.8 貨　幣

どの商品が流通力をもつかは文化や習慣に依存しているが，流通力のある商品が何であったとしても貨幣としての役割を増していくことになる。そして，それが国家の承認を受けることが流通力のある商品が貨幣となるための必要条件である。メンガーは，農耕によって経済が支えられていた時代の貨幣は家畜だったと推論している。狩猟民族の貨幣は獣の皮であった。その後都市が建築され，農業時代から工業時代への移行に伴い有用な金属が貨幣となった。

16～17世紀にアメリカから金銀が流入し，貨幣による流通経済が確立したが，貨幣を交換媒体とする交換にはさまざまな問題がつきまとった。貴金属としての貨幣は，その貴金属の市場価値が貨幣価値となったが，貴金属の純度や重量はごまかされやすく，不公正な取引が横行した。この時代には『貨幣論』という題の経済書が多数出版されており，貨幣流通にかんする諸問題が論じられている。効用と希少性の理論における価値理論や交換理論は，交換の媒体となり交換される商品と等しい価値をもつ貨幣の価値について分析している。

メンガーはこの時代の研究書を多数調査して，貨幣の本質と起源について検討し，貴金属が貨幣となった理由を説明している。貨幣として流通する貴金属の価値は，その純度と重量によって決まるが，貴金属を貨幣として用い

るためには，深刻な問題があった．1つは，貨幣の鋳造において安定的な純度を維持することが困難であり，2つは，金属片を削り取ったり，鋳直して純度を落としたりするごまかしが横行していた．そのため人々は，交換の都度，貨幣としての貴金属の質と量を吟味する必要があった．

そこで，国家や地域の権力者あるいは信頼できる機関が，貨幣として鋳造した金属片に刻印を押してその純度を保証し，比較的困難な純度の検査をしなくて済むようにした．また，硬貨を発行して，重量だけで貨幣額を測定できるようにした．重さを決めて硬貨を統一し，異なる重さの何種類かの硬貨を作っておけばよい．こうして，現在のような形態の鋳貨ができた．

ところが，硬貨は重すぎると持ち運べないという難点があるが，金や銀などの硬貨を薄く鋳造するのは技術的に難しい．そこで，大部分の文明国では，貴金属の鋳造に関する技術的および経済的困難を回避するために，より安価な金属である銅や青銅で硬貨を鋳造し，補助貨幣として流通させている．ただし，補助貨幣それ自体は額面の価値がないので，額面の貴金属との兌換を保証しなければ，貨幣としての信用を獲得することはでいない．こうして，貨幣価値が法的に決められる法定貨幣が重要な役割を果たすようになる．

メンガーの経済学は，ヴィーザーとベーム-バヴェルクによって継承され，オーストリア学派を形成した．

10.2　ヴィーザーの経済学

シュンペーター (Schumpeter, 1954, pp.986-987) は，オーストリア学派の経済学者は，個人経済における価値決定に関する考察をとおして，経済全体における価値の概念に関して他の学派の経済学者より深い洞察をもっていた，と指摘している．メンガーは，かれの『国民経済学原理』において個人経済における価値の理論を構築し，それが社会主義経済における価値の性質を特徴づけていることを示唆しているが，社会的価値理論の定式化に必要な規範的判断については議論していない．ヴィーザーはメンガーの個人経済における価値決定の理論を複数の個人から構成される経済における価値決定の理論として拡張解釈しているが，そのためには，経済を構成する各個人の効

用関数から社会的厚生関数がどのようにして構成されるか,あるいは価値を決定する配分が満たすべき効率性や所得分配の公平性などに関する規範的判断を示さなければならない。また,ヴィーザーは,生産理論における分配原理の整合性について考察している。

10.2.1 自然価値理論

　ヴィーザーは,1851年ウィーンに生まれた。ウィーン大学で1872年に法律学の学位を得たのちに,ハイデルベルク,ライプチヒ,イェナの諸大学で経済学を研究した。1883年にウィーン大学の私講師になり,その後プラハ大学の助教授,教授を経て,1903年にメンガーのあとを継いでウィーン大学の教授に就任した。その後,商務大臣をつとめたりしたが,1922年ウィーン大学を退職し名誉教授となり,1926年に没している。代表作は,『自然価値論』(1889),『社会経済学』(1914)であり,メンガーの主観的価値論を静学的に展開した。

　ヴィーザーは,所得分配の公平性に関する規範的判断を導入することにより,競争価格にもとづいて自然価値を定義した。ヴィーザー (Wieser, 1889/1971, p.60) によれば,交換が行なわれないような経済においても価値が決定されるのは人々になお欲求が存在し資源が稀少であるからである。かれは,自然価値を「われわれは,財の量と効用の間の社会的関係から生じる価値,あるいは共産主義国家において存在するであろう価値」(Wieser, 1889/1971, p.60) として定義している。かれのいう共産主義経済あるいは社会主義経済とは,資源が私有化されずに共有財産として存在するような経済すなわち分配経済 (Malinvaud, 1977, pp.107-110) であると考えられる。

　さらにヴィーザーは,自然価値を交換価値と比較して,「自然価値においては,財は単にその限界効用によって評価される。交換価値においては,財は限界効用および購買力の組合せに応じて評価される (Wieser, 1889/1971, pp.61-62)。」と特徴づけている。すなわち,ある財の自然価値はすべての個人の所得が等しいときの交換価値である。この定義について所得を実質所得と解釈するか,名目所得と解釈するかによって2つの解釈が可能である。前者の解釈は根岸 (1981) による解釈であり,自然価値は功利主義社会的厚生関

10.2 ヴィーザーの経済学

数を最大化する配分における財の限界効用 (限界社会厚生) である.

後者の解釈による自然価値は,すべての個人に等しい名目所得を分配した分配経済における均衡価格である (川俣, 1989). 全体の資源 (ω_1, ω_2) が共有され, A と B の所得 (R_A, R_B) が指定された, 2人2商品から構成される分配経済

$$\mathcal{D} = (u_A(x_{A1}, x_{A2}), u_B(x_{B1}, x_{B2}), (R_A, R_B), (\omega_1, \omega_2))$$

を考える. 自然価値を (v_1, v_2) とおくと, 経済全体の総所得は $v_1\omega_1 + v_2\omega_2$ である. これを各個人に均等に分配する. 各個人は所得 $(v_1\omega_1 + v_2\omega_2)/2$ の制約もとで効用を最大にするように需要を決定する. それぞれの個人の需要は,すべての商品について需給均衡

$$x_{A1} + x_{B1} = \omega_1, \quad x_{A2} + x_{B2} = \omega_2$$

を満たす. これらの需給均衡式から自然価値と配分が決定される.

理論的観点からは, 功利主義社会的厚生関数の最大化によって決まる価値の方が「自然な」価値であるかもしれない. しかし, そうならば, ヴィーザーがその簡潔な定式化を採用しなかったのは不可解である. 他方, 所得概念を2通りに解釈できるのは, ヴィーザーの理論を1930年代に発展したヒックスの消費者行動理論におけるスルツキー分解にもとづいて解釈するからである (本書13章). ところが, ヴィーザーがスルツキー分解を知っていたとは考えられない. また, ヴィーザーは自然価値を交換価値との比較において定義し, 社会的厚生関数の最大化としてではなく, 分配経済における特殊な交換価値として表現している. 歴史的観点からはこの解釈の方が自然であろう.

自然価値を分配経済の競争均衡として定義する解釈は, 序数的効用関数に対しても定義される. 序数主義にもとづく概念に公平配分 (fair allocation) がある. 公平配分とは,すべての人が他人を羨むことがない, パレート効率的配分である. すべての個人が同じ名目所得のもとで消費を選べば, 皆同じ条件で自分にとって最善の選択を行っているのだから, 他人の消費を羨むことはない. しかも競争均衡はパレート効率的である. したがって, 自然価値配分は公平配分であり, 逆は必ずしも成り立たないから, 自然価値配分は公平配分の特殊ケースになる.

10.2.2 メンガーの喪失原理とヴィーザーの生産的貢献

　メンガーは生産における生産物の生産要素への分配原理を，喪失原理にもとづいて説明している。ところで，生産物の価値を喪失原理にもとづいて決まる生産要素の帰属価値にしたがって生産要素に分配するとき，生産要素価値総額は生産物価値に等しくなるのであろうか。ヴィーザーは喪失原理にもとづく個々の生産要素への生産物の分配が生産物を超えるあるいは不足する可能性を指摘し，代替案として生産的貢献の原理を提案している。

　メンガーの価値理論およびヴィーザーの自然価値理論は完全競争市場の理論ではなく，所得分配に関する規範的な価値判断を含む理論である。この意味において，かれらの価値理論とくにヴィーザーの自然価値論は決して単なる機能的分配理論ではなく，古典派の経済成長を価値基準とした分配理論とは異なるが，ある種の平等な所得分配を価値基準とする分配理論であり，興味深い。

　メンガーは単一の個人から構成されるロビンソン・クルーソー経済における個人の効用最大化にもとづいて，財の価値を説明している。また，かれは財を第1次財(消費財)，第2次財，… などの低次財(中間生産物)，そして高次財(生産要素)に分類し，生産構造を，高次財を投入し低次財の生産を経て第1次財すなわち消費財を産出する迂回生産のプロセスとしてとらえている。そして，すべての財の価値をいわゆる喪失原理にもとづいて帰属価値として説明している。

　メンガーは生産関数の形状については何も述べられていないから，この喪失原理にもとづく帰属と完全分配とが両立するか否かは明らかではない(Wieser, 1889/1971, pp.81-85)。

　ヴィーザー(Wieser, 1889/1971, pp.83-85)は，メンガーの帰属理論において，喪失原理にしたがって生産物を生産要素に分配すると，生産要素に分配されるべきシェアの合計が生産物の量より大きいかもしれないし，小さいかもしれないという問題があることを指摘したうえで，その原因はメンガーの喪失原理にあると判断して，喪失原理を生産的貢献による帰属原理で置き換えた。ヴィーザーは，生産物価値の各生産要素への帰属を生産的貢献にもとづいて決定し，それをつぎのように定義している。「生産的貢献とは，生

産の総収穫のうち個別生産要素の仕事に含まれる収穫のその部分である。すべての生産的貢献の総和は総収穫の価値を精確に分配し尽くす。」(Wieser, 1889/1971, p.88) この言明は，生産物価値がヴィーザーの生産的貢献にしたがって各生産要素に分配し尽くされることを意味している。

ところが，宇沢 (Uzawa, 1958) が示しているように，メンガーの喪失原理とヴィーザーの生産的貢献はそれらが数学的に意味を持つ微分可能な経済環境においては同値の概念であり，かれらの帰属原理は完全分配定理が成立しない生産関数が収穫非逓増の法則を満たす場合にも成立する。つまり，かれらの帰属原理はヴィーザーが指摘した完全分配の問題の限界生産性によるシェアの決定を説明するもので，完全分配の問題とは直接関係ない。

ヴィーザーは，完全分配の問題を線形の生産構造および生産的貢献にもとづいて示しているが (Wieser, 1889/1971, pp.86-92)，ヴィーザーの理論が完全分配の問題を解決することができるのは帰属原理のためではなく，かれが特別に注意を促すことなく前提にしていた生産構造が線形であり，したがって収穫不変の法則を満たすためである。生産要素価値が限界生産力に等しくなる場合には，完全分配定理が成り立つためには経済全体の生産関数が1次同次性であることが必要である。

10.3 ベーム-バヴェルクと資本・利子の理論

キリスト教徒の間で利子を取って貨幣を貸すことは，キリスト教の教義と結びついたスコラ哲学によって禁止されていた。そのため金融業はユダヤ人などの異教徒によって営まれていたが，重商主義の時代には，利子論は事実を受け入れるかたちで無条件に論じられるようになる。法廷最高利子率は必要だという認識を共有し，現行利子率は適切か否かという問題を現実的な政策論として議論する過程で，利子の決定要因に関する議論も登場した。こうした歴史を背景として，利子率を正当化することは経済学の重要な課題であった。

アダム・スミスの分業概念に端を発するある種の経済性のアイデアは，多くの経済学者によって理論的基礎づけが試みられている。たとえば，マーシャル (Marshall, 1890/1920) は規模の経済性として解釈している。メンガー

(Menger, 1871) はスミスの分業概念を迂回生産として解釈している．生産は高次財から低次財を生産し低次財から第1次財を生産するというように，生産工程を分割することにより生産性が向上するということである．したがって，生産には時間がかかり，不確実性を伴う．メンガーは定常状態のもとでこうした特徴をもつ生産構造や生産期間を所与として，喪失原理にもとづく帰属理論を構築した．

ベーム-バヴェルクは，『資本と利子　資本の積極理論』(1889) において，「現在財は一般的ルールとして質と量が同じ将来財より価値がある」すなわち利子率は正であると指摘し，その理由について3つの理由を挙げている．

ベーム-バヴェルクは，当時オーストリア領のメーレンにおいて，ヴィーザーと同じく1851年に生まれ，やはりウィーン大学に学び，1875年に法学博士となり，ハイデルベルク，ライプチヒ，イェナの諸大学で経済学を研究した．1880年にウィーン大学の私講師，翌年インスブルック大学の助教授，ついで教授になったが，1889年に大蔵省に入り，三たび蔵相になった．1904年にウィーン大学教授となり，1914年に没するまで研究に専念した．

ベーム-バヴェルク (Böhm-Bawerk, 1889/1959) は，メンガーの理論にもとづいて，生産期間を選択することによって利潤＝利子を最大にすると利子率は限界原理にもとづいて決定されることを示した．ベーム-バヴェルクの議論は，数値例を用いて説明されているが，間もなくヴィクセル (Wicksell, 1893/1954) によって解釈され，かれの解釈がベーム-バヴェルク＝ヴィクセル・モデルとして知られている．

ヴィクセルは，1851年ストックホルムに生まれ，ウップサラ大学に学んだ．1895年 Ph.D. を取得し，1900～16年ルンド大学法学部教授 (経済学) を勤めた．退職後経済学会会長に就任．1926年没．新マルサス主義者としても知られている．

10.3.1　ベーム-バヴェルク＝ヴィクセル・モデル

ベーム-バヴェルク自身は，利子が正である根拠としてつぎの3つの原因を指摘している．

1. 人々は現在の欲望より将来の欲望の方がより豊かに充足されると期待する,
2. 人々が将来の欲望を低く評価する,
3. 迂回的に生産する方が生産性が高い。

第1, 2原因は時間選好の仮定である。第1原因は,人々は図10.1のA点のような状態で経済活動していると考えているので,現在財と将来財の限界代替率は1より大きいことを表している。A点のように,現在財の消費より将来財の消費の方が大きい消費は,第3原因である迂回生産によって実現される。同一の生産要素投入に対して,生産期間を長くする方が産出量したがって消費量が大きくなる。第2原因は,図10.1のB点のように現在財と将来財の消費量が等しい消費においても,人々は近視眼的であり,将来の財より現在の財を選好するから,限界代替率が1より大きいことを表している。第1原因と第2原因は利子が存在しなければ貯蓄が行われないことを意味し,資本の供給に関する性質であるが,第3原因は利子が存在しても生産期間の長い生産方法を採用することが有利であることを意味し,資本の需要に関する性質である。

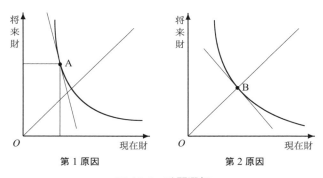

図 10.1　時間選好

ベーム-バヴェルク (Böhm-Bawerk, 1889/1959) は,J.S. ミルの賃金基金理論とメンガーの迂回生産理論にもとづいて,利潤＝利子を最大にするように生産期間を選択するとき,利子率は限界原理にもとづいて決定されること

を示した．ベーム-バヴェルクの議論は，数値例を用いて説明されているが，間もなくヴィクセル (Wicksell, 1893/1954) によって解釈され，かれの解釈がベーム-バヴェルク＝ヴィクセル・モデルとして知られている．ベーム-バヴェルク＝ヴィクセル・モデルは，資本はすべて流動資本であり，中間生産物として存在し，有限の生産期間を経て最終生産物である消費財に熟成する，と仮定している．資本は中間生産物が最終生産物に成熟するまでの労働者の生活を維持するための賃金基金と解釈することもできるので，かれらのモデルは，賃金基金理論の拡張であるといえる．生産期間が長くなるほど，生産物の産出量は大きくなるが，収穫は逓減する．

ジェヴォンズが指摘しているように，生産期間の間に労働が均等に投入されるときには平均生産期間 θ は全生産期間の半分になる．すなわち，$\theta = t/2$ である．また，$K = wLt/2$ であるから，$k = K/L = wt/2 = w\theta$ である．生産物を Y，労働を L，資本を K，生産関数を $f(\cdot)$ とする．生産物価格を p，賃金率を w，利子率を r，利潤を Π とおく．生産関数 $Y = F(L, K)$ は1次同次であるとする．$y = Y/L$, $k = K/L$ とおくと，

$$y = \frac{Y}{L} = F\left(\frac{L}{L}, \frac{K}{L}\right) = F\left(1, \frac{K}{L}\right) = f\left(\frac{K}{L}\right) = f(k) = f(w\theta)$$

となる．企業家の利潤は $\Pi = pF(L, K) - wL - rK$ であり，$\pi = \Pi/L$ とおくと，

$$\pi = pf(k) - w - rk = pf(w\theta) - w - rw\theta, \quad ただし \theta = \frac{1}{2}t$$

である．

このとき，資本家が利子率を最大にするように平均生産期間 θ を選択すると，利潤を最大化する生産期間の条件は $d\pi(\theta)/d\theta = 0$ であるから，

$$\frac{d\pi}{d\theta} = pf'(w\theta)w - rw = 0 \quad したがって \quad f'(w\theta) = \frac{r}{p}$$

が得られる．すなわち，利子率は1単位あたりの労働に対する生産期間の限界生産性に等しくなる．

さらに，ヴィクセルは，資本家が生産活動を主導しても，労働者が主導しても，ベーム-バヴェルクの結論が成り立つことを指摘している．ヴィクセル

10.3 ベーム-バヴェルクと資本・利子の理論

は完全分配，すなわち

$$pf(k) = pf(w\theta) = w + rk = w + rw\theta$$

が成り立つことを仮定して，つぎの2つの場合

1. 労働者が企業を経営し，賃金率 w を最大にする
2. 資本家が企業を経営し，利潤率 r を最大にする

について考察し，どちらからも同じ条件を導き出している。最適な生産期間の選択は，その意思決定をするのが労働者であるか資本家であるかに依存せず，限界生産性原理によって決まる。

上式を全微分して整理すると，

$$-f(w\theta)\,dp + (1 + r\theta - pf'(w\theta)\theta)\,dw + w\theta\,dr = (pf'(w\theta)w - rw)\,d\theta$$

となる。ここで，生産物価格と利潤率は変化しないと仮定し $dp = dr = 0$ とおくと，

$$\frac{dw}{d\theta} = \frac{pf'(w\theta)w - rw}{1 + r\theta - pf'(w\theta)\theta}$$

が得られるが，$dw/d\theta = 0$ であることが，労働者が経営する企業の賃金率が最大になる生産期間の条件であり，それは $f'(w\theta) = r/p$，すなわち生産期間を延長することによる限界生産性が実質利潤率に等しいことである。

また，生産物価格と賃金率は変化しないと仮定し $dp = dw = 0$ とおくと，

$$\frac{dr}{d\theta} = \frac{pf'(w\theta)w - rw}{w\theta}$$

が得られるが，$dr/d\theta = 0$ であることが，資本家が経営する企業の利潤率が最大になる生産期間の条件であり，それは $f'(w\theta) = r/p$ である。

10.3.2 静学的経済と利子

ベーム-バヴェルクの理論はこれから新規に迂回生産を開始する建設的均衡理論であり，すでに確立された迂回生産が時間を通じて維持されることを示す循環的均衡理論ではない（安井, 1936）。ベーム-バヴェルクの理論では，J.S. ミルの賃金基金理論と同じように，賃金財ストックから構成される資本は外生的であり所与である。それに対し，循環的均衡理論においては資本の額が

経済主体の貯蓄行動にもとづいて内生的に説明されなければならない。そのためには，ベーム-バヴェルクやヴィクセルのような生産要因だけを考慮したモデルではなく，時間選好のような消費要因を考慮したモデルが必要である。かれらの理論においては，利子の第3原因である迂回生産は利子率と資本需要の関係を説明しているが，循環的均衡理論においてはさらに利子率と資本供給の関係を説明する要因が必要であり，したがって第1原因あるいは第2原因が必要になるのである。

ところで，ベーム-バヴェルクの第1原因と第2原因を考えるためには，たとえば，若年期に働いて貯蓄し，老年期にその貯蓄で生活する個々人が世代交代する重複世代モデルが必要になる。代表的個人の若年期 t と老年期 $t+1$ における消費を c_t, c_{t+1}，効用関数を $U(c_t, c_{t+1})$ とする。このとき，第2原因は，$c_t = c_{t+1}$ である45度線上の現在財と将来財の限界代替率について

$$\frac{\partial U}{\partial c_t} \Big/ \frac{\partial U}{\partial c_{t+1}} = 1 + r > 1$$

が成り立つことを意味する（図10.1）。第3原因は，経済活動が $c_t = c_{t+1}$ である45度線の左上側で実現していることを意味する。第1原因は，45度線の左上側において，現在財と将来財の限界代替率が1より大きいことを意味している（図10.1）。

さて，ベーム-バヴェルク＝ヴィクセル・モデルにおいては，生産期間という概念が用いられているが，生産期間は個々人の生存期間より短いかもしれないが，長いかもしれない。生産期間が個々人の生存期間より長いときには，個々人は自己の若年期と老年期の消費だけでなく，前世代から相続する資本，次世代に相続する資本の選択も考えなければならなくなる。そのときには，自己世代の消費と次世代の消費にかんする選好順序が必要であるが，静態的経済においては毎期の消費は同一であるから，利子率が正であるためには，その場合の各世代の時間選好は第2原因を満たさなければならない。実際，ハーシュライファー (Hirshleifer, 1967) は，第2原因を追加することにより，循環的均衡理論の静態的経済において利子が正になることを示している。同じように，フィッシャー (Fisher, 1930) の資本理論を受け継ぐ現代理論では，第2原因である時間選好にもとづいて利子が説明される。

そこで，生産期間の概念を資本・労働比率で置き換えると，モデル上で資本の相続を考慮する必要がなくなるから，静態的経済においても，第3原因により $c_t < c_{t+1}$ が成り立ち，第1原因と第3原因にもとづいて利子が正になることを説明できる．根岸 (1997, pp.150-155) は，ベーム-バヴェルクの利子理論の意義はそのことにあると指摘している．

演 習 問 題

1. メンガーが，価値理論において，ロビンソン・クルーソー経済を仮定している意図を説明せよ．

2. 交換経済 $\mathcal{E}$ (第7章の問題) において，それぞれの商品について個人 A, B の個人的価値 (v_{A1}, v_{A2}), (v_{B1}, v_{B2}) を求めよ．

    さらに，メンガーの交換価値と均衡配分を求めよ．

3. メンガーの貨幣論について説明せよ．

4. 交換経済 $\mathcal{E}$ において，ヴィーザーの自然価値 (ν_1^*, ν_2^*) とその配分を求めよ．

5. ベーム-バヴェルクの利子が正になる3つの原因の相互関係について説明せよ．

6. ジェヴォンズ (とエッジワース), メンガー (とヴィーザー), ワルラスの理論の現代的意義について比較論評せよ．

11 マーシャルの経済分析とケンブリッジ学派

　マーシャルの『経済学原理』は初版の出版が1890年，第8版が1920年であり，かれはテューネン，デュピュイ，クルノー，ゴッセンらの研究や1870年代以降の経済学の主要な展開を踏まえて体系を構築している。現在の経済学では，マーシャルの部分均衡分析がワルラスの一般均衡分析の特殊ケースであるように認識されているが，それはまったく正しくない。マーシャルの部分均衡分析は，マーシャルが貨幣によって経済活動を測定することに経済学の科学的意義があると考えていたことの結果にすぎない。かれが「経済学者にとってのメッカは経済動学であるよりむしろ経済生物学である」と述べていることからわかるように，ダーウィンの進化論やスペンサー (Herbert Spencer, 1820–1903) の社会進化論から影響を受け，企業と産業が規模の経済性を発揮して進化するプロセスを生物学的観点から分析している。ワルラスの経済学体系が物理学体系を反映しているのに対し，マーシャルの理論が生物学的な体系を反映しているといえる。

11.1　マーシャルの伝記とかれのアプローチ

　マーシャルはロンドン生まれ。ケンブリッジ大学に進み，1865年卒業。1968年からケンブリッジ大学で経済学などを教えていたが，1977年の結婚を機に新設のユニヴァーシティ・カレッジの学長兼経済学教授に就任した。1879年に出版した『産業経済学』(Economics of Industry) はマーシャルの経済学者

11.1 マーシャルの伝記とかれのアプローチ

としての評価を固めるとともに，Economics という用語を早期から使用してその定着に貢献した。オックスフォード大学を経て，1885 年 H. フォーセット (Henry Fawcett, 1833–84) の後任としてケンブリッジ大学教授に就任した。1890 年『経済学原理』を出版。1903 年にはケンブリッジ大学の道徳科学科から経済学を独立させ，経済学トライポス (卒業資格試験) を設立した。ジェヴォンズが古典派からの革新性を主張したのに対し，マーシャルはその継続性を指摘したため，かれの経済学は新古典派とよばれた。1920 年の 8 版はマーシャル経済学の後継者集団であるケンブリッジ学派をはじめとする多くの経済学者に影響を与えた。

マーシャルは，経済学を富の科学であるとともに，人間の欲求を充たそうとする努力を貨幣で測定できる範囲で分析する人間の社会的行動にかんする科学であると定義している。経済学が科学であるということは，経済学の知識が検証による経験的妥当性と整合的な論理的妥当性をもつことを意味している。しかし，経済学は物理学のような普遍的法則を取り扱うのではなく，生物学のように，その外面的形態だけでなく，内面的な性質や仕組みもたえず変化する対象を取り扱っているため，物理学で用いられる演繹的方法の適用は制約される，と経済学の科学としての限界を指摘している。

マーシャルは，かれのアプローチについてつぎのように述べている。「取り扱おうとする力はあまりに数が多いので，その少数ずつを取り上げていき，主要な研究に対する補助となるようないくつかの部分的解法を説いていくのがよいであろう。このようにしてわれわれはまずある特定の財の供給・需要および価格の直接的な関係だけを取り出し，「他の事情が等しければ」という句を用いて，他のすべての力が働いていないとみることにする。」(Marshall, 1890/1920, 訳第 I 巻, pp.xvii–xviii)

11.1.1 需要法則と需要価格

マーシャルは基本的に，可分かつ加法的な効用関数

$$u(x) = \sum_{h=1}^{H} u_h(x_h) = u_1(x_1) + u_2(x_2) + \cdots + u_H(x_H)$$

を仮定し，総効用，限界効用，限界効用逓減の法則について説明している。また，個人の欲望には限度があり，飽和すると考えている。かれはデュピュイの理論にしたがって価格と限界効用の関係を説明している。「価格は限界効用をはかるもの」であり，限界効用は逓減するから，「ある人が保有する財の量が大きくなるほど，他の事情が変化しなければ（すなわち，貨幣の購買力とかれが支配しうる貨幣量が変化しなければ），かれがその財の追加的な少量に対して支払おうとする価格は低くなるだろう」。ここでマーシャルは価格によって限界効用が測定されるためには，貨幣の限界効用が一定でなければならないことを指摘している (Marshall, 1890/1920, 訳第 II 巻，数学ノート II)。

価格を $p_D = (p_{D1}, p_{D2}, \cdots, p_{DH})$ と表すと，消費者均衡の条件は加重された限界効用均等の法則

$$\frac{du_1}{dx_1}(x_1) \Big/ p_{D1} = \frac{du_2}{dx_2}(x_2) \Big/ p_{D2} = \cdots = \frac{du_H}{dx_H}(x_H) \Big/ p_{DH}$$
$$= \lambda(p_D, M) = \bar{\lambda}$$

である。貨幣の限界効用 $\lambda(p_D, M)$ が一定 $\bar{\lambda}$ であるならば，任意の $h \in \{1, 2, \cdots, H\}$ について，貨幣の限界効用 × 価格 = 限界効用 $\bar{\lambda} p_{Dh} = \frac{du_h}{dx_h}(x_h)$ が成り立ち，需要関数

$$x_h = \left(\frac{du_h}{dx_h}\right)^{-1} (\bar{\lambda} p_{Dh})$$

が得られる。このとき，需要関数は限界効用関数の逆関数であり，限界効用関数は消費の増大により限界効用は減少するという限界効用逓減の法則を満たす。

貨幣の限界効用は一定であるから，価格と限界効用は同一視できる。したがって，価格が下落すれば，限界効用が減少して需要価格に等しくなるまで消費を増大させることができるから，需要も増大する。すなわち，需要は価格の減少関数であるという，需要法則が証明できる。需要法則は限界効用逓減の法則と同値である。

このときには，スルツキー分解において所得効果がなくなり，限界効用を貨幣で測定することができる。この仮定にはいくつかの意味があるが（本書第 12 章第 3 節参照），マーシャルは効用関数の準線形性 $u(x, m) = \sum_{h=1}^{H} u_h(x_h) + am$

11.1 マーシャルの伝記とかれのアプローチ

を仮定しているとみなしてよいだろう。

マーシャルはある財の需要量に対して限界効用が表す価格を需要価格と呼んでいる。需要法則は，「販売しようとする量が大きいほど，購入者を見出そうとするには供給しようとする価格を低くしなけらばならない。・・・需要される量は価格の下落によって増大し，価格の上昇によって縮小する」と表現される。需要法則は経験的に検証されているとみなされている。「経済学者は個々人の生涯におけるある特定の出来事についてはほとんど関心をもっていない。かれはむしろ「ある産業上のグループの構成員からある条件のもとで期待されるであろう行動」を，その行動の動機が価格をもって測定できる範囲で，研究しようというのであり，こういう大数的な現象においては個々人の行動の多様さや気まぐれさは多数の人々の集計的な行動の比較的規則的な動きのうちに埋没していってしまうのだ。」(Marshall, 1890/1920, 訳第 II 巻, p.24)

また，マーシャルは需要の価格弾力性を定義し，必需品の需要の価格弾力性が小さいことを指摘している。この概念は余剰分析にもとづく比較静学命題を導出する際に重要な役割を果たしている。マーシャルは「ある人が一つの財に実際に支払う価格はそれなしですますくらいなら支払ってもよいと考える価格を上回ることがないのはもちろんのこと，それに一致することもまれであること，したがってその購入から得られる満足は，一般にその価格を支払うことによって失う効用を超えており，その購入から満足の余剰が得られる。それなしですますくらいなら支払ってもよいと考える価格が実際に支払う価格を超過している部分は，この余剰を測る経済的な尺度となる」(Marshall, 1890/1920, 訳第 II 巻, p.59) と消費者余剰を定義している。消費者余剰の概念は貨幣の限界効用一定の法則によって正当化されている。

11.1.2 生産と収穫法則

古典派の経済は階級経済であり，生産活動は資本家が土地，労働および資本という 3 つの生産要素を投入し生産物を産出することにより主導される。マーシャルは，市場経済のもとで，組織という 4 つ目の生産要素を考慮し，個々の生産者が受ける内部経済・外部経済について考察している。資本とい

う概念には生産活動に必要な知識や組織という生産要素が含まれる。この知識や組織の一部は個人によって所有されているが，他の部分は公共的に所有されている。知識と組織が私有されているか公有されているかの区別は大変重要であり，組織が資本とは別の生産要素として取り扱う方が適切であると考えられる。

　マーシャルは，ある種の財の生産規模の増大に基因する経済性を外部経済と内部経済に区分している。外部経済は，産業の全般的発展に基因し，ある特定の地区に同種の小企業が多数集積すること，すなわちふつう産業立地と呼ばれている現象によって確保されることが多い。自然的条件や関税の軽減，輸送費用の低減などによって，特定の産業を特定の地区へ集積させることによって生じる。

　内部経済は，分業すなわちその産業に従事する個別企業の資源，その組織とその経営能率に基因する。機械の導入は分業を促進させた。単純な肉体作業をより多く要する職種ほど分業による生産の効率化が期待される。生産物の製造工程が整備されると，同一の反復作業のような画一的な生産工程は機械化されることになる。これらによって生産の能率は格段に向上する。機械化は一時的に労働需要を減少させるが，製造業の規模を拡大し，その構成をいっそう複雑にするので，むしろ分業の可能性を広げ，とくに事業経営に関する分業を促進することになる。

　これらの内部経済を活かして成長する企業は，信頼を伸ばし，有能な人材を吸収していく。分業は機械化を促す。成功は信用を生み，信用はまた成功を生んでいく。信用と成功は既存の顧客をつなぎとめ，新しい顧客を開拓し，生産物の販路を拡大していく。規模の拡大により競争相手に対する優位性が増し，より有利な生産活動を繰り広げることができる。

11.1.3　時間要素と期間分析

　以上の準備にもとづいて，マーシャルは完全競争市場における需給均衡分析を行っている。このとき，どういう時間の長さを考えるかによって生産における異なる収穫法則が作用することを指摘した。その時間の長さによって，次のように分類している。

11.1 マーシャルの伝記とかれのアプローチ

$$
均衡 \begin{cases} 一時的均衡 \\ 正常均衡 \begin{cases} 短期正常均衡 \\ 長期正常均衡 \end{cases} \end{cases}
$$

これらに対応して，市場の期間，短期，長期，超長期という4つの期間概念が考えられている。それらの相違は，どの生産要素の投入量が調整可能であるかに依存している。主要費用は，生産物を生産するために必要な原料，労働，資本減耗の補填などへの支出から構成される。補足費用は，事業体の資本の多くが投下されている耐久的な工場の固定費用のほか幹部職員の給与から構成される。その他の生産要素は，知識・人口および資本である。

企業が生産活動を行うとき，市場の期間はすべての生産要素の供給が現存ストックに限られる期間である。短期は主要費用を構成する生産要素の投入が可変的な期間であり，長期は主要費用＋補足費用を構成する生産要素の投入が可変的な期間である。さらに，知識・人口および資本が可変的な期間は超長期である。

商品の価値は需要と供給の均衡によって決まる。マーシャル (Marshall, 1890/1920, 訳第III巻, pp.35-36) は「価値が効用で決まるか生産費で決まるか議論するのは，髪を切るのははさみの上刃か下刃かと争うようなものであろう」，「われわれは，一般原則としては，考察している期間が短くなるほど，需要が価値に及ぼす影響により着目しなければならないし，期間が長くなるほど，生産費用が価値に及ぼす影響がより重要になるだろう」と指摘している。価値あるいは価格は，短期においては需要と供給によって決まり長期においては生産費用によって決まるという，アダム・スミスの市場価格と自然価格，J.S. ミルの市場価値と自然価値などの考え方を踏襲しているといえる。

ただし，需給均衡分析は，需要法則と供給法則が成り立っているときにはとくに問題ないが，収穫逓増の法則が成り立つときには供給曲線が右下がりになり，完全競争の仮定と両立するのが難しくなる。その際，マーシャルは代表的企業という概念を用いて完全競争市場と収穫逓増の法則のもとで操業する生産者が両立することを訴えた。

11.2　一時的均衡におけるマーシャルとワルラスのアプローチ

さまざまな商品の取引は，それぞれの商品の市場において一定の時間を経て取引が成立すると考えられる。このときには，商品の取引は取引された場所(商品の市場)と取引された時間によってその経緯が記述される。こうした経済全体の取引の経緯を分析するのは非常に難しいので，ワルラスやマーシャルは各々の関心にあわせて都合のよい経済環境を想定をしている。ワルラスは時間の経緯を無視し，不均衡における取引は行われないと想定して，結果として成立した均衡における取引に注意を集中した(模索過程，タトンマン)。それに対し，マーシャルは個別商品の市場に着目して，その市場において均衡に至る取引の経緯について分析している(非模索過程，ノンタトンマン)。こうしたマーシャルの経済分析を可能にしているのが，貨幣の限界効用一定という仮定である。

11.2.1　所得の限界効用一定の法則と部分均衡分析

この貨幣の限界効用一定という仮定にはいくつかの重要な特徴がある。少なくとも，1つは，不均衡における取引が行われても均衡分析を適用できるということ，2つは，一般均衡分析を部分均衡分析に還元できること，3つは，需要曲線が観察されれば，効用の測定が可能になり，費用便益分析が可能になること，という重要な意義がある。マーシャルは一般均衡理論の枠組みにおいて部分均衡分析が成り立つ条件を明確に理解し，費用便益分析を構築している。

11.2.2　不均衡下の取引と均衡

ワルラスの交換理論においては貨幣が存在せず，交換はタトンマンによって調整された結果成立する均衡においてのみ行なわれるという意味の完全情報の経済が想定されている。これに対して，マーシャルの一時的均衡の理論においては，貨幣が存在し，不均衡価格においても取引が行なわれるより現実的な経済が前提されている。マーシャルは穀物市場を例にとって説明している。ただし，穀物はすべて同質であり，市場では右下がりの需要曲線と右

11.2 一時的均衡におけるマーシャルとワルラスのアプローチ

上がり供給曲線が 36 シリング 100 クォーターで均衡していると仮定されている。「どの業者も市場の状況について完全な知識をもっている,ということはここでの論議にとって必要な条件ではない。買い手のなかにはたぶん売り手の売ろうとする意向を過小評価するものが多数いて,しばらくは価格は買い手がなくなってしまわない範囲内で最高になることもあろう。そして価格が 37 シリング以下に落ちる以前に 500 クォーター売れ,……やがて価格はようやくほぼ 36 シリングとなる……これと同様に,売り手が買い手の高価格を支払ってもよいという意向を過小評価してしまい,売れ残りの穀物をもって帰るくらいならぎりぎりの価格でも売ろうと考え,実際にも売り始めて,35 シリングですでに相当な穀物が売りさばかれてしまう。それでも,……市場の価格はほぼ 36 シリングになるだろう」(Marshall, 1890/1920, 訳第 III 巻, p.17)。

37 シリングや 35 シリングという不均衡価格で取引される量に関係なく,最終的に価格がほぼ 36 シリングに落ち着く理由は,マーシャルが「われわれは,以前の支払いが高目であっても低目であっても,貨幣の限界効用は実際には同じであると仮定した。この仮定は,われわれが実際に関心をもっている市場取引のほとんどについて正しいといえる」(Marshall, 1890/1920, 訳第 III 巻, p.18) と述べているように,貨幣の限界効用一定の法則を仮定しているからである。売手にも買手にも加重された限界効用均等の法則が成り立つから,貨幣の限界効用 $\lambda(p, M)$ と穀物の貨幣価格分の穀物の限界効用 $\frac{\partial u}{\partial x_{穀物}} / p_{D\,穀物}$ とは等しい。均衡価格より高い価格で取引すると買手から売手へ余分の貨幣が移転することになり,均衡価格より低い価格で取引すると売手から買手に貨幣が移転することになる。ところが貨幣の限界効用が一定であれば,穀物の限界効用はこのような貨幣量の変動によって影響されないから,不均衡価格でどんな取引が行われたとしても,加重された限界効用均等の法則から導かれる穀物の需要関数と供給関数から導出される均衡価格は 36 シリングのままである。このとき買手,売手の純需要量,純供給量は均衡価格でのみ取引が行われる場合と同じく 700 クォーターになる。ただし,不均衡価格での売りすぎ,買いすぎを修正するための買戻し,売戻しが行われるので,総需要量,総供給量は必ずしも 700 クォーターになるとはかぎらない。

マーシャルは貨幣の限界効用一定を仮定しているが，そう仮定することにより，不均衡における取引が初めに想定された経済環境に対する均衡の成立に影響を及ぼさない，すなわち不均衡における取引が最終的に成立する均衡に影響しないと考えられ，取引が均衡に至るプロセスを分析しやすくなるのである (根岸, 1997, pp.173–174)。ただし，以上の議論は単純な交換経済モデルにおいては証明されているが，生産が行われる経済においては明確な結果が得られていない。

11.2.3　自由競争均衡と均衡の安定性

マーシャルはつぎのような性質をもつ完全競争市場を仮定している。「市場が完全に近づくほど，市場のすべての場所で同一の品物に対し同一の時点で同一の価格が支払われる傾向は強くなる。」「需要と供給の諸力は自由に作用しており，売買のいずれの側においても業者のあいだの密接な連携はないし，自由競争が十分に行われている。買い手は一般に買い手仲間と自由に競争するし，売り手も売り手仲間と自由に競争している。誰もが自分のために行動しているのだが，他のものたちが何をしているかは十分によくわかっていて，一般には他のものより安い価格で売ったり高い価格で買ったりはしない。」(Marshall, 1890/1920, 訳第 III 巻, p.27)

均衡とは需要価格と供給価格が等しいことである。均衡量より小さい配分については需要価格が供給価格より高く，均衡量より大きい配分 $\bar{x}_h$ につい

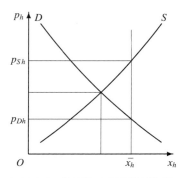

図 11.1　生産物市場の数量調整

ては供給価格 p_{Sh} が需要価格 p_{Dh} より高いとき，この均衡は安定である (図 11.1)。というのは，ある生産量に対して需要価格が供給価格より高ければ，売り手はその生産量を市場に供給する費用を超える利益を手にするため，生産量を増大させようとするし，逆に，ある生産量に対して需要価格が供給価格より低ければ，売り手はその生産量を市場に供給するだけの費用を回収できないから，生産量を減少させざるをえないからである。

現代のミクロ経済学の教科書においては，右下がりの需要曲線，右上がりの供給曲線を仮定して，ワルラスのメカニズムは価格調整であるのに対し，マーシャルのメカニズムは数量調整であると説明されているが，実際には，価格と数量のどちらを調整するかは想定される需要曲線と供給曲線の性質に依存している。ワルラスは利潤も損失も出さない生産者言い換えれば長期の自由競争均衡を考えているから，生産物の供給曲線となる限界費用曲線は平均費用曲線に等しく，水平になる。このときには価格調整はできないから数量調整を考えていることはすでにみた。マーシャルの場合にも，前節で説明したように，超短期においては供給曲線が垂直になるため，数量調整を行うことはできないから，価格調整を利用している。

ワルラスの価格調整とマーシャルの数量調整は，かれらのメカニズムが (均衡に至るまで取引を実行しない) 模索であったか，(均衡に至る途上で取引を行う可能性がある) 非模索であったかに対応している。実際に取引を行うためには需要と供給が異なることはありえないが，需要価格と供給価格はそれぞれ需要者と供給者が受け入れる価格であり，実際の取引価格がそれらと異なっても取引ができないというわけではない。需要者と供給者が望む取引ではないが実行可能なのである。

11.3 長期均衡と収穫逓増

マーシャルは，自由に競争が行われている市場においては，個別の消費者や生産者はそれぞれ水平の供給曲線，水平の需要曲線に直面していると仮定している。個々の消費者や生産者の行動は価格に影響を及ぼさないことを意味するプライステイカーの仮定である。短期の経済分析を行うかぎり，すな

わち規模に関する収穫が逓減する場合には，マーシャルの費用便益分析は需給均衡分析の有効な分析道具であり，貨幣の限界効用一定の仮定のもとで費用便益分析を可能にする実践的な経済理論である。

しかし，かれが長期の規模にかんする収穫逓増の法則を満たすような経済環境の分析を行うときには，慎重な対応が必要になる。マーシャル自身が自覚していたように，静学的な仮定のもとでは完全競争と収穫逓増は両立しないのである。しかし，かれは自分自身の問題を整合的に分析する道具を持ち合わせていなかった。そこで，マーシャルが提案したアイデアは生物学的進化論の影響を受けた独特なものであった。個別企業にとっては外部的であり産業にとっては内部的な経済性，代表的企業などの概念である。

マーシャルは生物学と経済学のアナロジーを指摘し，「動物の世界と人間の世界において自然の法則には基本的な一体性がある」と述べたうえで，「この基本的な一体性は，社会的組織体にせよ生物有機体にせよ，有機体の発達にともなってそれを構成する部分の間には機能の細分が進んでいくが，同時にそれらのあいだの関連はいっそう緊密なものとなっていく，という一般的な準則の形をとって現れてきた。‥‥機能の細分，すなわちいわゆる分化は，産業にかんしていえば，分業すなわち専門的技能・知識および機械の発達のかたちをとって現れるし，また「総合」すなわち産業上の組織体の構成部分の間の関連の緊密さと強大さの増大は，商業上の信用の発達，海陸の交通，鉄道や電信，郵便や印刷機などによる運輸通信の手段とその利用の発達となって現れてくる」(Marshall, 1890/1920, 訳第 II 巻, p.217) と指摘している。

少なくとも製造業においては，適切に管理された生産者は規模にかんする収穫逓増の法則に従う技術を獲得できるので，先行して大企業となった生産者がさまざまな生産部門において競争相手を市場から駆逐してしまうように思われるが，そうならないのはなぜか。この問いに対してマーシャルはつぎのように説明している。

「ここでわれわれは森の若い木から教訓を読み取ることができる。若い木は競争相手の古い木がさしかける陰に成長を妨げられながら，突きぬけて伸びていこうと苦闘している。若い木の多くは途中でたおれ，わずかな木だけ

11.3 長期均衡と収穫逓増

が生き残る。生き残った木は年一年と強くなり，高く伸びるにつれて陽光と空気をよけいに享受するようになる。そしてついには周りの木の上空にそびえ立ち，永久に成長し，成長するほど強くなり続けるかのようにみえる。しかしそうはいかない。他の木より長くその活力を保ち続け，より大きく成長する木もあるが，遅かれ早かれどの木も老いが重くのしかかる。高い木はその競争相手より陽光と空気をよく受けるが，次第に生活力を失い，つぎつぎに，物的には強くなくても若い活力に支えられた木々に席を譲る。」(Marshall, 1890/1920, 訳第 II 巻, p.312)

個々の木の生長によって類推されている平均的企業が代表的企業である。「われわれはあるときその企業が属している産業の生産の集計的な規模に対応するところの内部的ならびに外部的な経済をかなりよく享受しているひとつの企業を思い浮かべてみる。われわれはこのような企業の規模が，部分的には技術や輸送費の変動によって左右されるものであるが，また，他の事情に変わりがなければ，産業の全般的な拡張によっても規制されることを知っている。」(Marshall, 1890/1920, 訳第 III 巻, pp.180-181)

『原理』の付録 H において説明されている収穫逓増の分析は，歴史的記述であり，マーシャルはそれを代表的企業の合理的行動として説明しようとした。

「供給価格表は，供給が増大しているときには，ものの供給価格が実際に下落する様子をかなり正確に表現しているかもしれないが，もし需要が減少したり，さもなければ他の何らかの理由で，供給が減少しなければならないときには，供給価格はそれまでたどってきた経路を戻るわけではなく，それより低めの経路をとることになるだろう。」(Marshall, 1890/1920, 訳第 III 巻付録 H, p.276)

図 11.2 において，供給が増大しているときには，その時点で最も平均費用が低い短期平均費用曲線 (SAC) の最低点の軌跡で表される生産を右方向に移動する。ところが，一度生産活動が実行されてしまえば，需要が減少して生産規模を縮小しなければならなくなったとき，それまで移動してきた軌跡を逆戻りするのではなく，短期平均費用曲線の包絡線で表される，長期平均費用曲線 (LAC) 上を戻ることになる。

「このことから，技術的な特徴にかんするいくつかの難問の考察へと至る。

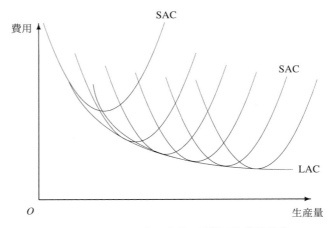

図 11.2　短期平均費用曲線と長期平均費用曲線

それらは，収穫逓増の法則に従う商品の限界支出にかんする技術的問題である。それらの問題は，供給価格を生産量のみに依存するものと表し，個々の事業者がその内部組織を拡充しようとするときに，さらにその外部組織の拡充ならなおさら，必然的にとられる時間の長さを考慮しようとしないことから生じる。したがって，それらは，数学的，半ば数学的に価値理論について検討してみればもっと鮮明になっていた。」(Marshall, 1890/1920, 訳第 III 巻，p.233)

　マーシャルの意図は，生産計画に時間的要素を考慮することにより，現時点の生産技術では実現できない生産計画が時間を考慮することにより将来的には可能になることを考慮して，現時点で将来実現するはずの生産計画を立てることになるということである。ところが，経済学の分析道具は一時点の経済環境が連続的に変化するモデルを仮定しており，市場は一時点において完結するモデルである。

　マーシャルの産業組織理論は，ゲーム理論が登場するまで，原典の意図を反映した解釈ができなかったが，ゲーム理論の登場により，組織をゲームのルールとして定式化することが可能となり，組織の経済学として展開されている。

11.4 最大満足仮説と収穫逓増の法則

　マーシャルは,『原理』の第5編第13章において,「需要と供給の均衡点はまた最大満足をもたらす点である」という最大満足仮説がバスティア (Frederic Bastiat, 1801–50) の『経済的調和』(*Economic Harmonies*,1850) 以来流行しているが, この学説においては, 個人間の所得分配の不公平性が無視されていること, 規模にかんする収穫逓増の生産技術が存在するときには例外のあることを指摘している。

　マーシャルの部分均衡分析にもとづく費用便益分析は, 当然規範的分析を功利主義的厚生基準にもとづいている。一般均衡における均衡配分がパレート効率性以上の性質をもちえないのに対して, 費用便益分析においては功利主義的な観点から所得分配の公平性を分析することが可能であり, 最大満足説に対して, 所得分配に格差のある需給均衡においては, 所得分配を公平にするような所得の再分配により社会全体の満足を増大させることができる。

　マーシャルは, 生産技術を規模にかんする収穫法則によって特徴づけ, 商品の生産がそれぞれ規模にかんする収穫逓減, 不変, 逓増の法則にしたがうとき, 供給曲線が右上がり, 水平, 右下がりになることを指摘している。それらの商品に課税すれば供給曲線は税率分上方シフトし, 補助金を支給すればその分下方シフトする。それぞれの場合に余剰分析を行うと, 収穫逓減の商品については, 課税すると価格が上昇し消費者余剰は減少するが, その額を税収が超える可能性がある。また, 収穫逓増の商品については, 補助金を支給すれば, 価格が下落し, 補助金額を超えて消費者余剰が増大する。マーシャルはこの説明において生産者余剰に言及していないが, それは, かれが生産者余剰が生じない長期の場合だけを考察しているからである (根岸, 1997, pp.181–83)。こうして, 需要と供給の均衡点において, 収穫逓減産業において課税し, 収穫逓増産業において補助金を支給することにより満足が増大するから, 最大満足仮説には例外がある。

11.5 応用経済学

理論経済学の公理化や数理経済学の展開にしたがって，新古典派 SRP のさまざまな学派の理論が一般均衡理論にもとづいて解釈され，定式化されていった．しかし，一般均衡理論以外の新古典派 SRP は決して一般均衡理論にもとづかないと解釈できない，また公理化できないというわけではない[1]．にもかかわらず，他の新古典派 SRP が一般均衡理論にもとづいて解釈されたのは，おもに，一般均衡理論が市場経済におけるすべての経済変数間の相互依存関係を分析する一般的枠組みをもっていること，より一般的な経済環境を想定する序数主義を採用していたことによる (Hicks, 1946)．

11.5.1 公共経済学

マーシャルが指摘した市場の失敗要因とその解決策は，経済学において極めて重要な課題であり，マーシャル自身が費用便益分析という適切な理論を用意している．にもかかわらず，20 世紀の経済学は，序数主義的一般均衡理論にもとづいてマーシャルの市場の失敗と公共政策の分析を解釈しようとした．一般均衡理論の応用理論である公共経済学はこうした序数主義にしたがって開拓されたが，必ずしも政策判断に関する有意義な帰結は得られなかった．たとえば，最適課税理論は公共経済学における重要なテーマの 1 つであるが，実用に耐える明確な結果を導出するためには効用関数の基数性や社会的厚生関数についての特定化が必要である (Atkinson and Stiglitz, 1980, p.393, pp.422-23)．

一般均衡理論の立場からは，マーシャルの理論は部分均衡分析であるからワルラスの一般均衡分析の特殊理論である，と一般に解釈される．しかし，決してそう単純なものではない．マーシャルの理論は，貨幣の限界効用が一定であり，貨幣で経済活動を評価できることに大きな特徴がある．一般にこの

---

[1] マーシャルの理論やオーストリア学派の理論がワルラスの理論と異なることは根岸 (1997) によって論証されている．現時点から振り返れば，マーシャルの費用便益分析，北欧学派の資本・利子の理論もそれぞれ固有の枠組みにもとづいて公理化することができる．資本・利子の理論も一般均衡理論の枠組みにおいて異時点間の資源配分の理論として包摂された (Malinvaud, 1953)．

仮定は需要法則を導出したり，消費者余剰の概念を定義するためにも必要であるが，それだけではない。たとえば，超短期の一時的均衡の理論においては不均衡価格で取引が行われたとしても，最終的には本来成立すべき需給均衡が成り立つという議論が可能なのは貨幣の限界効用一定の法則を仮定しているからである (根岸, 1997, pp.170–84)。マーシャルはこうした経済活動のプロセスを分析することを重視した。また，かれの理論においては市場の失敗の重要性が指摘され，それらの経済分析と政策提言が行われている。

11.6 ピグーの厚生経済学

A.C. ピグーは，イングランド南岸のワイト島生まれ。ケンブリッジ大学キングスカレッジに学び，1908年マーシャルの後を継ぎ31歳でケンブリッジ大学教授に就任する。ピグーはシジウィックの功利主義とマーシャルの経済学にもとづいて厚生経済学を確立した。『厚生経済学』(1920)の序文で説されている研究テーマはつぎのとおりである。

「第一部においては，もちろん甚だ多くの限定の下においてではあるが，社会の経済的厚生は，(1) 国民分配分の平均量が大きければ大きいほど，(2) 貧者に帰する国民分配分の平均取得分が大きければ大きいほど，また (3) 国民分配分の年々の量と貧者に帰する年々の取得分との変動が少なければ少ないほど，ますます大きくなるらしいということを論ずる。」ピグーは，社会的厚生の指標である，国民分配分の平均量に及ぼす主要な要因を研究している。

ピグーは，外部性を社会的限界費用と私的限界費用の乖離として定義し，均衡における社会的限界費用と私的限界費用の乖離に等しい間接税率であるピグー税を課すことにより，最適配分が達成されることを指摘した。かれはマーシャルの費用便益分析の枠組みで分析し，明確な帰結を示しているが，1930年代にロビンズ (Robbins, 1938) によってパレトの序数主義一般均衡理論が厚生経済学に適用され，ピグーの厚生経済学は新厚生経済学として展開されることになる。

11.7　1930年前後のケンブリッジ学派の貢献

　1920年代後半，スラッファによる完全競争市場の部分均衡分析に対する批判を通して，理論的仮定の矛盾と非現実性が批判され，より現実的な理論として不完全競争の理論が生まれたという事実が革命的であると指摘されることがある。マーシャルは組織編成・産業組織の可能性に着目して，規模に関する収穫逓増の法則の分析を重視したが，反面その問題を利用可能な静学的枠組みで分析することの矛盾に苦心した。しかし，収穫逓増は重要な問題であり，視点を変えて不完全競争市場を仮定すれば有意義な結論を得ることができた。ジョーン・ロビンソン (Joan Violet Robinson, 1903–1983) やチェンバレン (Edward H. Chamberlin, 1899–1967) によって行われた分析である。

　しかし，われわれは，わずか27年弱の生涯において，専門分野の数理論理学や科学哲学だけでなく，それぞれピグーとケインズによって示唆された経済問題を見事に解いてみせたラムゼー (Frank Plampton Ramsey, 1903–1930) の最適間接税の理論 (Ramsey, 1927) と最適成長理論 (Ramsey, 1928) に言及しなければならない。いずれも20世紀中頃以降に発展した重要な理論の基礎となった偉大な貢献である。

　マーシャルの経済分析においてきわめて重要な役割を果たしているのが，貨幣の限界効用一定の仮定である。この仮定は，マーシャル自身認識していたように，一般均衡分析を部分均衡分析に還元させる。それとともに，マーシャルの期間分析を可能にし，効用の測定を可能にし，費用便益分析を可能にした。組織を第4の生産要素として詳細に分析し，費用逓減産業や外部性などの市場の失敗要因を指摘するとともに，費用便益分析にもとづいて政策分析の指針を示した。20世紀中頃の経済学は，マーシャルが指摘した経済問題を序数主義的一般均衡理論の枠組みで分析し，解決することが研究計画の重要なテーマとなった。現代理論の一般的分析枠組みを構築したのはワルラスとパレートであるが，分析すべき経済問題を定式化し，経済学の進むべき道筋を示したのはマーシャルであるといえる。

演習問題

1. ミクロ経済学の教科書では，ワルラスの市場理論は一般均衡分析であり，マーシャルのは部分均衡分析であるから，マーシャルの理論はワルラスの理論の特殊ケースである，ワルラスの市場メカニズムは価格調整であり，マーシャルのは数量調整である，などと指摘されることがあるが，これらはマーシャルの考え方を正確に伝えているか？マーシャルの一時的均衡分析における穀物市場の事例を用いて論評せよ．

2. マーシャルの経済学への貢献を3点挙げて，それらについて説明せよ．(費用便益分析，期間分析，費用逓減産業の分析，内部経済・外部経済と組織の分析など)

3. 代表的企業の定義と，その概念が導入された理由について説明せよ．

12
ケインズとマクロ経済学の展開

　ケインズ革命という言葉が表すように，ケインズは当時実践されて成功していた画期的なマクロ経済政策の理論を構築した。しかし，かれの理論はケンブリッジ学派の伝統のうえに成り立っている。ケインズ以前の経済学は基本的にいわゆる「古典派の二分法」classical dichotomy あるいは貨幣ヴェール観 veil-of-money concept を仮定している。それぞれの商品の相対価格や資源配分を決定するのは実物経済であり，貨幣は貨幣数量説によって価格の絶対水準を決定するだけだと考えられてきた。

　ケインズは経済計画の期間が長くなるほど調整可能な経済要因が多くなるというケンブリッジ学派の考え方にしたがい，価格調整ができない超短期の経済活動を仮定し，不完全雇用が存在し，経済主体が貨幣錯覚を起こすような経済状況において有効な経済政策を分析している。ケインズが仮定している均衡状態は，市場メカニズムが健全に機能しない，資源の不完全雇用，セー法則を満たさない，古典派の二分法を満たさず貨幣的要因が実物経済に影響を及ぼす，などと表現されるが，原典の厳密な解釈は困難である。マクロ経済学の歴史は，ケインズの意図を酌みつつ，計量経済学にもとづいて認識される観察事実を説明する理論の構築であったといえる。

　そこで本章においては，ケインズ以前のマクロ経済モデル，貨幣理論，景気循環理論について概観し，ケインズ革命とその後のマクロ経済学の展開について説明する。一部のケインズ研究者から，既存のモデルはケインズの世界を忠実に表現していないと批判されることがあるが，ここでは，モデルに

よって表現されたケインズ解釈の展開を簡潔に振り返る。

12.1 マクロ経済モデルの変遷

　ケインズがかれ以前の経済学を「古典派」と称して批判しているとき，かれが批判する古典派の理論とは何か決して明確なものではなかった。しかし，結果として以下のように理解することは合理的であると思われる。

12.1.1 古典派

　古典派経済学の主題はマクロ経済成長理論であった。労働者，資本家，地主がそれぞれ労働，資本，土地を所有し，資本家が労働者に前払賃金を支払って労働を雇用し，地主から土地を借りて生産物を生産し，地主に地代を支払い，資本を回収した残りを利潤として受け取る。ここで登場する経済主体は労働者，資本家，地主の3つであり，商品は，生産物と労働，資本，土地という生産要素である。生産物はそれぞれの生産要素の所有者に所得として分配され，消費されるが，それぞれの経済主体が，現在の消費を抑制し，貯蓄を促進して，それを投資して資本蓄積することにより，生産要素としての資本の量を大幅に増大させることができる。こうして，資本蓄積が進めば，分業によって生産性が著しく向上し，より少ない労働を投入してより多い生産物を生産するようになるから，経済生活はより豊かになるのである。

　古典派の分配理論においては，生産物価格，生産物の労働，資本，土地への分配はそれぞれ異なる法則にもとづいて決定される。生産物価格は労働投入量によって決まる。土地には肥沃度に差異があり，最も肥沃な土地から順番に利用される。それぞれの土地の地代は，資本によって雇用される労働の限界生産性より高い部分である。したがって，労働投入1単位あたりの賃金＋利潤は労働の限界生産性に等しく，賃金は自然生存費水準に等しい。マルサスやJ.S.ミルは，生産物，労働，利潤，土地の価格はそれぞれの需要と供給の均衡によって決定されると考えており，賃金決定理論は生存費説ではなく賃金基金説を採用しているが，分配理論は差額地代理論であり，労働投入1単位あたりの賃金＋利潤は労働の限界生産性に等しい。

資本蓄積が進むと投入される土地の肥沃度が逓減し，労働の生産性が逓減するため，経済成長が極限まで進むと，利潤が減少し，経済成長率が0の定常状態になると考えられた。この認識は明らかに事実に反する。技術進歩の要因が過小評価されていたのである。

12.1.2 新古典派

J.S. ミルは，経済成長が達成された後の定常状態における，資源配分の効率性や所得分配の公平性といったミクロ的な経済問題の重要性を指摘した。実際，古典派の経済学を受け継いだ新古典派の経済学においては，個々の経済主体の間での資源の効率的配分や所得分配の公平性を完全競争市場の理論にもとづいて分析することが主題となった。市場理論においては需要と供給が重要な役割を果たすが，古典派においては効用が普遍的性質をもつ概念ではないと考えられていたので，需要関数が効用にもとづいて説明されることはなかった。ジェヴォンズやワルラスは全体としては安定的な性質をもつ集団の平均的個人を考察することにより，効用概念に科学的研究対象としての特徴を付与し，効用の最大化問題にもとづいて需要関数を導出している。

古典派の経済主体はどの生産要素を所有しているかによって特徴づけられている。J.B. セーによって定義されたミクロ的な市場経済においては，資本家と企業者が分離され，経済主体は消費と生産という経済活動によって特徴づけられ，生産物および生産要素の価格決定は市場の需給均衡という統一的な原理にもとづいて決定される。新古典派のマクロ経済モデルは，古典派が想定する商品の市場に需給均衡理論を適用したものであるといえる。

新古典派のマクロ経済学には，マーシャルやピグーによって，このミクロ的分析にもとづく完全競争市場の理論が適用された。ところで，古典派においても新古典派においても，財の価値は短期では需給均衡によって決まり，長期では生産費用によって決まるという考え方が共有されていた。スミスの市場価格と自然価格の概念は，それぞれ需給均衡，生産費用によって決定されると考えられていた。市場価格は短期の概念であり，自然価格は長期の概念である。マルサス，J.S. ミル，マーシャルも基本的には同じように考えた。

また，マーシャルによって短期と長期は生産要素投入の調整可能性と関係

づけられる。生産要素は，労働，資本，土地の順で調整が容易であり，労働投入は短期間で投入量を調整できるが，資本は短期より長い中期，土地の投入量の調整にはさらに長期が必要になる。

市場の需給均衡理論は，基本的に短期の現象である。商品は生産物，労働，資本，土地および貨幣であり，需給均衡分析が適用される期間では土地が固定的であるので，市場としては生産物，労働，資本および貨幣の市場があり，それぞれの市場において生産物価格，名目賃金率，利子率，物価水準が決定されると考えられていた。短期においては土地の調整は行われないから，ストックとしての土地は取引されず，フローとしての地代は余剰として決定される。そのため，市場の需給均衡分析が経済分析の主流となるにしたがって，土地はモデルの背景に埋没することになる。

12.1.3 株式会社と証券市場

株式会社の発展とともに証券の取引規模が拡大し，証券市場が経済活動において重要な役割を果たすようになる。

大航海時代，1600年設立のイギリス東インド会社は，航海のたびに出資を募り，航海終了後に収益を分配し，元本を清算する共同資本会社であった。1602年設立のオランダ東インド会社は継続的な資本をもった最初の株式会社であったとされている。株式会社は小口の資金を広範に集めることで大規模な資本を募り，リスクを分散する仕組みである。17世紀のイギリスでは共同資本の会社形態が貿易だけでなく国内事業においても増大し，旧来の事業形態にとって代わっていった。これらの事業の株式取引が証券取引の起源であると考えられる。イギリスではコーヒーハウスなどで取引されていたが，オランダでは1611年にアムステルダム証券取引所が設立された。

1720年に1711年設立の南海会社が引き起こした南海バブルの崩壊後，無許可会社を取り締まるバブル法が成立して多くの会社が打撃を受けたため，証券市場は停滞した。18世紀後半から19世紀初めに起こったオーストリア継承戦争，七年戦争，アメリカ独立戦争，フランス革命，ナポレオン戦争などの戦費調達のため，大量に発行された国債の取引が証券市場を発展させた。1801年にはロンドン証券取引所が設立され，フランス革命の影響で衰退し

たオランダやフランスの証券取引所に代わり，イギリスが証券取引の中心となっていく。

1830年代になると第1次産業革命により生産性が向上し，大量生産に必要な鉱物資源や大量生産された生産物を輸送するために，運河や鉄道などの蒸気機関を利用した公共交通機関のためのインフラ整備が不可欠となった。そのための莫大な資本が必要であったが，このとき優先株が活用された。当時は株式会社の情報開示が不十分であったので，投資家は株式投資に消極的であった。優先株はその保有者に優先的な収益配当や一定額の配当が保証されており，出資者は普通株式より購入しやすかった。また，優先株は議決権などの公益権に制約を設けることができたので，経営者も議決権の希薄化を防ぐことができた。優先株の取引を通して株式投資に慣れていった株主は普通株式の投資も行うようになり，株式投資の普及に貢献した。

また，同じ時期社債の発行も開始された。交通インフラ整備は公共事業に準ずる信用を得られたので，社債も国債と同等の信用があった。社債を発行する会社は財務データなどを開示し，それらの事業に関連する業界情報誌が発行されるようになった。情報誌で提供される情報は後の格付け制度に発展していく。イギリスでは1825年にバブル法が廃止され，1844年株式会社は許可制から登録制に移行した。1855年株主有限責任が容認され，1862年には会社法が成立し，法が整備されていった。

鉄道建設に必要であった鋼鉄生産のより優れた技術が19世紀後半に開発され，大規模生産体制をとり，株式会社は飛躍的に発展した。19世紀末から20世紀初めに，第2次産業革命がおこり，動力源が石炭と蒸気から石油と電力に変化し，鉄鋼，機械，電気，化学などの産業で技術革新があり，生産は大規模化し巨大企業を生み出していった。また，第1次世界大戦時の戦費調達のための国債の大量発行が証券市場の規模をさらに拡大した。

証券は，新規に発行される証券とそれらの蓄積である既発行証券とから構成される。新規証券の市場はフローの発行市場であり，既発行証券の市場はストックの流通市場である。証券の中でも，株式は満期による償還がないので，株式会社の増大とともにストック市場は膨大な規模になる。このストック市場において成立する株価は企業の資金調達に関する意思決定に重要な影

響を及ぼす。株価が高ければ増資の好機であり、株価が低すぎれば自社株を買い戻して償却することもある。このように、株式会社が発展した経済における証券の分析は、フローとしての発行市場よりストックとしての既発行証券の流通市場が重要な役割を果たすことになる。こうして、新古典派のマクロ経済モデルから、ケインズの仮定にもとづいて構築されたモデルは、フローとしての生産物と労働の市場、ストックとしての証券と貨幣の市場から構成されることになる。ケインズの流動性選好理論はこうした経済環境の変化を背景としている。

12.2 貨幣理論の歴史

アリストテレスは、個々人が社会的分業を行い、各自得意とする商品を生産し、その生産物を市場においてほかの生産物と交換し、消費して生活している経済において、等価交換を保証する交換比率が成立していること、交換を円滑に遂行するための媒介物である貨幣の価値を法律によって保証することが必要であると指摘している。

ところで、貨幣とは何か、貨幣価値の決定要因が何かは、つねに論争の的であった。貨幣は価値尺度であり、交換手段であり、価値貯蔵手段である。交換手段の要件として持ち運びしやすく、誰にも受容され、耐久性があるといったこと、それ自体価値があること、を満たす貴金属が支配的になり、さらに主権者は流通している貴金属に刻印を押して貨幣価値を保証した。貨幣の価値がどう決まるかについては、貴金属自体の市場価値であるとする金属説と、法律によって保証されているとする名目説がある。

12.2.1 貨幣論

1690年代のイギリスにおいて、磨損貨幣の改鋳問題がもちあがり、軽鋳論 (貨幣の名目価値の引き上げ) と重鋳論 (貨幣の名目価値の引き下げ) がそれぞれ展開された。ジョン・ロックは、『利子・貨幣論』(1692, 1695) などにおいて、貨幣価値はその名目価値に依存するのではなく、その金属重量に依存すると考える、金属説を主張した。バーボン (Nicolas Barbon c.1640-98) は、

『交易論』(1690) において，「貨幣を金または銀で造ることが絶対的に必要なわけではない。貨幣の価値はすべて法律によるのだから，どの金属に刻印が押されるかは重要ではない」と述べて，名目説を主張している。

いずれにしても，金や銀のような安定的価値をもつ貴金属が貨幣として最適であるが，貴金属の供給量には限界があるから，経済成長に伴って経済活動の規模が拡大すると，貴金属以外のものが貨幣として利用されるのは自然な成り行きである。18～19世紀にかけて近代化の最先進国であったイギリスにおいては，多数の小規模銀行が預託された本位貨幣と見返りに銀行券を発行していた[1]。ところが，いったん預り証である銀行券が支払手段として流通しはじめると，それらの銀行は，預託された本位貨幣の数倍の銀行券を発行しうることになり，たんなる貨幣の提供者から貨幣の創造者へと転換した。しかし，多数の小さな銀行が競合する状態はこれら個々の銀行の経営状態を不安定化し，これが大衆の銀行券に対する信頼を損ねて，しばしば取付け騒ぎを引き起こした。こうした経済状態の改善方法をめぐって地金論争や通貨論争が展開されたのである。

12.2.2　地金論争

第1次産業革命の最中，世界制覇を目論むイギリスは，フランスとの戦争費用調達のため，国債発行や国庫手形による政府への前貸しなどにより兌換銀行券の発行が増大し，同時に同盟諸国への援助，凶作による輸入穀物の増大，大陸封鎖による穀物確保の困難による物価上昇，対外支払増大のための金の流出によって通貨および地金が減少し，為替相場が下落した。こうした事情により，イングランド銀行は銀行券の兌換停止を認められたが，やがて地金価格が著しく上昇して銀行券の流通が困難になった。

地金主義者 bullionist は，経済の金＋銀行券の量には適切な安定的水準が存在すると仮定し，それが維持されなければならないと考えた。これに対して反地金主義者 anti-bullionist は，一連の経済現象は銀行券の減価ではなく地金価格の騰貴を反映しているのであり，その地金価格の高騰はファンダメ

---

[1] イングランド銀行の設立は 1694 年である。

ンタルズの変化によるものであり，銀行券の発行量は為替相場および地金価格とは直接の因果関係はないと主張した。

政府が設置した地金委員会は『地金報告』(1810) を提出し，地金主義者の主張に沿った政策を勧告したが，戦時中はイギリスの戦時財政の崩壊を招かないために反地金論者の主張のとおり兌換停止が続行され，戦争の終結とともに地金主義者の勧告が支持され，1819 年の兌換再開条例が制定され，1821 年に兌換が再開された。

12.2.3 通貨論争

1821 年の兌換再開後も，インフレ，経済恐慌，金の流出などが生じ，イングランド銀行はたびたび兌換停止の危機に見舞われ，これを契機にイングランド銀行の組織および発券制度の改革が問題提起された。33 年にはイングランド銀行券が法貨と認められ，銀行券と預金額を加えた債務量を金の保有量に連動させるパーマーの原則 Palmer's rule が確立されたが，その後も経済恐慌が治まることはなかった。

通貨学派 currency school は，貨幣が貴金属によって制御されていれば (金本位制のもとでは)，正貨配分の自動調整機構が機能して，経済を安定化させることができるのであり，銀行券は金本位制によって制御すべきであると主張する。経済的不安定は，兌換停止下の銀行券の乱発が引き起こしたものであると主張している。

これに対して銀行学派 banking school は，貨幣需要に対して貨幣として利用できる貴金属や銀行券が過小であるときには，ほかの商業手形・小切手などが貨幣として利用されるようになるだけであり，銀行券を金銀本位制によって規制してみても貨幣供給は制御不能であると反論した。

結局この論争は，政策の次元では，1844 年のイングランド銀行条例 (別名，ピール銀行条例) によって，一定限度を超える銀行券は同額の金銀の準備のもとにのみ発行できると定められたことにより，通貨学派の主張が基本的に承認されるかたちで幕を閉じた。ところが，理論的にはかならずしも決着がついたとはいえず，銀行学派の主張も，後世の貨幣・信用理論に大きな影響を与えることになった。

12.2.4 問題の本質

これらの論争は，基本的に貨幣数量説の枠組みにおいて，貨幣の定義をめぐって展開された論争であると考えられる。地金論争および通貨論争において地金主義や通貨主義は，本位貨幣だけが貨幣であると考え，銀行券の発行に関して同一額の正貨準備の保有を義務づけることにより発券銀行による自由裁量の余地を排除すべきであると主張した。他方，反地金主義や銀行主義は，貨幣とは本位貨幣だけでなく実質的に貨幣として流通する銀行券を含み，それでも足りなければ商業手形や小切手などの信用形態が貨幣として機能し始めるのが現実であるから，銀行券の発券量のみを規制しても意味はない，また，銀行券は商業手形の貸付・割引によって発行され，その手形の裏づけである商品が取引を終了すれば還流するのであるから，銀行券の流通量は経済活動のための貨幣需要に受動的に反応しているにすぎず，過剰発行などありえない，したがって，かれらは発券銀行に兌換義務のみを課し，発券量は銀行の自由裁量に任せてよいと主張した。

歴史的事実として，1819 年金貨と兌換銀行券による完全に自動的な金本位制度が確立され，1931 年に兌換性のない純粋な法定貨幣に移行するまで継続された。この間通貨論争を受けて通貨主義の主張にしたがった 1844 年の銀行法 (ピール条例) により，銀行券は次第にイングランド銀行券に統一されていった。また，中央銀行は発行高に対する正貨準備保有を，民間銀行は預金に対する支払準備を一部支払準備制度へと移行させていくことが一般的になった。このことは，貨幣という概念が，金や銀といった本位貨幣から銀行券および政府補助貨幣，商業銀行預金とりわけ当座預金へと拡張されたことを意味する。このように，そもそも貨幣とは，貨幣が機能する経済において貨幣としての機能を果たすものと定義する以外にないのである。ただし，少なくともケインズ以前には，経済環境を特徴づける要因に依存して，適切な貨幣数量が存在し，間接的にコントロールできると考えられていたといえるであろう。

以降，信用を背景としてさまざまな交換手段が創造されていく。それに伴い，貨幣理論は信用創造の理論すなわち貨幣供給の理論が先行して発展し，貨幣需要の理論が登場するのはケインズの直前であった。

12.2.5 貨幣需要の理論

マーシャルやケインズに至るまで，貨幣理論においては，貨幣数量説が支配的であり，貨幣は生産物の取引のために需要され，貨幣供給が物価水準を決めると考えられた。物価や利子率の安定化には，貨幣供給の制御が重要であったから，ケインズ以前の貨幣理論においては貨幣供給理論としての信用理論が重要だった。しかし，マーシャルやピグーは実質的に貨幣需要の理論を展開したといえる。貨幣数量説においては，貨幣数量はフローの量とみなされているが，マーシャルは，貨幣を一定期間に取り引きされる商品の取引に必要とされる貨幣ストックの総額と考え，ピグーが貨幣需要は名目国民所得に比例するとみなし，いわゆるケンブリッジ方程式

$$M = kPy$$

ただし，k はマーシャルの k とよばれる比例定数 (貨幣の流通速度の逆数)，によって表現した。

ケンブリッジ方程式は，形式的には貨幣数量方程式

$$MV = PT$$

ただし，M 貨幣数量，V 貨幣の流通速度，P 物価水準，T 取引数量，において，$k = 1/V$，$y = T$ と置き換えただけであるが，経済学的な意味は大きく異なる。取引のためにストックとしての貨幣をもつということは，貨幣的取引の際，商品を売って貨幣を手に入れてから別の商品を買うまでの時間的つなぎとして，経済主体が取引を円滑に行うために保有したいと思う貨幣残高を貨幣所得の割合として表している。ここにみられるストックとしての貨幣への需要関数という考え方は，ケインズに受け継がれ，かれの流動性選好理論はケンブリッジ方程式の k の決定要因すなわち貨幣の需要動機を考えることにより成立するのである。

12.3 貨幣的景気循環理論

資本主義の成立以降も，事実として景気循環を経験してきた。多くの経済学者は不況を一時的な現象としてみなして，本格的な理論を構築することはなかった。しかし，マルサス，シスモンディなど何人かの経済学者は過剰生

産あるいは過少消費にもとづいて不況の理論を構築している。

スウェーデンの経済学者ヴィクセルは，18世紀の物価と利子の経験的データのなかに，利子率という貨幣的要因が実物経済に影響を及ぼす可能性を読み取り，貨幣が利子率を介して実物経済に影響を及ぼす可能性を示唆する累積過程の理論を提唱した。ヴィクセルは，自然利子率は貨幣のない実物経済において貯蓄と投資を均衡させる利子率であり，貨幣利子率は貨幣のある貨幣経済において貯蓄と投資を均衡させる利子率であると定義する。

銀行の貸付利子率は競争によって市場利子率に等しくなる。銀行の貸付利子＝市場利子率＜自然利子率のとき，企業は借り入れ額が大きいほど利益も大きくなるから競って資金を需要し，銀行は預金による資金の超過分を信用創造によって供給することになる。そうすると，実物に比して貨幣の量が相対的に多くなるから，物価が上昇する。ところが，物価上昇は，借り手である企業からみれば実質的な金利負担の減少を意味している。そこで，資金を借りて投資しようとする意欲はますます強くなる。貸付市場の超過需要は，当然，銀行の名目利子率を上昇させるが，すでに物価が持続的に上昇しているので，実質利子率＝名目利子率－予想物価上昇率は名目利子率ほどには上昇しない。企業は実質利子率を基準にして行動するので，実質利子率が自然利子率を下回っているかぎり，投資意欲が衰えることはない。このようにして，名目利子率が上昇を続ける一方で，物価上昇率そのものも加速的に上昇するという累積過程が，かなりの期間にわたって進行することになる。

もしも出発点において貸付利子率が自然利子率を上回っているならば，逆の累積過程が起こる。ヴィクセルのアイデアに刺激され，北欧のミュルダール (Myrdal, Karl Gunnar, 1898–1987)，リンダール，オーストリア学派のハイエクなどの経済学者たちが，貨幣的要因が実物経済に与える影響と非自発的失業の存在を説明する理論を模索していった。

ロバートソン (Dennis Holme Robertson, 1890–1963) は，イングランド，サフォークのロウストフトに生まれる。ケンブリッジ大学のトリニティ・カレッジで学び，ロンドン大学教授を経て，A.C. ピグーのあとをついでケンブリッジ大学教授となった。かれは，フローの資本取引によって利子率が決まると考える。貸付資金の需要は，投資資金需要 I，消費資金需要，貨幣残高を

増加させるための資金の需要から構成される。貸付資金の供給は，総貯蓄，保有貨幣残高の放出，貨幣残高の新規創出増大分 ΔM から構成される。ロバートソンの貸付資金理論は，総貯蓄 − 消費資金需要を S，貨幣の純保蔵 = 貨幣残高を増加させるための資金の需要 − 保有貨幣残高の放出を H とおくと，

$$I + H = S + \Delta M$$

によって利子率が決まるという理論である。

12.4 ケインズ革命

ケインズは，ケンブリッジ大学の講師で経済学者であったジョン・ネヴィル・ケインズ (John Nevil Keynes, 1852–1949) の子としてケンブリッジに生まれた。ケインズはケンブリッジ大学で数学や経済学を学び，1906 年から2 年間インド省に勤務した。1908 年にマーシャルの好意でケンブリッジに戻り，1913 年に『インドの通貨と金融』を出版，第 1 次大戦にともない，1915 年に大蔵省に勤務，19 年には対ドイツ講和会議に大蔵省主席代表として出席したが，厳しすぎる賠償案に反対して容れられず，条約調印後大蔵省を去った。この経験から『平和の経済的帰結』が書かれた。その後，管理通貨制をとるべきだとした『貨幣改革論』を著すなど，しだいに自由放任の経済哲学を否定する立場をとるようになった。1930 年には『貨幣論』を出版して，ヴィクセルの影響のもとに，投資と貯蓄の不一致から物価の変動が起こり景気循環が起こるとする学説を公表し，後の理論への足がかりとした。

1929 年には大恐慌が発生し，イギリス政府は緊縮予算を組んでこれに対処しようとしていたが，ケインズはむしろ赤字予算による公共投資政策が必要であると提案した。同時に，自分自身の『貨幣論』に置かれていた完全雇用という前提自体に疑問をもちはじめ，ケンブリッジの若い研究者たちとともに，不完全雇用が常態であるような資本主義像をモデル化する作業にとりかかった。このようにして『雇用・利子および貨幣の一般理論』が 1936 年に世に出ることになった[2]。

---

[2] 不完全雇用を資本主義経済の常態とみる考え方は，ケインズとは独立に，ポーランドの経済学者ミハウ・カレツキ (Michal Kalecki, 1899–1970) によってすでに 1933 年にポー

ケインズは，第2次大戦が起こるとふたたび大蔵省に関係し，インフレをともなわない戦費調達の方法などについて進言を行なっている。戦争中からアメリカとイギリスのあいだで進められていた戦後世界経済の再建方策をめぐる審議にも中心的メンバーとして参加し，国際通貨基金の設立にあたっては，アメリカのホワイトの案を中心にした現行の体制とはかなり異なる独自のケインズ案を提出していた。終戦の翌年，国際通貨基金と世界銀行との設立会議に出席した後，62歳で急逝した。

　アダム・スミスは，個々人がフェアプレイを守れば，「見えざる手」の原理によって，公共サービスの供給を除いて，個々人が自由に利己的・合理的行動を追求しても社会の利益と両立することを指摘した。この自由放任思想は100年以上保持されたが，マーシャルによって費用逓減産業や外部性，ヴィクセルによって公共財供給におけるただ乗り問題などの市場の失敗要因が指摘され，市場の機能にたいする認識が変化していった。また，1920年代末期の大恐慌により，市場の機能不全が深刻な問題になり，ケインズの問題意識は，市場機能が作用しない状況において，貨幣的要因が実物経済に影響を及ぼす貨幣的理論を構築することであった。

　ケインズ (Keynes, 1936) は，機能不全に陥った市場においては，実質賃金率 $\bar{W}/P$ が下方硬直的であると仮定している。名目賃金率 W は労使間の交渉によって決定されるため，競争的な市場において決定される賃金率より高く設定され，賃金率の調整が困難になるから所与 $\bar{W}$ である。また，価格調整が機能せず，物価水準 P も一定であると想定されるから，実質賃金率 $\bar{W}/P$ が労働の需給均衡水準より高い水準で硬直化する。

　総供給関数 $Y_S = Y_S(P)$ は，$\bar{W}$ を所与として P に対する GDP Y_S の関係を表し，労働需要関数 $N_D = N_D(\bar{W}/P)$ は，$\bar{W}/P$ に対する労働需要 N_D の関係を表す。それらは，生産関数 (PF) と企業の利潤最大化条件すなわち労働の限界生産性＝実質賃金率 (PM)

$$Y = F(N) \quad \text{(PF)}$$

ランド語で発表されており，1935年には英文でも発表されていた。したがって，いわゆるケインズ革命はケインズだけの功績ではなく，同時多発的な発見であった。

12.4 ケインズ革命

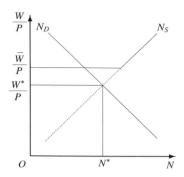

図 12.1 労働市場と非自発的失業

$$\frac{dF}{dN_D}(N_D) = \frac{\bar{W}}{P} \qquad \text{(PM)}$$

から導出される。

実質賃金率 $\bar{W}/P$ が下方硬直的であるため，企業の労働需要 $N_D\left(\bar{W}/P\right)$ は労働供給 $N_S\left(\bar{W}/P\right)$ より小さい。したがって，労働の需給はショート・サイドである企業の労働需要よって決定される[3]。こうして，非自発的失業が発生する。そこでは，$(dF/dN)(N) = \bar{W}/P$ が成り立つ。

ケインズ (Keynes, 1937) の説明によれば，まず，この仮定のもとで，価格調整ができない超短期においては，雇用水準を決定する財・ザーヴィスの産出水準は国民所得の大きさによって調整され，乗数理論，有効需要の原理が成り立つことがカーン (Richard Ferdinand Kahn, 1905-89) によって示された。ケインズ以前には貯蓄と投資の均衡は利子率を決定すると考えられていたが，カーン (Kahn, 1931) の理論は，貯蓄と投資の均衡は所得を決定することを意味する。かれの理論の枠組みにおいては，生産物の需給均衡は

$$C + S = Y \equiv Y_S = Y_D = C + I$$

ただし，C は財・サービスに対する家計の需要である消費支出，$S = Y - C$

---

[3] 長期においては，すべての商品の市場において価格が調整され，需給均衡が成り立つと考えられる。しかし，短期的には価格の調整が不可能であるため，需要および供給は数量の小さい方すなわちショート・サイドによって決定される。これをショート・サイド・プリンシプルという。労働市場においては，実質賃金率が硬直的であるため，労働の需給はショート・サイドである企業の労働需要によって決定される。

は貯蓄，I は財・サービスに対する企業の需要である投資支出，Y は国民所得，Y_S は GDP，Y_D は有効需要，であるから，生産物の需給均衡はフローとしての資本の需給均衡 $I = S$ と同値であり，それは所得 Y を決定する．

それでは，利子率はどの市場で決定されるのだろうか．ケインズの主張は，利子率はストック市場において個々人の資産選択行動の結果決まるというものである．利子率を決定するのは貨幣市場であり，貨幣市場における利子率決定の理論は流動性選好理論である．

もちろん，一般均衡理論の枠組みにおいてはワルラス法則から n 本の市場の需給均衡式から $n-1$ 個の未知数が同時に決定されるのであるから，どの市場がどの未知数を決定するという議論はできない．しかし，部分均衡分析においてはある商品の価格はその商品の需給均衡によって決まると考える．ケインズの説明は部分均衡分析の枠組みにもとづいているときのみ有効な議論である[4]．

12.4.1 IS-LM モデル

これらの理論を総合してケインズの『雇用，利子および貨幣の一般理論』が 1936 年に刊行される．ところが，この著作はきわめて難解であったので，1937 年以降ヒックス (Hicks, 1937)，ミード (J.E.Mead, 1907-95)，ハロッド (R.F.Harrod, 1900-78)，ランゲ (O.Lange, 1904-65) らによって解釈され，かれらの IS-LM モデルが『一般理論』の適切な解釈として普及していった．

現在財に対する消費支出 C は，国民所得 Y と政府税収 T の差額である可処分所得 $Y-T$ の増加関数であり，消費関数

$$C = C(Y-T) = c(Y-T) + \bar{C}$$

によって表される．ただし，c は限界消費性向すなわち追加的所得を得たら

---

[4] 通常ケインズ革命とよばれている出来事はケインズを中心とする研究者集団ケンブリッジ・サーカスによって遂行された．ピエロ・スラッファ，ジョーン・ロビンソン，リチャード・カーンらである．そこでは，ケインズの弟子であるリチャード・カーンが乗数理論を構築するなど本質的な貢献を行った．また，かれらと同時代の人々には，ケインズと同様の貢献を行った，カレツキ，ホートレー (Ralph George Hawtrey, 1879-1975) などの研究者がいた．とくにカレツキはケインズとは独立に有効需要の理論を確立したといえる．

12.4 ケインズ革命

その何%を消費に支出するかを表し，$\bar{C}$ は所得の有無にかかわらず最低限の生活に必要な消費支出額を表す．将来財に対する消費支出 S は，同様に可処分所得 $Y-T$ の増加関数であり，貯蓄関数

$$S = S(Y-T) \equiv Y - T - C(Y-T) = (1-c)(Y-T) - \bar{C}$$

によって表される．投資支出は，収益率が利子率 r を超える純収益率の大きな投資プロジェクトから実行されるから，利子率 r の減少関数であり，投資関数 $I = I(r)$ によって表される．政府税収 T と政府支出 G は政府の財政政策によって決定される．財・サービスの需要 Y_D と供給 Y_S の均衡は，

$$Y = Y_S = Y_D = C + I + G = c(Y-T) + \bar{C} + I(r) + G$$
$$Y = \frac{1}{1-c}(\bar{C} + I(r) + G - cT)$$

となる．

貨幣供給 M は中央銀行による過去の金融政策の結果供給・蓄積されてきたストックである．貨幣供給の実質残高は M/P によって表される．貨幣需要は，それぞれの経済主体が貨幣を需要する動機にもとづいて，取引需要 L_1 と資産需要 L_2 に分類される．それらは貨幣の取引需要関数 $L_1 = L_1(Y)$，貨幣の資産需要関数 $L_2 = L_2(r)$ によって表される．資産市場には債券市場と貨幣市場があるが，資産市場におけるワルラス法則により，貨幣市場を考慮するならば債券市場を考慮する必要はない．

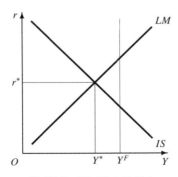

図 12.2　**IS-LM** モデル

IS-LM モデルにおいては，短期の経済活動が分析されているので，物価水準 P は所与である．政策変数 G, T, M を所与として，財・サービス市場 (IS) と貨幣市場 (LM) の需給均衡条件

$$S(Y-T)+T = I(r)+G \qquad \text{(IS)}$$

$$\frac{M}{P} = L(Y,r) \qquad \text{(LM)}$$

から国民所得 Y と利子率 r が決定される．

IS 曲線は財・サービスの需給均衡を満たす Y と r の関係を表し，拡大 (緊縮) 財政政策によって右 (左) にシフトする．LM 曲線は貨幣の需給均衡を満たす Y と r の関係を表し，金融緩和 (引締) 政策によって右 (左) にシフトする．均衡国民所得 Y^* と均衡利子率 r^* は IS 曲線と LM 曲線の交点において決定される．こうして決定される均衡国民所得 Y^* は完全雇用 Y^F 水準より低いので，このことから発生する非自発的失業を解消するために，財政政策あるいは金融政策が実行される．このモデルは国際貿易に応用できる．

12.4.2 フィリップス曲線

ニュージーランドの経済学者フィリップス (Alban William Housego Phillips, 1914–1975) は，1861 年から 1957 年までの失業率の変化と貨幣賃金率の変化の関係を調べ，それらにトレードオフの関係があるという経験則を提示した (Phillips, 1958)．名目賃金率は物価水準と，失業率は GDP と密接な関係にあるので，フィリップス曲線は，物価上昇率と GDP 成長率の関係を表すこともできるが，ふつう，名目賃金率の変化率と物価の変化率が

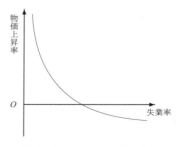

図 12.3 フィリップス曲線

置き換えられ,失業率と物価上昇率の関係として表されている。

このフィリップス曲線は失業の解消と物価安定という最も基本的な政策目標の間のトレード・オフを示唆しているから,フィリップス曲線が妥当だと考えれば,失業の解消と物価安定(インフレ抑制)という2つの政策目標を同時に達成することはできない。ケインズの考え方を支持するケインジアン (Keynesian) は,IS-LM モデルとフィリップス曲線にもとづいて,適切な経済政策によって低失業・高インフレあるいは高失業・低インフレを達成できると考えた。

12.4.3 ケインジアン vs. マネタリスト

マクロ経済学の特徴の1つは,IS-LM モデルにもとづく理論が実証的,計量的に研究されているということである。モディリアーニ (Franco Modigliani, 1918–2003),トービン (James Tobin, 1918–2002),クライン (Laurence Klein, 1920–2013),ソロー (Robert Solow, 1924–) らによって米国のマクロ計量モデルが構築され,1960 年代には,このモデルにもとづいてある程度の経済予測が可能になると期待されていた。

マクロ計量経済モデルにもとづく適切な政策運営と明るい未来への期待に対して批判を投げかけたのは,基本的に古典派的考え方にもとづくマネタリスト (Monetarist) とよばれる経済学者であった。その中心人物はミルトン・フリードマン (Milton Friedman, 1912–2006) である。

ケインジアンは財政政策の有効性,金融政策に対する優位性を強調し,マネタリストは金融政策の重要性を強調した。一般に,財政政策も金融政策も総需要を増大させる政策で,短期的には産出量の増大にとって有効であり,状況に応じてそれらの政策をミックスして採用するのが最も効果的である。

ケインジアンはフィリップス曲線にもとづいて長期においても失業とインフレーションにはトレード・オフの関係が成り立つと考えていたが,フリードマンやフェルプス (Edmund Phelps, 1933–) は,失業とインフレーションのトレード・オフ関係を受け入れて政策立案をすればその関係は消えてしまうと議論した。実際,経験的な根拠にもとづいて,1970 年代にはかれらの主張が正しいという認識が共有されるようになった。

このように，ケインジアンは，積極的に裁量的政策介入を促しているが，マネタリストは政府の介入に懐疑的である。経済状態に対する人びとの認識がつねに正しいとは限らないし，政策を決定する人びとが適切に行動するとは限らないからである。こうした主張の相違はあったが，ケインジアンとマネタリストの間の論争は基本的に IS-LM モデルの枠組みにもとづいて展開されたことは重要な歴史的事実である。

12.4.4 マンデル＝フレミング・モデル

IS-LM モデルは 1960 年代前半に IMF でマンデル (Robert Alexander Mundell, 1932-) とフレミング (John Marcus Fleming, 1911-1976) によって開放経済に拡張された。IS-LM モデルに外国為替市場 (BP) における為替レート e の調整を考慮した体系が，マンデル＝フレミング・モデルである。為替レート e は輸出 $EX(e)$ と輸入 $IM(Y, e)$ を変化させる。国際的な資本移動が完全であるとすると，国内利子率 r と世界利子率 r^W が等しくなるように資本が移動する。このとき，純輸出 NX を

$$NX(Y, e) = EX(e) - IM(Y, e)$$

とおくと，

$$S(Y-T) + T - NX(Y, e) = I(r) + G \quad \text{(IS)}$$

$$\frac{M}{P} = L(Y, r) \quad \text{(LM)}$$

$$r = r^W \quad \text{(BP)}$$

にもとづいて，固定為替相場制下においては，為替レート e は一定であり，国民所得 Y と利子率 r と貨幣供給 M が決定される。変動為替相場制下においては，国民所得 Y と利子率 r と為替レート e が決定される。

マンデル＝フレミング・モデルにおけるマクロ経済政策の効果と有効性は，為替相場が固定相場制であるか変動相場制であるか，資本移動がないか完全であるかに応じて異なる。

第 2 次世界大戦後の国際金融体制は，自由貿易とアメリカドルを主軸通貨とする固定為替相場制度にもとづくブレトンウッズ体制によって主導された。固定相場制の維持が重視されたのは，戦前の平価切り下げ競争が保護貿易主

義を助長したからである．ところが，1960年代の大規模な社会福祉政策の展開とヴェトナム戦争の戦費負担に起因するアメリカ政府の財政赤字の拡大により，アメリカ国内でインフレが進行した．平価が固定されていたので，ドルの実質為替レートがドル高となり，アメリカ製品の輸出競争力が低下し，景気が後退したため，アメリカ経済が固定相場に耐えられなくなり，1971年ニクソン・ショックとよばれるようになるドルの切り下げが行われた．1973年には変動相場制に移行したのである．

12.4.5 物価水準決定の理論

この疲弊したアメリカ経済をはじめとする先進諸国を石油ショックが襲う．1970年代に中東戦争を背景として原油価格が高騰し，大幅な物価上昇と大量の非自発的失業が同時進行するスタグフレーションが世界的に生じた．当時ケインジアンはIS-LMモデルとフィリップス曲線にもとづいてこの現象を説明しようと試みたが，スタグフレーションは，フィリップス曲線の経験からみても，ケインジアンの経済学にはありえないことで，混乱を招くばかりだった．ところが，つぎのAD-ASモデルはスタグフレーションを簡潔に説明することができる（図12.4）．

総需要曲線ADは，物価水準Pが変化するとき，Pに対してIS-LMモデル(IS)と(LM)から決定される国民所得Yの関係を表す曲線である．総供給曲線ASは，生産関数(PF)と企業の利潤最大化条件である労働の限界生

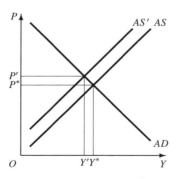

図12.4　AD-ASモデル

産性＝実質賃金率 (PM) から導出される総供給関数を図示した曲線である。

　国民所得 Y と物価水準 P は総需要と総供給の均衡において決定される。生産に不可欠な原油のコストが増大すれば，AS 曲線が上方にシフトするため，物価が上昇し生産量が減少するのはきわめて当然の現象なのである。

12.5　マイクロファウンデーションとマクロ経済学の展開

　1960 年代後半から 1970 年代前半にかけて，ケインジアンの経済学は試練にさらされることになる。第 1 は，スタグフレーションへの対応であり，この問題は AD-AS モデルによって解決されたが，当初の混乱によりケインジアンの権威は失われた。

　第 2 は，マイクロファウンデーションの欠落であり，マクロ経済学のミクロ的基礎づけを行うこと，マクロ経済学的現象を個人の合理的経済行動の帰結として説明しようとする気運が高まった。1960 年代にはケインズ理論とワルラス理論の比較を通して，ケインズ理論を不均衡において取引が実行されるワルラス的理論として解釈することが，クラウワー (Robert Ayne Clower, 1926-2011)，レーヨンヒューヴッド (Axel Stig Leijonhufvud, 1933-)，ベナシー (Jean Pascal Benassy, 1948-) らによって試みられた。

　ケインズ体系においては，労働市場に超過供給が存在する不均衡状態においてショート・サイド・プリンシプルにもとづいて取引が行われる結果，幸いにも雇用された消費者は消費計画を実行するが，不幸にも雇用されなかった消費者は予算制約式が変更され，消費計画が再決定される。これを二重決定仮説 dual decision hypothesis という。この解釈においては名目賃金率が硬直的であることが根本的原因であると解釈され，名目賃金率がアド・ホックに与えられ，名目賃金率決定の理論が欠けていると批判された。後のニュー・ケインジアンの経済学は名目賃金率の下方硬直性を説明している点で，不均衡モデルを超えている。

　同じように，ミクロ的基礎づけのために登場したのが合理的期待形成学派であり，ロバート・ルーカス (Robert Emerson Lucas, 1937-)，サージェント (Thomas John Sargent, 1943-)，バロー (Robert Joseph Barro, 1944-) ら

12.5 マイクロファウンデーションとマクロ経済学の展開　　　　　　　　233

が指導的役割を果たした。かれらは，それまでのケインズ経済学は期待が経済主体の行動に及ぼす効果を十分に分析していないと指摘した。

12.5.1　ルーカス批判とマイクロファウンデーション

具体的な批判の第1は，ルーカス批判とよばれるもので，既存のマクロ計量経済モデルは政策立案の役に立たないことを指摘している。経済主体の行動は期待にも依存しており，政策に変更があれば経済主体の期待も変化するのであり，過去のデータに依存するマクロ計量経済モデルのシミュレーションからは，現在の政策の影響を受ける経済主体の将来の行動変化を予測することはできないからである。

たとえば，現在の経済状況が同じであっても，近い将来所得の上昇が見込まれる人と所得の減少が見込まれる人では現在の消費者行動に差が出ると考えるのは自然なことである。IS-LM モデルにおいては，期待形成がバックワード・ルッキングであり，過去のパラメーターのみに依存している。「将来の予見された経済ショック」は現在の経済行動にまったく影響しない。

また，IS-LM モデルにはマイクロファウンデーションがない。すなわち，家計や企業の行動についてどのようなことが仮定されているのかわからない。たとえば家計が生涯効用を最大にするような動学的な最適化行動をとっているときには，家計の行動は過去の情報に依存するバックワード・ルッキングではなく将来の情報を予測するフォワード・ルッキングになるのが自然である。将来の消費は過去の所得ではなく将来の所得に制約されるからである。この動学的な最適化行動の理論はラムゼー・モデルにもとづいて展開されている。

第2の批判は，合理的期待によって経済調整速度は迅速になるから，ケインズが想定するような状況は消失するというものである。ケインズ・モデルにおいて非自発的失業が発生するのは，フィリップス曲線のメカニズムを通じた価格と賃金率の調整が緩慢であるからであるが，賃金率の決定に関わる経済主体が合理的期待をもつならば，調整はより速やかになる。たとえば，貨幣供給の変化が経済主体にとって織り込み済みすなわち予想されたものであるならば，産出量には何の影響も与えないと考えられる。

経済主体が合理的期待をもつようになると，政府は経済主体の行動を所与

として最適な政策を選択するのではなく，政策に対して，経済主体がどのように反応するかを予想して政策立案しなければならなくなる。政策決定の分析道具としては，最適制御理論ではなくゲーム理論が相応しいのである。この観点からの特筆すべき貢献は，キッドランド (Finn Kidland, 1943–) とプレスコット (Edward Prescott, 1940–) によって議論された政策の動学的非整合性の研究である。マクロ経済政策の効果には大きな不確実性が存在する。そのため，政策決定者はより慎重で控えめな政策を用いるべきであろう。

こうした合理的期待学派の批判を受けて，マクロ経済学は，市場における合理的期待の役割を体系的に分析する，賃金や価格調整の緩慢さを理論づける，ゲームの理論にもとづいて政策理論を構築する，という基本的研究方針が形成されていった。

12.5.2 マクロ経済学の最近の展開

合理的期待学派によってもたらされたマクロ経済学の基本方針，すなわちミクロ的基礎づけとフォワード・ルッキングな期待形成を考慮した動学的一般均衡モデル Dynamic Stochastic General Equilibrium Model にもとづいてマクロ経済モデルを構成するという研究計画に沿って，古典派の理論もケインジアンの理論も新しい局面を迎えた。最近のマクロ経済学は，新しい古典派，ニュー・ケインジアン，内生的経済成長などの枠組で研究されている。

新しい古典派は，経済変動を市場経済の不完全性に求めるのではなく，マクロ経済にとって外生的な要因のショックすなわち技術進歩にもとづいて説明しようとしている。基本的なモデルはプレスコットを中心として開発された実物的景気循環理論 Real Business Cycle Theory (動学的一般均衡モデルのプロトタイプ) である。

ケインジアンの経済学においては，名目賃金率の下方硬直性を外生的に決定される要因であると想定して説明されなかった。ニュー・ケインジアンの経済学は，合理的期待形成学派以降の展開を受け入れ，それぞれ財市場，労働市場，金融資本市場の不完全性を仮定して，新しい IS-LM モデル，労働需給の摩擦として失業を説明するサーチ・モデル，名目賃金率の下方硬直性を経済主体の合理的行動の結果として説明するモデル，情報の非対称による不

完備契約にもとづくクレジット・サイクル・モデルなどの，マクロ経済制度の不完全性にもとづくモデルについて研究している。

ハロッド (R.F. Harrod, 1900-78) とドーマー (E.D. Domar, 1914-97) は，設備投資の増大は乗数効果を通して総需要を拡大させ，資本蓄積の増大を通して総供給を増大させるが，それらの規模は必ずしも一致せず，超過需要や超過供給といった不均衡が生じることを指摘した。ソローとスワン (T. W. Swan, 1918-89) は，生産要素である労働と資本の代替可能性を仮定して経済は安定的に成長することを示した。かれらのモデルは産業革命以降の近代経済成長のプロセスをある程度説明できたが，一人当たり所得成長率の国際間格差を適切に説明できない。この問題は，ルーカスとローマー (Paul Michael Romer, 1955-) によって基本モデルが提示された内生的経済成長理論において分析され，技術進歩を決定する要因は何か，規模に関する収穫逓増が果たす役割は何かという問題への取り組みを通して，外部効果や技術進歩が経済成長に重要な役割を果たすことが解明されている。

マクロ経済学の歴史を通して確かだと思えることは，ケインズによって示された理論的なヴィジョンの定式化と現実的な政策提言がマクロ経済学発展の重要な目標となっていたこと，経済学が社会科学であるためには整合的な体系性をもつ経済理論の構築が必要であることである。これらは，経済学が科学的に妥当であるために不可欠な条件であり，首尾一貫した理論にもとづいて実際に有効な政策提言をできるようになることが必要である。

演習問題

1. 古典派の階級経済モデルからケインズのマクロ経済モデルへの変遷を説明せよ。
2. 貨幣数量理論とケンブリッジ方程式の決定的差異を指摘し，流動性選好理論が生まれた背景を説明せよ。
3. ケインズ革命の意義について説明せよ。
4. IS-LM モデル，ベナシー・モデル (二重決定仮説)，ニュー・ケインジアンの経済学はそれぞれどう異なるか説明せよ。
5. ルーカス批判について説明せよ。

13
一般均衡理論の展開

13.1 1930年代の科学的飛躍

1930〜50年代には，一般均衡理論にもとづいて新古典派経済学の統合が進行し，同時に経済学が内包する数学的問題の解決が進んだ．1930年代は数学基礎論，数理論理学の分野において，そして科学の諸分野において飛躍のあった時代である．とくに，限界革命以降数理化されてきた経済学は，数学基礎論の分野におけるヒルベルト・プログラムとゲーデルの完全性定理，不完全性定理から大きな影響を受けた．後に経済学でも重要な役割を果たす確率理論がコルモゴロフによって公理化されたのもこの時代である．

経済学では，ケインズ革命をはじめ，チェンバレン，ロビンソンの不完全競争の理論，ヴァルトやフォン・ノイマンによる一般均衡の存在証明，ロビンズによる序数主義の普及と新厚生経済学の展開などを指摘できる．また，数理経済学が整備された結果，それ以前には適切に理解することが難しかった問題が解決され，経済学の知識が整理されていった．

計量経済学会の創立とその機関紙『エコノメトリカ』(*Econometrica*)(1933)の創刊，イギリスとアメリカの若手研究者グループによる『リヴュー・オブ・エコノミック・スタディーズ』(*Review of Economic Studies*)(1933)の創刊は，数理経済学の研究が本格化したことを象徴している．

ここでは，1930年代以降の序数主義的一般均衡理論の展開と関連する話題について説明する．パレートが経済学に導入した序数主義と一般均衡理論は，

ロビンズによって経済学の基盤に据えられて以降ヒックスやサミュエルソンらによってミクロ経済学や厚生経済学のパラダイムとなった。一般均衡理論は，市場の需給均衡において，すべての商品の価格と取引量が決まると考える理論である。商品の需要は，消費者の合理的行動原理にもとづいて，すべての商品の価格の関数として導出され，商品の供給は，生産者の合理的行動原理にもとづいて，すべての商品の価格の関数として導出される。消費者理論と生産者理論は，より一般的な経済環境に適用するため，効用概念あるいは選好順序の概念，生産技術を表す生産関数の概念を一般化することによって，一般化された。

13.2 消費者理論の歴史

完全競争市場においては，消費者は，市場で決まる価格体系を所与として，所得の制約のもとで効用を最大にするように消費を選択する。その結果，各商品の消費は価格体系の関数として決定される，すなわち需要関数が導出される。消費者行動の理論の意義は，任意の商品の需要関数がその商品の価格の減少関数であることを証明することにより，経験法則である需要法則を説明することにある。

いま，2個の商品があり，各商品は指標 $h \in \{1,2\}$ によって表されるとする。消費は $x = (x_1, x_2)$，価格体系は $p = (p_1, p_2)$，消費者の所得は M によって表される。効用関数を $u = u(x)$ と表す。一般に，消費者行動の理論は価格体系 p と所得 M を所与として

$\qquad x^*$ は $p_1 x_1 + p_2 x_2 \leqq M$ の制約のもとで $u(x)$ を最大にする $\qquad$ (A)

を満たす消費者均衡 x^* を求める理論として記述される。その主題は，需要法則すなわち $\partial x_h / \partial p_h < 0$ を証明することである。このとき，序数主義の基準では，消費者理論は需要法則の導出に必要な効用関数の性質が一般的であるほどより一般的でより優れた理論であることになる[1]。ところで，理論の構造から，需要関数の性質は効用関数の性質に依存して決まるから，消費者

---

[1] 効用理論の展開とそれにともなう消費者理論の歴史については，Stigler (1965), Katzner (1970) を参照されたい。

理論の歴史の本質は効用概念の展開にある．

13.2.1 効用と選好順序

効用と希少性の理論においては，商品の価値が実質的な限界効用概念によって特徴づけられていた．ヴェッリ (Verri, 1771) や J.B. セー (Say, 1803) の理論においては，価格は需要の大きさと供給の大きさによって決定されると指摘されているが，需要曲線や供給曲線が限界効用や限界費用の概念と適切に結びつけられていなかった．需要が，効用最大化の結果，価格の関数として導出されるようになるのは，限界革命以降であり，とくに消費者理論の定式化に貢献したのは，ワルラス，マーシャル，パレートとかれらの追随者である．

効用概念が人の内省から出発したものであることは確かだと思われるが，はじめは，とくに意識されずに，長さや重さと同じように測定できるものだと考えられていた．効用関数の可測性を明示的に指摘しているのはジェヴォンズである．ワルラスは効用の可測性について思い悩み，位相幾何学への貢献で有名な数学者アンリ・ポアンカレ (Jules-Henri Poincaré, 1854–1912) に相談し，効用は序数的であるという示唆を受けているが，その指摘はワルラスの理論には本質的な影響を及ぼしていない（ジャッフェ，1977, 第 2 章）．

限界革命を推進したジェヴォンズ，ワルラス，メンガー，マーシャルらは可分かつ加法的な効用関数 $u(x_1, x_2) = u_1(x_1) + u_2(x_2)$ を仮定している．効用関数を一般的な形式で，$u = u(x_1, x_2)$ と表したのは，エッジワース (Edgeworth, 1881/1967) である．エッジワースはもはや，効用関数を長さや重さのように測定できるとは考えていなかったが，消費から得られる快楽の対象関係は決められると考えていた．エッジワースはまた効用関数を無差別曲線図によって表現した．無差別曲線は効用関数の効用水準を一定 $\bar{u} = u(x_1, x_2)$ とする消費 (x_1, x_2) の集合である．無差別曲線は地図の等高線や天気図の等圧線と同様の概念である．効用関数が表現する選好順序に凸性[2]や単調性[3]を

---

[2] 無差別曲線が原点に対して凸であることを表る．これは，すべての商品を偏りなく消費する方が効用が大きいことを意味している．

[3] 数量的な大小関係と選好順序が同じであること，たくさん消費する方が効用が大きい

13.2 消費者理論の歴史

仮定すると,原点に対して凸であり,右下がりの無差別曲線図が描かれる。単調性から,右上方向にある無差別曲線の方が効用水準が高くなる。

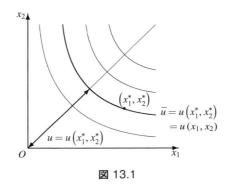

図 13.1

逆に,無差別曲線図を所与とすると,任意の消費 (x_1^*, x_2^*) の効用水準をつぎのように指定することにより,効用関数を構成することができる。すなわち,まず,その消費を通る無差別曲線と 45 度線の交点を探し,つぎにその交点と原典との距離を測り,その長さを効用指標とすればよい。この事実を指摘したのはパレート (Pareto, 1909/1966) である。かれは 1898 年ころ,完備性,推移性,凸性,単調性を満たす選好順序を仮定し,その選好順序から無差別曲線図を導出して,無差別曲線図から序数的効用関数を導出できることに気づいていた。

完備性とはどんな 2 つの消費に対しても,どちらがよいか,あるいは無差別であるかを判断できることである。推移性とは a が b より選好され,b が c より選好されれば,必ず a が c より選好されることであり,じゃんけんのような選好の循環が起きないことを意味している。厳密には,完結な消費集合上で定義された,完備性,推移性,連続性を満たす選好順序は,消費に対する効用が増加関数となる効用関数として表現できる (Debreu, 1959, 4.3)。

パレートによる効用理論の展開は,経験的に確認できない仮定を排除して,経済理論を構築しようとするかれの方法論を反映している。この考え方は,

---

ことを意味している。

オッカムの剃刀[4]と同じ方向性をもち，経済理論から価値判断にかんする要素を除こうとする，ヴェーバー (Weber, 1904) 以降の考え方に則って，効用概念の特徴をより一般的な仮定に置き換えていく方向へ進んでいる。この方向性のこの時点での到達点が，パレートの序数主義である。

ところで，測定には少なくとも3つの概念があり，効用概念もそれらに対応している。第1は，長さや重さと同じ測度 (可測的効用) であり，x が測度であるならば $y = ax$ によって表される y も測度である。この測度は線形変換から独立であり，単位を変えても測定されるのは同じ対象である。

第2は，温度と同じ測度 (基数的効用) であり，温度には摂氏と華氏がある[5]。x がこの意味の測度であれば，$y = ax + b$ によって表される y も同一の測度であり，原点を移動させても単位を変更しても測定されるのは同じ対象である。

第3は，硬度のような順序だけが意味をもつ測度 (序数的効用) であり，数学的には非減少関数による変換から独立であると表現される。硬度1は石墨，・・・，硬度10はダイヤモンドであるが，硬度は相対的大きさすなわち順序のみが意味をもち，数値の絶対的大きさに意味はない。

効用が可測的であれば，効用の大きさを比較することができる。効用が基数的であれば，効用の大きさを比較することには意味がないが，異なる2つの消費から得られる効用の差を比較することができる。効用が序数的であれば，効用の大小関係のみが意味をもち，効用の大きさ，2つの効用の比あるいは差を比較することに意味はない。

基数的な効用関数は，ゲーム理論で利用されている。フォン・ノイマン＝モルゲンシュテルン型期待効用関数といわれる確率を考慮した効用関数は基数的効用関数の代表例である。ゲーム理論で考察されている戦略は有限の具体的な選択肢であるが，戦略間の選択を合理的に説明するときには，複数の戦略間の選択を確率的に，すなわちクジを引くことが解となる。そのため確

---

[4] 結論の演繹に必要のない仮定をおく必要はない，理論を構成する仮定は少ない方がよい，という考え方である。

[5] 摂氏においては水の氷点を 0°C, 沸点を 100°C として測定されるが，華氏では水の氷点を 32°C，摂氏で測った温度を c°C とすると，華氏 k は $k = 32 + \frac{9}{5}c$ によって表される関係がある。

13.2 消費者理論の歴史

率はゲーム理論にとって不可欠な要素である。このようなクジに対する効用を考える。1/2 の確率で 90 万円，1/2 の確率で 10 万円をもらえるくじの期待値は 50 万円である。くじのうえの選好関係が完備性，推移性，連続性，独立性[6]を満たすならば，そのプレーヤーの効用関数は期待効用関数として表現される。この期待効用関数は基数的効用関数である。

一方では，効用関数の性質を弱めて消費者理論が展開されていくが，他方で，デュピュイやマーシャルは，効用を測定することが経済学において科学的分析を行うために不可欠であると考えている。とくに，かれらによって開発された費用便益分析は，明確な帰結を得ることができるので大きな説得力をもっていた[7]。

それらとは別に，アントネッリやパレートは，観察することのできない概念である効用を観察される価格と需要のデータから，消費者の合理的行動を仮定して，効用関数を逆算しようとしている。それが可能であれば，観察可能なデータから間接的に効用を観察できると考えられるからである。

13.2.2 需要法則とパレート＝スルツキー＝ヒックスの方程式

需要分析に限界分析を導入したのは，ゴッセンである。ゴッセン (Gossen, 1854) は，所得の限界効用均等の法則

$$\frac{\frac{\partial u}{\partial x_1}(x_1)}{p_1} = \frac{\frac{\partial u}{\partial x_2}(x_2)}{p_2} = \cdots = \frac{\frac{\partial u}{\partial x_H}(x_H)}{p_H}$$

を導出していると指摘されることがあるが (Stigler, 1950)，原典からわかるように，価格体系は明示的に取り扱われておらず，実際に指摘されているのは支出の限界効用均等の法則

$$\frac{\partial u}{\partial (p_1 x_1)}(x_1) = \frac{\partial u}{\partial (p_2 x_2)}(x_2) = \cdots = \frac{\partial u}{\partial (p_H x_H)}(x_H)$$

---

[6] 任意のくじ ℓ_1, ℓ_2, ℓ_3 と 0 と 1 の数 $\alpha \in [0,1]$ に対して，$\ell_1 \succ_i \ell_2 \iff \alpha \ell_1 + (1-\alpha)\ell_3 \succ_i \alpha \ell_2 + (1-\alpha)\ell_3$ が成り立つ．

[7] 一般均衡理論の応用である費用便益分析は純粋理論の内生的展開として研究されてきたのではなく，国や地方自治体の省庁が予算を獲得するために当局を説得する手段として有効であったために重宝されたのであることがポーター (Porter, 1995) によって指摘されている．

である．この式は，価格が明示的に導入されていれば，所得の限界効用均等の法則と同値であるが，価格は明示されておらず，ゴッセンが所得の限界効用均等の法則を指摘したと主張することには無理がある．

マーシャル (Marshall, 1890/1920) は，可分かつ加法的であり，限界効用逓減の法則，所得の限界効用一定の法則を満たす効用関数にもとづいて需要法則を証明している．マーシャルの仮定のもとでは，需要法則は限界効用逓減の法則と同値になる．

一般的な効用関数に対して，需要法則はスルツキー方程式にもとづいて説明される．問題 (A) を解くことにより，任意の商品の需要関数はその商品の価格と所得の関数 $x_h = x_h(p_1, p_2, M)$ になる．ところで，所得制約のもとで効用を最大にする消費は，同時に同じ価格体系 $p = (p_1, p_2)$ のもとで，その消費によって達成される効用水準 $\bar{u}$ を実現するために必要な最小支出を求める問題

$\quad x^*$ は $u(x) \leqq \bar{u}$ の制約のもとで $e = p_1 x_1 + p_2 x_2$ を最小にする　　(B)

の解になっている．その最小支出を達成する消費を

$$h(p, \bar{u}) = (h_1(p, \bar{u}), h_2(p, \bar{u}))$$

とすると，支出関数 $e = e(p, \bar{u})$ は

$$e(p, \bar{u}) = p_1 h_1(p, \bar{u}) + x_2 h_2(p, \bar{u})$$

となる．このとき，最小支出を達成する需要関数 $h(p, \bar{u}) = (h_1(p, \bar{u}), h_2(p, \bar{u}))$ をヒックスの需要関数あるいは補償需要関数という．

商品 h の需要関数をその価格で偏微分すると，スルツキー方程式

$$\frac{\partial x_h(p, M)}{\partial p_h} = \frac{\partial h_h(p, \bar{u})}{\partial p_h} + \frac{\partial x_h(p, M)}{\partial M} \frac{\partial M}{\partial p_h}$$
$$= \frac{\partial h_h(p, \bar{u})}{\partial p_h} - x_h(p, M) \frac{\partial x_h(p, M)}{\partial M}$$

が得られる．第1項は最適消費の効用水準を一定とするときの相対価格の変化に対する需要の変化であり，代替効果を表すので代替項とよばれる．第2項は相対価格を一定とするときの実質所得の変化に対する需要の変化であり，所得効果を表すので所得項とよばれる．

スルツキー方程式を最初に導出したのはパレート (Pareto, 1909/1966) で

13.2 消費者理論の歴史

あるが，かれはその含意を読み取ることはなかった．パレートの成果にもとづいて，スルツキー (Slutsky, 1915)，ヒックス＝アレン (Hicks and Allen, 1934)，サミュエルソン (Samuelson, 1947) らがより洗練された理論を展開している．その後，双対性の研究が進み，上記の理論が展開された．双対性とは，たとえば，効用関数と支出関数という別の概念が同じ情報をもつという性質である．問題 A と問題 B は別の観点から問題をとらえている同じ情報をもつ問題である．それらの解の存在を保証する十分条件である，効用関数の準凹性が満たされるとき，効用関数から支出関数を生成できるし，その逆も可能である．

スルツキー (Evgeny Evgenievich Slutsky, 1880-1948) は，スルツキー方程式を導出し，代替項の性質，所得項の性質と上級財，下級財の区別，需要法則は所得効果が代替効果より小さいときに成り立つこと，所得効果が代替効果より大きいときにはギッフェン財 (消費が価格の増加関数である財) になることを指摘している．ヒックスやサミュエルソンの理論と異なるのは実質所得の概念である．価格変化の前後で実質所得が一定であることについて，ヒックスしたがって現代の消費者理論は，価格変化後の名目所得が価格変化前の均衡消費と同じ効用水準の消費を変化後の価格体系で均衡消費とするような額であると定義しているのに対し，スルツキー (Slutsky, 1915) は，価格変化後の名目所得が価格変化前の均衡消費を変化後の価格体系で評価した額に等しいこととして定義している (西村, 1990; Mas-Colell et al., 1995).

13.2.3 小規模なパラダイム転換としての消費者理論の展開

効用関数が可分で加法的であるときには，限界効用逓減の法則を満たす効用関数は準凹関数 (無差別曲線が原点に対して凸であること) になるから，限界代替率逓減の法則を満たす (Katzner, 1970, p.33)．ところが，一般的には，限界効用逓減の法則と無差別曲線の凸性を意味する限界代替率逓減の法則は無関係な性質であるから (西村, 1990, pp.25-26)，マーシャルの消費者理論とパレートの消費者理論はそれぞれ無矛盾であり，両立不能である，相互に独立な理論である．したがって，厳密に言うと，マーシャルの消費者理論からパレートの消費者理論への展開においては，ある種局所的で小規模な科学

革命が生じていると考えられる。

　この序数主義的消費者理論へのパラダイム転換は、形式体系の構築とその解釈が別々の研究者によって行われ、科学革命に見られる事例と類似した様相を呈している。一般的に、理論は形式体系と経験的解釈とから構成される(Shoenfield, 1967)から、それらを構築した研究者がその理論の発見者ということになる。序数主義的消費者理論においては需要法則の証明はスルツキー方程式の導出とその解釈によって完成する。スルツキー方程式は異なる表現ではあるが形式的にはパレートによって計算されている。ところが、その解釈はパレートによっては指摘されず、スルツキーによって発見され、ヒックスによって再発見された[8]。

　ところで、なぜパレートはスルツキー方程式の解釈を確立できなかったのであろうか。理論的には、需要法則は任意の商品の価格の変化に対する需要の変化を表す法則であるから、需要関数あるいはそれと同じ情報をもつ、所得制約式＋限界効用均等の法則を表す方程式、の価格に関する偏導関数の符号を調べればよい。ヒックスはこの手続によってスルツキー方程式を導出している。ところが、パレートは、まず所得の限界効用の価格に関する偏導関数を計算してから、スルツキー方程式を導出している。このことは、パレートの考え方が序数主義的なパラダイムではなく、マーシャルの考え方に縛られていたことを表していると考えられる。

　ただし、公理的アプローチの観点からは、パレートは意図してスルツキーやヒックスのような解釈をしなかったとも考えられる。というのは、公理的アプローチの観点からは、需要法則は基礎概念の特徴を記述する公理すなわち効用関数の特徴を表現する公理から導出されなければならないが、粗代替項、代替項、所得項の性質は効用関数のどんな特徴によって保証されるのか不明である。そもそも、スルツキー方程式を前提として粗代替性を仮定する

---

[8] クーン (Kuhn, 1962, Ch. 6) が引用している X 線の発見、酸素の発見および相対性理論の発見の例に見られるように、ある物質や理論の形式的な発見は必ずしもその物質や理論の実質的な発見を意味しないことがある。というのは、形式的に物質や理論が同一であっても、それらの経験的な解釈の方法 (パラダイム) によって経験的な意味が異なるからである。逆に、こうした事実がそれらの物質や理論の発見に関する優先権を曖昧にすることになる。

ということは，初めから需要曲線は右下がりであることを仮定するのとほとんど同義であり，わざわざ消費者の効用最大化行動にもとづいて需要関数を導出する意味などないに等しいのである。これならば，クルノー (Cournot, 1838/1980) と同じように初めから右下がりの需要曲線を仮定すればよい。パレートは事実として経済理論を公理的な理論として構築している。もし，パレートが公理的アプローチを保守していたのならば，粗代替財のような概念に気づいたとしても採用しなかったのは不思議なことではない。

13.2.4 序数主義と費用便益分析

経済政策の分析において重要な役割を果たしている費用便益分析は，人々の効用を貨幣で測定できることを前提にしている。ところが，この仮定は序数主義の立場からは受け入れがたいものであり，とくにサミュエルソン (Samuelson, 1947, 第 8 章) によって徹底的に批判された。序数主義を堅持する限り，所得効果が存在するときには，観察される需要と価格にもとづいて効用や消費者余剰の変化を測定することは理論的にできないのである。

所得の限界効用は消費者の所得制約条件付効用最大化問題を解くために用いられるラグランジュの未定乗数法のラグランジュ乗数に等しい。ラグランジュ乗数は最適解においてすべての商品の価格と個人の所得の関数になる。所得の限界効用一定の法則を仮定することの問題点は法則の意味が曖昧であることである。実際，所得の限界効用がどの変数の変化に対して一定であるのかについて複数の解釈が可能である。ところが，ラグランジュ乗数は 0 次同次関数ではないから，すべての変数に対して独立ではありえない。したがって，所得の限界効用一定の法則は，所得の限界効用が任意の商品の価格の変化に対して一定であるか，所得の変化に対して一定であるかいずれかを意味することになる。前者は効用関数がホモセティック (同次関数) であることと同値であり，後者は効用関数が準線形関数であることと同値であることが知られている (Katzner, 1970)[9]。マーシャルの効用関数は準線形である。

序数主義の立場からは，費用便益分析の消費者余剰概念を理論的に正当化

---

[9] 所得の限界効用一定の法則の解釈と消費者余剰概念の理論的裏づけについては奥野・鈴村 (1988)，Takayama (1993, pp.621-647) を参照されたい。

することはできない。にもかかわらず，費用便益分析の実践的な重要性のために，序数的一般均衡理論にもとづいて消費者余剰の概念を正当化するための工夫が重ねられた。その結果，結局のところ理論的に消費者余剰の概念を正当化することはできないが，所得の限界効用が十分小さいときには，近似的には問題がないと判断することにより，経験的に消費者余剰概念を正当化できるという考え方が示された (Willig, 1976)。

実践的な問題の費用便益分析に応用されるのは，たとえばランカスター (Lancaster, 1966) の消費者理論にもとづいて展開されたヘドニック・アプローチであり，マーシャルの消費者理論でさえない。ヘドニック・アプローチは，商品を複数の特性から構成されるものととらえ，特性ごとに潜在的な経済価値を推定する方法であり，資産価格の費用便益分析などに有効である。たとえば，マンションの部屋の家賃は広さ，間取りなどの部屋の特性だけでなく，駅までの距離，勤め先までの距離のような利便性，日当たり，騒音，大気汚染といった，環境条件などさまざまな特性にもとづいて決定される。こうした資産の特性と資産の価格を関連づけ，たとえば環境条件の需要関数を導出して環境の外部効果を評価するという分析が可能になる。大気・水質・騒音などの環境問題，道路建設を含む交通問題，健康と医療の経済効果，エネルギー資源の経済問題などに応用されている (Boardman et al., 2001)。

これらの事実は，序数主義的一般均衡理論と費用便益分析がそれぞれ経済学の純粋理論と応用理論にとって不可欠のものであることを意味している。それらはそれぞれ目的の異なる，単独では独立であるが相互に両立不能な，極めて堅固な補完的 SRP であるということになる。理論と実践の両面からそれぞれの道を究め，歩み寄りを模索している。

13.2.5 顕示選好理論の意義

効用は観察されない概念であるから利用すべきではないという考え方は，イギリス古典派の経済学者ばかりでなくバローネ (Barone, 1908)，カッセルのようなワルラス理論の後継者と考えられる経済学者によっても共有されている。レオンティエフ (Leontief, 1929) の産業連関分析などの線形の生産構造をもつ理論を支持する，代替定理 (Samuelson, 1951) が成立する経済環境

においては，すべての商品の価格は労働の投入量によって決定されるから，商品の供給量を決定する需要の概念は重要であるが，効用概念は価値決定の理論には不要な概念となる．

そこで，観察可能な概念である需要関数あるいは逆需要関数にもとづいて，それらを最大化の結果として導出するような効用関数を想定できれば，観察されないとしても効用関数を想定する意味がある．この問題は積分可能性の問題としてアントネッリ (Antonelli, 1886) によって初めて定式化され，パレート (Pareto, 1909/1966) の分析を経て，サミュエルソン (Samuelson, 1947) によって顕示選好の理論が確立された．ハウタッカー (Houthakker, 1950) は「強い公理」にもとづいて，適切な条件のもとで整合的な選好順序が存在すること，したがって観察可能な需要行動から背後にある消費者の選好順序を推定できることを明らかにした．顕示選好理論は序数的効用理論と同じだけの情報をもっている．

ただし，効用概念や社会的厚生の概念がなくなると資源配分を評価することができなくなってしまうので，それを利用しないならば代替的な概念を提出しなければならないだろう．消費者余剰や生産者余剰の概念がどんなに理論的に批判されても費用便益分析が放棄されなかったように，政策判断を可能にする理論は必要なのである．

13.3 生産と分配の理論の歴史

1894 年にウィックスティードの『分配法則の統合』が出版され，そこで完全競争市場における生産要素への分配は限界生産性原理のみによって説明されることが指摘された．ワルラスは，自己の理論から完全分配定理が形式的に導出できることに気づき，この定理に関する著作権を主張できると考え，パレートやバローネに相談した．

パレート (Pareto, 1909/1966, p.636) は，生産係数の決定には生産者の利潤最大化が必要であることを指摘したうえで，完全分配定理には否定的な見解を述べている．かれは，生産関数が 1 次同次であるならば完全分配定理が成立することは知っていたが，必ずしもすべての生産要素が可変的ではなく

土地などの固定的生産要素が存在するから，個別の生産者の生産関数は1次同次にはならず，したがって一般に完全分配定理は成り立たないと考えていた。そこで，ワルラスはバローネに連絡を取り，バローネがワルラスとは独立にウィックスティード著『分配法則の統合』の書評論文を書き，『エコノミック・ジャーナル』に投稿したのであるが，当時の編集者エッジワースによりこの書評論文は掲載を拒否されたことを知った。こうした経緯を経てワルラスはかれの『純粋経済学要論』第3版において「ウィックスティード氏によるイギリス地代理論論駁に関する覚書」を挿入し，バローネの書評の要約をかれの貢献であると断ったうえで掲載し，「故意に先駆者の業績を無視する態度に固執しなかったならば，さらによりよい着想が与えられたはずである」とイギリスの経済学者を非難することになった。

ワルラスの主張はイギリスの経済学者には無視されたが，後にヴィクセルによって決着がつけられている。ヴィクセル (Wicksell, 1958a) は，はじめワルラスの理論から完全分配定理が導出されることは認めていたが，ワルラスの定理もウィックスティードの定理と基本的に同じ生産技術の条件を前提にしていると考え，ワルラスの定理がより一般的であることは否定していた。ところが，ヴィクセル (Wicksell, 1958b, 1901/1934) は，生産者の生産技術が小規模生産においては収穫逓増を満たし大規模生産においては収穫逓減を満たすような性質をもつときにはワルラスの完全分配定理が成立することを指摘して，ワルラスとバローネの理論の一般性を裏づけた。経済学史ではこのヴィクセルの解釈が定説となっているが，決して厳密な解答ではない。

この論争の解決には1950年代までに解明された競争均衡の存在証明と双対性理論が必要であり，ここで，個々の主張の妥当性を吟味しておく。まず，現代理論の観点から解釈するとワルラスの完全分配定理は微分可能性を仮定したマッケンジー・モデル (McKenzie, 1959) において厳密に証明され，それが最も原典の意図を忠実に反映しているといえる。完全分配定理は完全競争均衡における価格と生産にかんする性質を特徴づけているから，競争均衡の存在が前提になってる。ところが，均衡の存在は経済全体の生産関数の凸性などによって保証されるのであり，個別生産者の生産技術にかんする性質は必要ない。しかし，任意の競争均衡に対して完全分配定理が成り立つため

13.3 生産と分配の理論の歴史

には，この総生産関数は一次同次でなければならない。

このときには，分権定理から，すべての個別生産者の利潤が最大であることと経済全体の利潤が最大であることは同値であり，産業全体で経済全体の利潤が最大化されているとき，かつそのときのみ，個別生産者の利潤は最大化されている[10]。

したがって，経済全体の生産関数が一次同次であるならば，個別生産関数はどんな性質をもっていてもよいのである (西村, 1990, 定理 8.5)。この意味において，ワルラスとバローネの主張は理論的には妥当である。ヴィクセルの特徴づけは，個別生産者の行動にもとづいて完全分配定理を証明するために，個別生産者の生産関数がみたすべき性質を建設的に特徴づけたものである。

これらの理論は少なくともアロー＝ドゥブリュー・モデルあるいはマッケンジー・モデルの内容を限界分析が可能な経済環境に適用して初めて明らかになることである。それゆえ，このテーマについて詳細な調査が行われている，スティグラー (Stigler, 1941) の『生産と分配の理論』に登場する経済学者は，スティグラー自身を含めて誰も論争に完全な解答を与えることは不可能であった。

また，一見もっともにみえるパレートの主張は妥当ではない。当時の経済環境を仮定し，生産物と生産要素が先験的に区別されており，結合生産がないとする。完全競争市場の理論において，すべての商品について市場のあるいは経済全体の生産関数が一次同次であれば，完全分配定理が成り立つことがオイラーの定理からわかる。パレートはワルラスと同じように自由競争均衡を考えているから，どのような産出水準においても生産者は利潤も損失も出さず，経済全体の平均費用曲線は水平である。ところが，かれの理論が無矛盾であるためには，すなわち自由競争均衡の存在がかれの経済環境の性質によって保証されるためには経済全体の生産関数が 1 次同次でなければならない。したがって，パレートの理論においても，かれの意図に反して，完全分配定理が成り立つことになる。

この表面的な矛盾はつぎのように解釈することができる。生産関数は 1 次

---

[10] 分権定理についてはドゥブリュー (Debreu, 1959, p.45, (1)), 西村 (1990, pp.252-256) を参照されたい。

同次ではないというパレートの指摘は個別生産者の生産関数に関するものであると考えられる。自由競争均衡においては経済全体の生産関数が1次同次であるから経済全体の限界費用曲線および平均費用曲線は水平である。また，産業においては自由な参入と退出ができるから，個別の生産者については一部の生産要素が固定されているが，新規参入する生産者は最良の生産技術をまねすることができるから，個別生産者の費用曲線はある生産要素が固定された経済全体の費用関数であり，U字型の曲線になる。このとき，たとえ生産要素の投入量が固定されていても，他の生産要素が固定的生産要素の投入量に対して効率的に投入されれば，すべての生産要素が可変的であるときの効率的生産を達成することができる。

したがって，個別生産者の費用曲線が経済全体の平均費用曲線と共通点をもつならば，包絡線定理により個別生産者の費用曲線の包絡線が経済全体の費用曲線であり，効率的な生産においては経済全体の費用曲線に関する限界条件と個別生産者の費用曲線に関する限界条件が一致するから，個別の生産者についても完全分配定理が成り立っている[11]。もっとも，複数の生産要素が固定されているときには，他の生産要素をどんなに効率的に投入しても市場で生き残れるほど効率的な生産活動ができない可能性が高い。このときにはその生産者の生産は0であり，結局市場には完全分配定理をみたす生産活動を行っている生産者のみが生き残るのである。それが，自由競争あるいは長期の均衡において完全分配定理が成り立つことの意味である。

このように，ワルラス均衡においてはミクロ経済学としてはきわめて理想的な競争状態が実現されている。ワルラスの競争均衡はマッケンジー・モデルによって見事に表現されているが，それは参入と退出が行き着いた長期の理論である。短期の完全競争市場の理論としては，アロー＝ドゥブリュー・モデルが適しており，それが20世紀のミクロ経済学の基盤となった。

---

11 ここで議論した自由競争均衡あるいは長期均衡における総生産関数と個別生産関数の関係は，現在の経済学において長期の生産関数と短期の生産関数の関係として表される関係と同じである。そこでは，長期の生産関数あるいはそれから得られる長期の平均費用曲線およびその生産関数の定義域の変数を固定して得られる短期の関数あるいはそれから得られる短期の平均費用曲線が包絡線定理 (西村, 1990, p.176) によって関係づけられている。

13.4 資本・利子理論と経済成長理論

　ジェヴォンズ (Jevons, 1871) は所与の中間生産物に対して生産期間の限界生産性が逓減するとき，利子率最大化のための条件を求めている。ヴィクセルはジェヴォンズの条件を利子率＝待望の限界生産性と表現している。ベーム-バヴェルク＝ヴィクセル・モデルは，固定資本が存在せず，生産期間中に流動資本が熟成してそのまま生産物になる「単線直線的」モデルである。ところが，資本理論としては流動資本ではなく固定資本を考慮することがより現実的である。ヴィクセル (Wicksell, 1901/1934) はオーカーマンの資本利子理論にもとづいて，実物資本を明示的に導入し，実物資本の耐久期間を決定する理論を展開した。

　フィッシャー (Fisher, 1930) は利子率を現在財と将来財の間の相対価格であると定義することにより，利子理論を異時点間の一般均衡の枠組みに組み入れた。利子率決定の理論は現在財と将来財の間の価格決定理論に還元される。

　ワルラスの資本化と信用の理論においては，資本は労働や土地と同じような本源的生産要素であり，固定資本として資源が存在し，フローとしての資本サービスが提供される。確かに，ワルラスの理論にはベーム-バヴェルク＝ヴィクセル・モデルのような生産期間決定の理論やオーカーマン＝ヴィクセル・モデルのような資本の耐久期間決定の理論はない。ところが，かれらのモデルが中間生産物としての流動資本が消費財に熟成する，あるいは中間生産物から生産される固定資本としての資本財および中間生産物から消費財が生産されるという「単線直進的」生産構造を想定しているのに対し，ワルラスの理論は，資本財がさらに資本財の生産のために投入される「複線回帰的」生産構造を想定している。ヴィクセルの資本・利子の理論をワルラスの枠組みにもとづいて拡張解釈すると，「単線直進的」生産構造における利子率を最大にするための生産期間決定の問題や耐久期間決定の問題は，「複線回帰的」生産構造における利潤を最大にするための生産規模決定の理論として表現され，前者の解は後者の解すなわち限界生産性原理によって統一的に表現される。こうしてワルラスの一般均衡理論はそれらの理論を包摂するより一般的な枠組みであり，実際，安井 (1936) やマランヴォー (Malinvaud, 1953) に

よってワルラスの一般均衡理論は資本蓄積を含む枠組みに拡張され，異時点間の資源配分の理論としての一般均衡理論が構築されている。

資本蓄積の理論は，フォン・ノイマン (von Neumann, 1937/1945) によって一般均衡の経済成長モデルに拡張された。これは一般均衡の存在証明としても画期的な貢献である。すべての産業において均等な比率で資本蓄積する均衡成長経路はフォン・ノイマンによって定義されたが，出発点と到達点の状態にかかわらず，その中間においてはフォン・ノイマン (均衡成長) 経路の近傍を通過することが効率的な成長経路であることがターンパイク定理として知られている (McKenzie, 1987)[12]。

13.5 一般均衡理論の展開

新古典派のパラダイムは，ワルラスとパレートの一般均衡体系にもとづいて，市場の価格メカニズムの機能と限界を明らかにした厚生経済学の基本定理，マーシャルとピグーによって構築された，市場の失敗や所得分配上不公平な配分に対する公共政策の理論によって特徴づけられる。20世紀のミクロ経済学の展開を振り返ると，基本は，ワルラス経済学にもとづくマーシャル経済学の定式化，一般均衡体系の精緻化と応用経済学への適用であると考えられる。

13.5.1 一般均衡の存在

ワルラスは，一般均衡を特徴づける諸条件すなわち，所得制約，需要関数 (限界効用均等)，供給関数 (限界生産性均等)，需給均衡を表す方程式の数とそれらが決定すべき未知数の数を数え，それらの一致を確認することにより，一般均衡の存在を主張している。もちろんこれらの条件だけでは不十分であるが，当時は数学的な解の存在条件は未解決の問題であった。

1930年代までは，一般均衡の存在は市場における需給均衡方程式の数と未知数である価格の数が一致することによって確認されると考えられていたが，

---

[12] これらのモデルは基本的に定常状態もしくは均衡成長を定式化している。定常状態でない資本蓄積の理論はラムゼー，ソローらに始まるマクロ経済成長理論として展開された。

13.5 一般均衡理論の展開

シュレジンガー (Karl Schlesinger, 1889-1938)，ヴァルト (Abraham Wald, 1902-50) らによって問題の本質が指摘され，一般均衡の存在と一意性に関する数学的に厳密な証明が与えられた．これらの成果は経済学者には取り上げられなかったが，こうした研究成果を通して経済理論の数学的特徴について研究する専門分野である数理経済学が成立した[13]．当時，「量子力学の数学的基礎」(1932) によって量子力学を公理系として定式化するなど，科学理論の公理化を推進していたフォン・ノイマン (von Neumann, 1937/1945) は，拡張経済モデルの一般均衡の存在を証明することにより経済学にも決定的な貢献をし，数理経済学の成立に寄与した．

2人ゼロ和ゲームにおけるミニマックス定理は，はじめ，フォン・ノイマンとモルゲンシュテルンによってブラウアー (Luitzen Egbertus Jan Brouwer, 1881-1966) の不動点定理を用いて証明されたが，ジャン・ヴィーユ (Jean André Ville, 1910-89) はそれを凸集合についての分離定理を用いて証明した．こうして均衡の存在証明には，凸集合の性質が重要な役割を果たすことがわかり，フォン・ノイマンの指示を受けた角谷静夫 (1911-2004) が凸集合の性質を用いてブラウアーの不動点定理を一般化した．これが角谷 (Kakutani, 1941) の不動点定理であり，一般均衡の存在証明において中心的な役割を果たしている．この研究を通して，ミニマックス定理，角谷の不動点定理，分離定理の間の密接な関係が明らかになった．

その後，一般均衡の存在は，非協力ゲーム理論におけるナッシュ均衡の存在証明を応用することによりアロー＝ドゥブリュー (Arrow and Debreu, 1954) によって証明されたが，より簡潔な証明がゲール (Gale, 1955) と二階堂 (Nikaido, 1956) によって独立に行われ，マッケンジー (McKenzie, 1959) やドゥブリュー (Debreu, 1959) らによって完成された．一般均衡の存在が位相，凸解析などの抽象的な数学によって証明されたために，一般均衡の存

---

[13] オーストリア・ハンガリー帝国崩壊後のウィーンで，C. メンガーの息子である K. メンガーが開催していたコロキュウムを通して数理経済学が確立された．1920 年代かれは論理学者クルト・ゲーデルやアブラハム・ヴァルトらを含む若い数学者を集めて，隔週でコロキュウムを開催し，その成果を *Ergebnisse eines Mathematischen Kolloquiums* という雑誌に発表していた．この雑誌は，コロキュウムのメンバーの多くがナチズムの台頭によりアメリカに移住してしまったため 7 年間で廃刊を余儀なくされたが，重要な論文を生み出している．

在,安定性,一意性などの特徴を保証するようなより一般的な経済環境を模索することが経済分析のテーマとなった[14]。

ゲール=二階堂のレンマ (Debreu, 1959, p.82) は,ワルラス法則という経済学特有の性質を利用した定理である。価格体系を p,超過需要関数を $\zeta(p)$ とすると,ワルラス法則は $p\zeta(p) \leqq 0$ である。2財の場合を考えると,価格体系は $p = (p_1, p_2)$ ただし $p_1 + p_2 = 1$ は $(0,1)$ から $(1,0)$ に変化する。このとき,ワルラス法則は p_1/p_2 を法線ヴェクトルとする直線の左あるいは下に $\zeta(p) = (\zeta_1(p), \zeta_2(p))$ の像が映ることを意味する。$\zeta(p)$ の像が $-\Omega$ に存在するとき,解は存在する。p が $(0,1)$ のとき,$\zeta(p)$ の像は横軸の下にある。p が $(1,0)$ のとき,$\zeta(p)$ の像は縦軸の左にある。p が $(0,1)$ から $(1,0)$ に連続的に変化するとき,$\zeta(p)$ の像も連続的に変化し,必ず $-\Omega$ を通過するから,解は存在する。

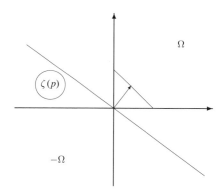

図 13.2 ゲール=二階堂のレンマ

一般均衡の存在は,商品の需要から供給を引いた超過需要関数に不動点が存在することを示すことによって証明される。各商品の需要関数と供給関数は消費者の効用最大化行動と生産者の利潤最大化行動から導出され,それらの性質はベルジュ (Berge, 1966) の最大値定理によって特徴づけられるが,一

---

[14] これらの議論は例えばドゥブリュー (Debreu, 1959),アロー=ハーン (Arrow and Hahn, 1971),福岡 (1979) によって要約されている。参考文献の情報を含めて詳細はこれらの文献を参照されたい。

13.5 一般均衡理論の展開

般的な経済環境においては超過需要は連続関数 (多対 1 対応) ではなく，優半連続な対応 (多対多対応) になる．ブラウワーの不動点定理は超過需要が関数であるときに制限されているから，それを優半連続対応に拡張する必要があった．この拡張された不動点定理が角谷の不動点定理である．

均衡解の存在証明には，根岸 (Negishi, 1960) の方法がある．根岸の方法は，完全競争均衡は各社会構成員について所得の限界効用の逆数を荷重とする効用関数の総和として定義される社会的厚生を最大にする配分と潜在価格に等しい，という関係にもとづいて均衡解の存在を証明する方法である．社会的厚生関数最大化の最適解の存在は分離定理によって証明できるから，私有経済において定められている資源の所有権にもとづいて所得の限界効用を計算し，その私有経済に対応する社会的厚生関数を定義すれば，最適配分とその配分における潜在価格が完全競争均衡に等しくなる．したがって，根岸の方法を利用すれば，一般均衡の存在を不動点定理ではなく分離定理を用いて証明できる．均衡解の存在問題は，財の種類の増大，不確実性による保険市場，異時点間の資源配分などを考慮すると商品の数が無限大になると想定される．不動点定理を無限次元に拡張するのは容易ではないが，分離定理の無限次元への拡張は容易なので根岸の方法を用いれば均衡解の存在証明は有限次元の場合の単純な拡張になるのである．次元の数に左右されず，技術的なハードルを容易に乗り越える本質的なアイデアといえる．ただし，根岸の社会的厚生関数の荷重を特定し，均衡解を定めるためには，不動点定理が必要である．

ところで，一般均衡の安定性と一意性を保証する十分条件は超過需要関数の粗代替性であるが，それは，スルツキー方程式に現れる代替項と所得項という派生概念の性質にもとづいて定義される概念である．したがって，粗代替性は選好や技術によって特徴づけられる経済環境の性質ではないから，公理的アプローチの観点からは，粗代替性の概念を必要とする，需要法則，一般均衡の安定性と一意性などの問題は解決されているとは言い難い．そのため，ドゥブリューは『経済均衡への公理的分析』という副題をもつかれの主著『価値の理論』(1959) において，それらの問題には触れていない．

13.5.2　経済環境の一般化

　一般均衡理論はさらに，リンダールやヒックスによって完全予見のもとでの異時点間の資源配分の問題に拡張されている．その他の時間要素を考慮した重要なモデルはサミュエルソン (Samuelson, 1958) による重複世代モデルであり，年金の経済分析などの応用問題に利用されている．

　情報の問題は，アレ (Maurice Felix Charles Allais, 1911–2010) やアローによって不確実性が存在する経済環境に拡張され，不確実性が存在するときの条件付き市場の一般均衡理論において分析されている．情報の非対称性に関する経済分析はゲームの理論の枠組みで分析されている．

演習問題

1. パレートの方法論と顕示選好理論との関係を説明せよ．
2. 効用概念の変遷について説明せよ．
3. 完全分配定理を証明するためには一般均衡理論の枠組みが必要であり，さらに一般均衡が存在するためには総生産関数の一次同次性が必要であることを説明せよ．

14
社会的選択と厚生

　事実解明的分析だけでなく規範的分析が重要な役割を果たすことは，社会科学の重要な特徴である。規範的分析においては，社会にとって望ましい最適配分とは何か，最適配分は既存の資源配分メカニズムによって達成されるか，達成されない場合には政策介入によって最適配分を達成できるか，といった問題が取り扱われる。また，社会主義や共産主義のように資源配分メカニズム自体を設計し直そうとする考え方もある。

　社会契約論はこうした規範的議論の基本的枠組みを設定している。経済学の厚生基準は，はじめ国富すなわち実質的には GDP の最大化であり，あるいは功利主義的な社会的厚生の最大化であり，それらは自由な競争によって達成されると考えられていた。一般均衡理論の成立とともに，より科学的であることを目指して，効用概念を一般化した序数主義が導入され，20 世紀中頃の規範的分析のパラダイムとなった。ところが，序数主義のもとでは，民主主義的な社会規範の形成が困難であることがアローの一般不可能性定理によって指摘され，一般的な公共政策の分析において明確な政策判断が導かれないことが判明した。そのため，1980 年代に，最先端の分析枠組みが一般均衡理論から非協力ゲームの理論へ主役交代するとともに，フォン・ノイマン＝モルゲンシュテルン型効用関数と協力ゲームの理論にもとづく規範理論が展開され，さまざまな規範概念が公理的アプローチにもとづいて特徴づけられている。さらに最近では，経済学の枠組みを超えた規範的分析も模索されている。

14.1　社会契約論

　中世のヨーロッパ社会は各地域の封建社会の集合体であったが，それらは宗教的規範である教会の倫理・道徳によって統一的に支配されていた。神が定めた「自然」としての秩序を尊重し，維持することが中世の政治問題であった。ルネッサンスを通して人間性が尊重されるようになり，宗教改革によって人間行動が神から分離・解放され，人間の合理的行動によって人間社会の秩序を形成することが求められた。人間が知ることのできない神の意志ではなく，人間の合理性にもとづいて人間社会の秩序が形成されるようになる。社会秩序を生み出すのは政治の問題であったが，マキャヴェッリ (Machiavelli, 1532) は，権力支配によって形成された国家のなかで，利己的な個人によって構成される社会の秩序をどう構築するかという問題として政治問題を定義した。

　その後天文学において天動説から地動説への科学革命がおこり，中世的な世界観を揺るがした。天動説にもとづく世界観を反映していた中世の政治思想も瓦解していくことになる。また，科学の発展を背景として，社会に人間の本性にかなう普遍法則が存在すると考える自然法の思想が定着する。社会科学はその自然法が何かを合理的方法にもとづいて探求する学問である。

　絶対主義国家の成立により国民国家が政治・経済社会の単位となり，市民革命を経て主権が王から人民に移行し，社会構成員に自由が与えられると，マキャヴェッリによって規定された社会契約論の思想が発展していく。そのテーマは，人間を自然状態に還元し，自然状態における人間の本性とは何かを明らかにし，人間の本性にもとづいて秩序ある人間の社会を構成するためのルールを設計することである。トマス・ホッブズ (Hobbes, 1651) は，自然状態は万人の万人による戦いであるから，それを避けるためには国家による強力な主権が必要であると主張した。

　ジョン・ロック (Locke, 1690) は，自然状態においては，各人は自分の身体と自分の所有物とを処理する何の制約も受けない自由をもっているが，それらを破壊する自由はない，各人が各人に対する権力をもつ，と主張した。ホッブズが想定した社会は希少な資源を奪い合う社会だったので，万人が合

理的に行動すれば万人の万人による戦いが生じたが，ロックは労働による生産によって必要な生活資料を生み出す社会を想定していたので，自然状態は，各人が自分の自由を守りつつ他人の自由を尊重する完全に平等な状態である。自然状態においては，人は公平に，生命，自由，所有の権利をもっているが，他人の権利に関与する権限はないので，そこに不都合が生じる。この不都合を自然状態から守るために政府が必要になる。政府は，諸国民の権利を守るために，国民との契約によって存在し，国民は自己の自然権を一部放棄することにより，政府に社会秩序を守るための権力を与えている。

ルソー (Rousseau, 1762/1964) は，社会の構成員の意志を反映した「一般意志」が存在することを前提とし，絶対的な人民主権のもとで，いかなる政治体制であったとしても一般意志に従い，政治社会はすべての人間の自由と平等を保証する仕組みでなければならないと考えていた[1]。

14.2 効用と希少性の理論

いわゆる限界効用理論の流れには，価格に対する需要の反応を説明する事実解明的な消費者理論のアプローチと，価値とは何かという問題から出発して交換価値を特徴づける規範的な価値理論のアプローチがある。

メンガーの価値理論は，社会的厚生を最大にする配分における商品の限界効用をその商品の価値と考える，価値理論の展開が存在することを示唆しているが，その先駆者として，ガリアーニ (Galiani, 1750)，チュルゴ (Turgot, 1769/1919)，コンディヤック (Condillac, 1776/1798) らの効用と希少性の理論がある。かれらは，商品に対する個々人の必要性を表す価値と商品の交換比率である価格を明確に区別し，基本的に限界効用理論と同じ構造をもつ理論を構築している。

交換が行われるのは，それによって達成される配分が交換前の配分のパレート改善になるからである。2人2財交換経済モデルにおいては，商品の交換比率と比較して，個人にとって相対的に限界効用が小さい方の商品が供給さ

---

[1] この節の内容については水田 (2006)，坂本 (2014) を参照せよ。

れ，相対的に限界効用が大きい方の商品が需要される。チュルゴとコンディヤックは，均衡においてはそれぞれの商品に対する個々人の個人的価値が均等化され，限界効用の比率 ≡ 交換価値 = 価格 ≡ 交換比率となることを示した。交換価値が成り立つ配分は，それぞれの個人の効用がそれ以上改善しようがない状態として描かれており，個人の価値概念にもとづく規範的意味を含意している。

　ところで，効用と希少性の理論における論証は 2 人 2 財交換モデルの特殊性を利用しており，一般的経済環境に拡張することはできない。完全競争市場の理論が多数の主体と多数の商品から構成される一般的経済環境に拡張されるためには，ワルラスのタトンマンすなわち完全競争市場の価格メカニズムが必要であった。したがって，限界効用理論に対する効用と希少性の理論の特徴は，(1) 経済主体の行動が最適問題として表現されていない，(2) メカニズムがない，ことであり，逆に限界革命の意義は，(1) 経済主体の行動を最適問題として表現した，(2) 完全競争市場の価格メカニズムを導入した，(3) 最適問題の定式化により問題の枠組みが明示された，ことである。

　効用と希少性の理論は完全競争市場の理論の先駆であるといえるが，ガリアーニやチュルゴの理論が，ミシシッピ・バブルを発生させたジョン・ローのシステムに対する反省として生まれたことは興味深い。現在の市場原理に対する懐疑と比較すると市場の失敗に対する認識の有無が時代を隔てていると考えられる。チュルゴは完全競争市場の価格理論に言及し，「これこそ，価値，貨幣および商業の理論において，きわめて簡単ではあるが，きわめて根本的な 1 つの真理である。この真理は，まったく自明のことであるにもかかわらず，いまでも，よくたいへん優れた人々によってさえ誤解されている。そしてその最も直接的な諸結果についての無智のために，施政はしばしば最も致命的な誤りにおちいった。有名なローの体制(système de Law)を例としてあげれば十分である」(Turgot, 1769/1919, p.96/訳 p.162) と指摘している。

　こうして，チュルゴが『価値と貨幣』において訴えようとしたかれの考え方は，経済活動を適切に運営するためには，完全に自由な商業と競争が必要であるということである。かれの主張はリモージュ農業協会の懸賞論文に応募したグラスラン (Jean Joseph Louis Graslin, 1727?–90) の『富および租

税にかんする分析試論』に対する講評のなかで，「農産物の売上価値，収入，賃金の価格，人口は，それらの間の相互依存の関係によって結びつけられたものであり，これらは自然的な釣合いにしたがってひとりでに均衡する。そしてこの釣合いは常に，商業と競争とが完全に自由である場合に維持される」と明確に述べられている。

14.3　スミスの社会的公正理論

　スミスは『道徳感情論』において，社会秩序は，個々人が公平な観察者の視点にもとづいて人々から称賛されるような行動をとることによって形成されると論じている。その際，スミスは，人びとの行動がどう評価されるかについて，(1) 行動の動機 (行為の適合性)，(2) 実行される行動，(3) 実行された行動がもたらす結果を予測する理論 (構想の有益さ・有害さ)，(4) 行動の結果 (功績と欠陥)，の4点を挙げている。実際には行動の結果がもたらす功績が最も重要であるが，それを意図する立派な動機にもとづいて選択した行動が運・不運に左右されて欠陥となってしまうこともあるので，その動機の適合性こそ道徳哲学の観点から最も基本的な評価基準であると考えている。

　ところで，スミスが構想とよんでいる内容こそ社会科学が事実解明的な分析によって解明し，行動の動機の適合性とその結果の功績をより確かに結びつける理論であると考えられる。この構想は『国富論』において説明されている「見えざる手」を中心とする市場の理論であり，資本蓄積論である。経済学における政策目標は国富の最大化であり，それは自由競争と適切な資本蓄積によって達成されるのである。

　市場の理論における規範的分析は，市場によって達成される資源配分の効率性や公平性といった規範的分析と，市場の価格メカニズムを超えて一般的な資源配分メカニズムの性能にかんする規範的分析がある。前者は1930年代以降新厚生経済学において展開され，後者は1960年代以降メカニズム・デザインの理論を中心とする (新)^2 厚生経済学において展開されている。本章においては，前者とその先駆的貢献について振り返る。

14.4 厚生経済学の基本定理

　チュルゴは，効用を序数的な性質として考察している，あるいは複数の選択対象を選択するための相対的指標とみなしている。チュルゴの効用に対する認識は，かれの市場経済に対する深い洞察を反映していると考えられる。チュルゴもその1人である自由放任思想やアダム・スミスの見えざる手は市場経済の効率性を示唆する思想であり，後に厚生経済学の基本定理として定式化されることになる。ところが，厚生経済学の基本定理は序数的効用関数が導入され，資源配分の厚生基準がパレート効率性と所得分配の公平性に分離されてはじめて証明することができる。

　測定可能な効用関数にもとづいてすべての個人の効用を荷重1で平等に足しあわせる功利主義的な社会的厚生関数は，実質的にベンサム (Bentham, 1789) によって知られていたと考えられる。しかし，功利主義社会的厚生関数は市場経済における資源配分の理論と結びつけられることはあまりなかった。ゴッセンは数少ない例外である。ゴッセン (Gossen, 1854, 第7章，第14章) は最適配分を功利主義社会的厚生関数にもとづいて定義し，最適配分は完全競争市場における経済活動によって達成されると示唆しているが[2]，この主張は正しくない。というのは，功利主義社会的厚生関数を最大にする最適配分は，適切な条件のもとで効用フロンティア上の一点に定まる。ところが，完全競争市場において実現される均衡は，初期資源配分に依存してすべてのパレート効率的な配分が実現しうるから，完全競争均衡と最適配分は一般に一致しない。この意味において，効用が可測だと考えるとアダム・スミスのテーゼが成り立たなくなってしまうのである。

　完全競争市場が最適配分を達成することを意味する厚生経済学の第1基本定理は，マーシャルによって部分均衡分析に枠組みで費用便益分析を用いて証明された。部分均衡分析の枠組みにおいては，完全競争均衡は功利主義社会的厚生を最大にする最適配分に一致する。ところが，上記のように，ワルラスの一般均衡理論の枠組みにおいては，完全競争均衡は必ずしも功利主義の

---

[2] ゴッセンの原典には章立てはない。章立てはジョルジュスク-レーゲンの英訳，それにしたがった池田幸弘氏の邦訳による。

意味での最適配分にはならない。一般均衡理論において完全競争均衡が達成するのはパレート効率性のみである。序数的効用関数と個人間の効用比較不可能性すなわち序数主義にもとづいてパレート効率性を定義し，一般均衡理論の枠組みにおいて厚生経済学の基本定理を証明したのはパレート (Pareto, 1909/1966) である。

14.5 価値と社会的公正

社会的に公正な配分の理論の展開は，メンガーの価値理論を出発点とするのが適切である。かれが，はじめて，価値理論を資源や技術の制約のもとでの効用の最大化という最適問題として明確に定式化しているからである。ただし，メンガー (Menger, 1871) は，個人経済における価値の理論を構築し，それが社会主義経済における価値の性質を特徴づけていることを示唆しているが，社会的価値理論の定式化に必要な規範的判断については議論していない。ヴィーザーはメンガーの個人経済における価値決定の理論を複数の個人から構成される経済における価値決定の理論として拡張解釈しているが，そのためには，経済を構成する各個人の効用関数から社会的厚生関数がどのようにして構成されるか，あるいは価値を決定する配分が満たすべき効率性や所得分配の公平性などに関する規範的判断を示さなければならない。

ヴィーザー (Wieser, 1889/1971) は，所得分配の公平性に関する規範的判断を導入することにより，資源が私有化されずに共有財産として存在するような経済すなわち分配経済において，すべての個人の所得が等しいときの交換価値として自然価値を定義している。

全員が同じ予算集合のなかから最適消費を選ぶから他人の消費を羨むことはない。したがって自然価値における均衡配分は公平配分の特殊ケースになる。自然価値のこの解釈は序数的効用関数に対しても定義される。

14.6 序数主義と新厚生経済学への展開

経済政策によってある経済状態から別の経済状態に変化するとき，その変

化によってすべての個人が利益を受けるか,すべての個人が損失を被るときには,一方が他方よりパレートの意味で優ることになるから,パレート効率性の基準のみにもとづいて政策判断を下すことができる。ところが,一般には,経済政策によって一部の個人は利益を受け,その他の個人は損失を被ることになり,社会全体としてはその経済政策によって生じる利害対立を解決しないかぎり,政策判断を下すことはできないのである。経済政策の問題は,ピグー (Pigou, 1920) によって開拓された厚生経済学という専門分野において体系的に研究されることになった。ピグー自身はこの政策判断を功利主義的厚生基準にもとづいて行っており,この基準によれば,受益者の効用の増大分が被損者の効用の減少分より大きければ政策を実施し,前者が後者より小さければ政策を実施しないのが社会的に望ましいということになる。

ロビンズ (Robbins, 1938) の序数主義的問題設定に対して,新厚生経済学とよばれることになる理論が構築された。序数主義にもとづいて厚生経済学の基本定理が証明できることは,たとえばランゲ (Lange, 1942) によって確認された。それによって市場経済の完全競争均衡はパレート効率的な配分であり,任意のパレート効率的な配分は適切な資源の再配分によって市場において完全競争均衡として達成できることが保証された。問題は,効用の可測性や個人間比較可能性を仮定せずに異なるパレート効率的配分の社会的選好順序を決定できるか否かである。その問題に対し,補償原理と社会的厚生関数の2つのアプローチが提案された。

カルドア (Kaldor, 1939) は,事後に,受益者が被損者に適切な補償を行うことによって政策前の社会状態のパレート改善となる社会状態を達成できれば,その政策は実行すべきであるという補償原理を提唱した。ヒックス (Hicks, 1939) は,事前に,被損者となる側が受益者となる側に適切な補償を行うことによって政策後の社会状態のパレート改善となる社会状態を達成できなければ,その政策は実行すべきであるという補償原理を提唱した。ところが,カルドアとヒックスの補償原理はともに事前から事後への変化も事後から事前への変化もどちらも肯定 (あるいは否定) してしまう場合があることがシトフスキー (Scitovsky, 1941) によって指摘され,原理の論理的矛盾が明らかになった。そこで,シトフスキーはカルドアとヒックスの両方の補償原理をと

もに満たす場合のみ政策を実行すべきであるというシトフスキー基準を提唱したが，この原理も選択肢が3つ以上ある場合には推移性を満たさないことが指摘された．さらに，論理的に矛盾を生じないような政策判断はきわめて自明な場合にしか可能でないことがわかり，補償原理は新厚生経済学の課題を解決することができなかったのである (奥野・鈴村, 1988, 第34章)．

新厚生経済学におけるもう一つのアプローチは，バーグソン (Bergson, 1938) によって工夫され，サミュエルソン (Samuelson, 1947) によって精緻化された社会的厚生関数の概念を政策分析に用いる方法である．かれらは，社会的厚生関数についてパレートの意味でより優る配分ほど社会的厚生が大きくなることだけを仮定し，それ以上にどのような価値基準をもつか，あるいはその関数がどのように構成されるかは経済学にとって外生的な価値判断の問題であると考えて，この問題については何の考察もしていない．したがって，かれらのアプローチは所与の社会状態に対してパレート改善となるような社会状態を達成する公共政策を分析している．

14.7　社会的選択の理論

新厚生経済学は，一般均衡理論において成功した序数主義的にもとづいて展開されたが，社会的厚生関数の概念に象徴されるように，実は論理的に不可能なことをそうとは気づかずに仮定していたからこそ成立したと考えられる．ところが，アロー (Arrow, 1951/1963) は一般不可能性定理を証明して，社会的選択の理論を開拓し，新厚生経済学が前提としていた社会的厚生関数を構成する適切な手続きは実際には存在しないことを指摘した．これは，新厚生経済学の問題設定そのものに重大な見落としがあることを意味している．

社会的に公正な配分を特徴づけるときに，それが公正であるという判断が社会構成員によって社会的な合意として形成されるか否かは重要な問題である．あるいは，さまざまな問題に直面する地方自治体が，行政と住民が一丸となって問題を解決しようとするとき，現実問題として何をどうすれば個人にとってあるいは社会にとって望ましいかわからないのが一般的である．このようなときには，当事者がよく話し合い，社会的な合意の上で政策を選択し，

失敗したときの責任は社会全体で負う他はない。アロー (Arrow, 1951/1963) の一般不可能性定理は一般的な前提にもとづいてこうした社会的合意が基本的に不可能であることを指摘している。

14.7.1 アローの一般不可能性定理

アローの一般不可能性定理は投票のパラドックスの拡張である。いま，選択肢が x, y, z の3つあり，これらを3人の個人 A，B，C の意見を反映して民主主義的に社会の選好順序を決定するものとする。個人 A，B，C の選好順序 $\succ_i$ は[3]，それぞれ $x \succ_A y \succ_A z$, $y \succ_B z \succ_B x$, $z \succ_C x \succ_C y$ であるとする。このとき，x と y, y と z, z と x について単純多数決ルールによって社会的選好順序 $\succ$ を定めると，すべて2対1で $x \succ y$, $y \succ z$, $z \succ x$ となり，社会的選好関係が循環的になってしまう，すなわち推移性を満たさないから順序にならない。このように，個人の選好順序が合理的であるにもかかわらず，社会の選好順序が合理的にならないことを投票のパラドックスといい，コンドルセー侯爵として知られるニコラ・ドゥ・カリタ (Marie Jean Antoine Nicolas de Caritat, marquis de Condorcet, 1743–1794) によってすでに知られていた。

アローはこれを拡張して，個々人の選好順序を反映して社会的選好順序を構成する社会的選択関数について，広範性，全員一致，情報節約性を満たす社会的選択関数は独裁的であることを証明した。広範性とは，個人の選好順序が論理的に可能であるかぎり，それがどんな選好順序でも社会的選好順序を構成できることである。投票のパラドックスは単純多数決ルールが広範性を満たさないことを指摘している。全員一致のルールとは，社会構成員全員の選好順序が一致する場合にはそれが社会的選好順序になることである。情報節約性とは，任意の2つの選択肢についての社会的選好順序を決定するためには，当事者同士の関係についてのすべての個人の選好順序がわかれば十分であり，他の選択肢に関する情報を必要としないということである。非独裁性は，他の社会構成員の選好順序にかかわらず特定の個人の選好順序が社会

---

[3] 任意の個人 $i \in \{A, B, C\}$ について，$a \succ_i b$ は，個人 i が a を b より選好することを意味する。社会的選好順序 $\succ$ も同様である。

14.7 社会的選択の理論

的選好順序となるような独裁者が存在しないことである。

アロー (Arrow, 1951/1963) は個々人の選好順序を効用の序数性と個人間の比較不可能性にもとづいて，これらの4つの公理を満たすという意味において，合理的，情報節約的，民主主義的に個人の選好順序を集計して社会的選好順序を形成するルールは存在しないことを証明した。

アローの定理が実質的に受け入れられるには20年以上の時間がかかった。アローの著作の初版は1951年に出版されたが，その定理には反例があることが指摘され，現在の形の定理は1963年の第2版において証明された。その後社会的選択関数の公理の一つひとつを詳細に検討し，この不可能性を解消するための努力が払われたが，1970年代の終わりにはアローの定理を構成する公理のいずれも適切なものであり，定理の主張に批判の余地がないことが確認された (鈴村, 1980)[4]。

アローの一般不可能性定理によって新厚生経済学の試みが結局うまくいかない，すなわち効用の序数性と個人間の比較不可能性にもとづく序数主義の立場をとるかぎり，必ずしも適切に政策判断を下せるとは限らないことが明らかにされた (鈴村, 2000)。にもかかわらず，実際のさまざまな経済問題については適切な政策判断をしなければならないのであり，そのためには効用の基数性や個人間の比較可能性を想定しなければならないことがアローの定理によって証明されたことになる。先験的な価値判断を排除して実証的な分析をする序数主義は，より一般的な仮定にもとづいて理論を構築しようとしている。しかし仮定が一般的すぎるということは，抽象的で情報量としては貧しいということであり，そこから具体的で豊富な結論を得ることはできないのである。

もっとも有力な回避方法は広範性ではなく価値制限的な選好順序を想定することである。国家や組織などの社会を形成する構成員は一般にその社会に固有の文化や価値観を共有していると考えられる。その場合には広範性が価値制限的選好順序の公理に置き換えられ，単純多数決ルールがこの公理と全

---

[4] 『レヴュー・オヴ・エコノミック・スタディーズ』の編集方針 (Hart and King, 1981) は，アローの一般不可能性定理の結果を覆すことが極めて困難であることが認識された結果，社会的選択理論の研究論文を受理する基準を高くすることを宣言している。1984年には社会的選択理論の専門誌 (*Social Choice and Welfare*) が創刊された。

員一致のルール，独立性，非独裁性を満たす適切な社会的選択関数になることが知られている。ただし，この公理についても価値基準が2つ以上あるとアローの定理の呪縛から逃れられない。

社会的選択の理論においては，さらに2つの結果が重要である。社会的合意は個人の価値という個人情報にもとづいて形成されるが，個人的情報は本人にしかわからないことであり，個人がその情報について意図的に誤った情報を流すことにより結果を自分にとって有利になるように操作できるというようなことは好ましくない。ところが，こうした戦略的に操作不可能な社会的選択のルールは存在しないことがギバード＝サタスウェイトの定理として知られている (Gibbard, 1973; Satterthwaite, 1975)。

個人の自由と全員一致のルールはともに社会的合意を形成するときに堅守されるべきルールであるが，これらが対立する可能性を排除することができないことをセン (Sen, 1970) の定理が指摘している。これはリベラル・パラドックスとよばれている。パラドックスの解消のためには，他人の権利を尊重するようなリベラルな個人が存在すること，あるいは社会的な公正を尊重して個々人が自由主義的な権利を譲歩すること，が必要であることが知られている (鈴村, 1982)。

14.7.2 序数主義の帰結

1930年代以降，科学としての経済学の探求を目指し，経済学から価値判断の要因を排除しようとする流れが強く働いていた。これはそれまでに形成されていた経済学の主要命題をより弱い一般的仮定にもとづいて導出し，その一般化がどこまで可能かを究める知的パズルを生み出した。多くの研究成果が蓄積された。ところが，たとえばアトキンソン＝スティグリッツ (Atkinson and Stiglitz, 1980, p.393, pp.422–23) の『公共経済学』などで指摘されているように，序数主義を仮定する限り，公共政策に具体的な提言をすることが極めて難しいことが分かった。このため，現在では，ゲーム理論では期待効用関数を用い，より具体的な政策提言を必要とする公共政策の理論においては準線形の効用関数を用いて分析することも多い。

14.8 交渉ゲームと交渉解

　新厚生経済学による試みは不可能であることがアローによって指摘された頃，ナッシュ (Nash, 1950) は交渉ゲームにおけるナッシュ解の概念を提示し，伝統的な功利主義や社会契約論の思想とは別に分配の公正についての先鞭をつけた．

　交渉ゲームの解概念は公理的アプローチにもとづいて定義され，ナッシュ解，カライ＝スモロディンスキー解，ペルレス＝マシュラー解などが工夫された．平等主義解，ロールズ解，功利主義解などの伝統的な思想にもとづく解概念も交渉解として特徴づけられている (Thomson, 1994)．交渉解のような協力ゲームの解概念には規範的意味はないが，一部の交渉解は具体的な社会的厚生関数を最大化する最適解として規範的に特徴づけられる．

　とくに，経済分析に応用しやすい社会的厚生関数によって交渉解を特徴づけると，功利主義解，ナッシュ解，ロールズ解は，各個人の効用について代替の弾力性が一定になる社会的厚生関数

$$W = \left\{ \sum_{i=1}^{n} u_i^\rho \right\}^{\frac{1}{\rho}}$$

を最大化する問題の解の特殊ケースとして表現される．$\rho = 1$ のとき，功利主義社会的厚生関数すなわち個人の効用の和 $W_u = \sum_{i=1}^{n} u_i$ となり，$\rho \to 0$ のとき，ナッシュ社会的厚生関数すなわち個人の効用の積 $W_N = \prod_{i=1}^{n} u_i$ となり，$\rho \to -\infty$ のとき，ロールズ社会的厚生関数すなわち個人の効用の最小値 $W_R = \min_{1 \leq i \leq n} u_i$ つまりもっとも恵まれない個人の効用水準となる．功利主義解では，社会的厚生に対して個々人の効用を完全代替的に評価し，ロールズ解では，社会的厚生に対して個々人の効用を完全補完的に評価している．したがって，ロールズ解では，全体の分け前が一定ならば，個人間格差が小さいほど社会的厚生は大きくなる．

　ゲーム理論がゲームのルールとして社会のさまざまな資源配分メカニズムを具体的に定式化することによって展開しているのと同じように，社会的公正の理論がさらに展開するためには社会の制度についてより詳細な記述が必

14.9 幸福の経済学

厚生基準は客観的，観察可能であることが望ましいので，一般に GDP 統計が経済的豊かさの指標として利用されている。この基準が適切ならば，豊かな国では人々は幸福であるはずである。ところが，1974 年イースタリン (Easterlin, 1974) によって，各国の国民の主観的幸福度は GDP 水準と無関係であることが指摘された。人間の幸福度は，自分の所属する社会における相対的地位，格差が小さい方が社会構成員の主観的幸福感は大きくなる。この事実は，イースタリン・パラドックス，あるいは後に幸福のパラドックスとよばれ，その後，人間の主観的な幸福の研究が進展した。経済学研究は新しい局面を迎えたといえる。

演習問題

1. 厚生経済学の第一基本定理の展開にかんして，スミス，ゴッセン，ワルラス，マーシャル，パレートの貢献について説明せよ。
2. 序数主義が導入された経緯と放棄されていく経緯を説明せよ。
3. 社会契約論の研究計画は社会的選択理論によってどのような帰結に至ったか説明せよ。
4. 補償原理の考え方とその論理的帰結について説明せよ。

15
ゲーム理論と現代経済学の潮流

　ゲーム理論は 1928 年のフォン・ノイマンの論文に始まり，フォン・ノイマンとモルゲンシュテルンの『ゲーム理論と経済行動』(1944 年) によって基礎が築かれた[1]。ところが，かれらのゲーム理論は協力ゲームの理論が中心であったため，経済学に応用される事例は多くなかった。また，当時は寡占市場のさまざまな形態を仮定して，異なる均衡概念が使い分けられていた。ところが，ナッシュ均衡の概念が導入されて非協力ゲームが整備され，1950 年代には代替的だとみなされていたいくつかの均衡概念が，ゲームのルールを明確に記述することにより，異なるルールのもとでのナッシュ均衡として統一的に理解できることがわかった。こうして，非協力ゲームの理論が分析道具として洗練されると，序数主義的な一般均衡理論における経済分析の閉塞感を打開し，1980 年代以降経済学の新しいパラダイムとなった。ゲーム理論は広範囲の応用分野をもつ理論であり，経済学だけでなく，生物学，政治学など自然科学や社会科学の諸分野に応用されている (神取，1994)。

　ゲーム理論はさまざまな意味で画期的であった。ゲーム理論は，はじめ，一般均衡理論が分析することのできなかった，不完全競争市場における戦略的行動の分析に応用され，国際貿易の理論や産業組織理論において顕著な成果をあげた。ゲーム理論は，制度をゲームのルールとして記述し，分析できる

---

[1] ゲーム理論の成立についてはモルゲンシュテルン (Morgenstern, 1976)，鈴木 (1994) を参照。ナッシュの研究もその流れのなかで生まれた。フォン・ノイマン以前のゲーム理論に関連する展開については，中山 (2005) を参照。

ようになり応用範囲を広げている。とくに，情報の非対称が重要な役割を果たすようなゲームにおいて，個人のインセンティヴ両立性の問題を分析できるようになった。そして，個人の合理的行動と社会的利益を両立させるような制度の設計に目覚ましい成果をあげている。

スミス以来，資本主義経済の完全競争市場は経済学における科学的研究対象としての自律的なメカニズムであり，それによって経済学が科学として成立したと考えられてきたが，ゲーム理論の台頭により，経済学の分析対象は，個々人が自由に行動してもそれが社会的利益に繋がるような社会制度を設計することであるとみなされるようになった。このパラダイム転換は，スミス以来維持されてきた経済学の科学観を転換させる出来事であり，文字通り画期的な出来事であったといえる。

15.1 ゲーム理論

フォン・ノイマンとモルゲンシュテルン (von Neumann and Morgenstern, 1944) の理論においては，2人ゼロ和ゲームにおけるミニマックス理論が重要な内容であった。この理論においては，2人のプレイヤーの利害が完全に対立しており，それぞれのプレイヤーは相手が最悪の戦略を選択するという想定のもとで自己の最悪の利得を最大にする慎重な戦略を選択するという均衡が存在することが指摘されている。この結果はミニマックス定理とよばれるが，2人の利得が一定でそれを2人がシェアする，2人ゼロ和ゲームでしか成り立たないために経済学に応用されることはほとんどなかった[2]。

ゲーム理論研究の中心となったプリンストン大学において，ナッシュによって非協力ゲームの均衡点と交渉ゲームの交渉解の理論が展開された。ナッシュは1950年代の初めに一連の研究で，非協力ゲームの均衡点すなわちナッシュ均衡を定義し，その存在を証明した。非協力ゲームは，ゲームを構成する各

---

[2] 商品が2つだけの市場経済においては限界代替率逓減の法則を満たす序数的効用関数に対してすべての商品が代替財であり，補完財にはならない。これらの例と同じように，分析対象が2の場合に成り立つことが，3以上の場合に単純に拡張できないことはよくある。当然のことであるが，モデルの特殊性に依存するような経済法則は有意義ではないのであり，分析対象の数に依存しないような法則が探究されなければならない。

15.1 ゲーム理論

プレーヤーが独自に戦略を選んだとき，それぞれどのような利得が得られるかを定めたゲームである．各プレーヤーが選ぶ戦略の組を戦略プロファイルという．どのプレーヤーについても，自分だけが他の戦略に切り替えても利得を増加させることはできないとき，その戦略プロファイルはナッシュ均衡である．各プレーヤーの戦略は，その戦略プロファイルに対する最適な戦略であるといえる．

ナッシュの貢献によって，非協力ゲームは2人ゼロ和ゲームから n 人非ゼロ和ゲームに拡張され，非協力ゲームの基礎が確立すると同時に経済学などの分野への応用が可能になった．アロー＝ドゥブリューによる均衡解の存在証明への応用やクルノー＝ナッシュの複占理論を含む不完全競争の理論への応用などが代表的である．経済学の寡占理論はゲーム理論による分析が有効な分野だったので，クルノー解，シュタッケルベルグ解などいくつかの異なる理論があったが，それらを統一する考え方はなかった．

ナッシュはまた，2人交渉ゲームを定式化し，交渉ゲームの解すなわちナッシュ解を公理系にもとづいて定義した．ナッシュ解は，プレーヤーが2人で，それぞれの効用が u_1, u_2 のとき，$W_N = u_1 u_2$ によって表される社会的厚生関数を最大にする配分になる．かれはさらに，交渉過程を非協力ゲームとして定式化し，非協力ゲームの均衡点が公理系から導出される交渉解を実現することを証明した．ゲーム理論における協力や合意形成の結果としての協力ゲームの解を，非協力ゲームとして定式される交渉のプロセスの結果として特徴づける，このナッシュの分析方法は「ナッシュ・プログラム」といわれる．

1950年代初めの貢献には，クーンによる展開形ゲームの定式化と情報問題の分析がある．1960年代に経済学に応用されたゲーム理論は，協力ゲームの理論であり，コアの理論，交渉解やシャプレー値の理論がある．1960年代後半には，完全競争均衡はコアに含まれ，経済主体の数が無限になると，コアは収束して完全競争均衡に一致することを示す極限定理が証明された．1971年にはゲーム理論の専門誌 *International Journal of Game Theory* が創刊された．1970年代には協力ゲームの理論の公理化が進み，功利主義解，ロールズ解，カライ＝スモロディンスキー解などの解概念が公理化された．それにより解の意味が明確になるとともに，さまざまな解概念相互の関係が明ら

かになった (Thomson, 1994)。

15.2 ゲーム理論の展開

　ゲーム理論が一般均衡理論に代わって経済分析の主役になったのは1980年代である。ナッシュ均衡を用いた非協力ゲームの理論にもとづいてそれまで寡占の分析に用いられていたさまざまな理論が統合され，展開形ゲーム，繰返しゲームなどの新しいゲーム理論が構築された。それにより，ナッシュ均衡にもとづく非協力ゲーム理論の汎用性が明らかになり，さまざま具体的問題に応用されるようになった。

　1980年代までのゲーム理論の展開によってわかったことは，まず，戦略的行動を分析するためには，ゲームのルールすなわち，どのようなタイミングでどのような情報を知ることができるか，各プレイヤーがどのような行動をどのようなタイミングでとることができるかを，明示的に定式化しなければならないこと，そして，所与のゲームのルールに対し，既存の均衡概念を含め，ナッシュ均衡にもとづいて統一的にプレイヤーの行動を説明することができることである (神取, 1994)。

　この考え方から，それ以前の伝統的な寡占理論が混乱していたのは，ゲームのルールとゲームの均衡概念を明確に区別していなかったからであることがわかった。伝統的な寡占理論にはさまざまな均衡概念があったのではなく，ゲームの設定であるルールが異なっていたのである。それらの均衡概念は，ゲームを特徴づけるそれぞれのルールに対応するナッシュ均衡として定式化できる。このことは，ゲーム理論の成否はそれが分析する経済問題をいかにゲームのルールとして明確に定式化するかにかかっていることを意味する。実際，新しいゲーム理論においては現実の制度を詳細に検討する方向で研究が進んでいる。

　シュタッケルベルク均衡においては，相手が受動的に反応する追随者である場合，先導者がそれを利用して最適戦略を選ぶ。シュタッケルベルク均衡 (7.4参照) を精確に分析するためには，自分の行動が変化したときに相手がどう反応するかについて考察しなければならないので，ゲームを多段階のス

15.2 ゲーム理論の展開

テージから構成されるゲームに動学化する必要がある。ゲームが動学化されると，ナッシュ均衡の概念をその動学的ゲームの均衡概念として拡張しなければならないのであるが，実際にはナッシュ均衡は動学的ゲームには単純に拡張できない。

そこで，ゼルテンとハルシャーニ (Johan Charles Harsanyi, 1920–2000) は，展開形ゲームにおいて部分ゲームと部分ゲーム完全均衡の概念を導入することにより，さまざまなゲーム理論をナッシュ均衡にもとづいて統合し，それまでの混乱した状況を収拾した。部分ゲームとは，展開形ゲームにおいて，ある時点から行動をとるプレイヤー全員が，過去に起こったことを完全に知っているときに，その時点から始まるゲームであり，これは全体のゲームに埋め込まれた小さなゲームと見なせる。部分ゲーム完全均衡とは，すべての部分ゲームのナッシュ均衡であるような展開形なゲームの戦略である。シュタッケルベルク均衡は，展開形ゲームの部分ゲーム完全均衡であり，さまざまな均衡概念は均衡の完全性にもとづいてナッシュ均衡として表現できることがわかったのである。

ところで，囚人のディレンマとして知られる，つぎのゲームにおいては，それぞれのプレーヤーにとっての最適反応がパレート効率的配分をもたらさない。

	黙秘	自白
黙秘	−2 −2	0 −10
自白	−10 0	−5 −5

2人の共犯者が別々に取り調べを受けており，2人とも黙秘すればそれぞれ2年の刑，2人とも自白すればそれぞれ5年の刑である。しかし，一方が自白して他方が黙秘すれば，自白した方は無罪放免となり，黙秘した方は10年の刑となる。このとき，相手がどちらを選ぼうと自己の最適反応は自白することになるので，2人とも，相手の戦略にかかわらず，自白してそれぞれ5年の刑を受ける戦略をとる。このような戦略は支配戦略とよばれる。この

とき，それぞれ自白に対する最適反応も自白であるから (自白, 自白) はナッシュ均衡でもある。ところで，(自白, 自白) から得られるそれぞれのプレーヤーの利得は $(-5, -5)$ であるが，(黙秘, 黙秘) の利得は $(-2, -2)$ である。明らかに (黙秘, 黙秘) は (自白, 自白) よりパレートの意味で優るから，(自白, 自白) はパレート効率的ではない。

このゲームの帰結は，多数のプレーヤーから構成される一般的ゲームにおいては社会的ディレンマとよばれ，1回限りのゲームではこの帰結は動かしがたい。ところが，繰り返しゲームにおいては，相手プレーヤーの報復を恐れる，あるいはゲームのルールを知っていれば公共的な行動を行う方が利益が上がることをプレーヤーが理解するために，協調的な行動がとられるのではないかという予想，いわゆるフォーク定理が研究者の間で共有されていた。

1970年代には，将来利得が現在利得と同程度に評価されるとき，パレート効率的な配分を含む多くの協調的な利得ベクトルが繰り返しゲームの完全均衡点によって実現できる，という表現でフォーク定理が証明され，社会的ディレンマが繰り返しゲームによって解決されることが示された。1980年代に入ると，非協力ゲームがさらに展開された。展開形ゲームにもとづく情報問題の分析が飛躍的に進み，情報不完備ゲームの理論，繰り返しゲーム，限定合理性にもとづくゲームなどの研究が進められている。

これ以降は新しいゲーム理論にもとづいて，配分の効率性を分析する新厚生経済学から資源配分メカニズムの効率性を分析する $(新)^2$ 厚生経済学へ展開し，個人のインセンティヴと両立する資源配分メカニズムのデザイン，国際経済学，産業組織論，契約の経済学などの研究が行われている。1990年代はじめには代表的な教科書やハンドブックなどが出版され，新しいパラダイムとしての体裁を整えた。こうして，ゲーム理論にもとづく経済学の開拓が進んでいるといってよい状況が生まれた。

15.3 資源配分メカニズム

アダム・スミス以来，完全競争市場の理論はしばしば問題を指摘されながらも，現実のメカニズムを把握する実証的な理論として認識されてきた。ま

た，スミスの「見えざる手」や自由放任思想によって指摘されているように，実在する市場経済に任せておけば理想的な資源配分はある程度達成されると考えられてきた[3]。この思想を理論的に定式化したのが厚生経済学の基本定理であり，この定理は完全競争市場の価格メカニズムがパレート効率性という望ましい資源配分を達成すること，資源の再配分によって任意のパレート効率的配分を完全競争市場の価格メカニズムによって達成できることを主張している。したがって，所得分配の観点から公平なパレート効率的配分は，たとえば課税・補助金制度のもとでの完全競争市場において達成されることが保証される[4]。

この定理は，経済学史上展開されてきた理論を形式主義の影響を受けた経済学者が公理的に表現した，ミクロ経済学のプロトタイプであると考えられる。それは，一般的にミクロ経済学が社会的に公正な配分とそれを効率的に達成するために必要なメカニズムのデザインを研究する分野であることを示唆している。

15.3.1 経済計算論争

資源が個々人によって私的所有されている完全競争市場の価格メカニズムに対して，ミーゼスをはじめとするオーストリア学派の経済学者から「自由な市場のないところには価格体系はなく，価格体系のないところには経済計算はありえない」として，市場の価格メカニズムの存在しない社会主義経済においては効率的な資源配分を達成することは難しいということが指摘された[5]。その後，資源が社会によって共有される社会主義経済において効率的資源配分を達成する計画経済メカニズムを設計できるかということが問題にな

---

[3] ガリアーニ (Galiani, 1750, pp.89–90) は市場の部分均衡の理論を展開した後,「そしてこの均衡は，それが人の思慮深さや美徳からではなくあさましい利得の非常に卑しい刺激から生まれているにもかかわらず，生活の便利品の適切な豊富さやこの世の幸福に驚くほど合致している。神意は，人々に対する限りない慈愛のために完全な秩序を生み出し，わたしたちの安易な欲求はわたしたちの意図にはおかまいなしに完全な善へと順序だてられるのである」と述べている。

[4] 証明はドゥブリュー (Debreu, 1959) やアロー＝ハーン (Arrow and Hahn, 1971), 定理の含意についてはクープマンス (Koopmans, 1957) を参照されたい。

[5] 社会主義経済計算論争に関わった論文はハイエク (Hayek, 1935) によって編纂されている。

り，いわゆる経済計算論争が行われた。

この問題に対して，ランゲ (Lange, 1936-37) はワルラス (Walras, 1874-77) のタトンマンを模したメカニズムにもとづいて資源配分が可能であることを示した。かれは，消費の選択，職業の選択の自由が保証され，適切な所得形成ルールが定められた社会主義国家を仮定している。このとき，中央計画当局はすべての商品について価格を暫定的に定め，消費者と生産者に伝える。伝えられた価格に対し，消費者は最適消費，生産者は最適生産を選択し，結果を当局に伝える。当局はそれらの情報にもとづいてすべての商品の均衡価格を計算し，それらを暫定価格と比較して超過需要にしたがって価格を調整すればよい。ランゲは中央計画当局が，本来他人が知ることができない個人情報を正確に把握していることを想定しており，それが可能であることを資本主義に対する社会主義の優位性と考えていた。

この論争において言及されたメカニズムはいずれもワルラスのタトンマンを応用したものであるが，市場の価格メカニズムが理論的に可能な資源配分メカニズムの選択肢の一つにすぎないことが確認された[6]。この論争は，その後経済計画の理論へ発展し，より性能の高い資源配分メカニズムの設計が試みられた。

15.3.2 情報の非対称性とインセンティヴ両立性

資源配分を達成する価格体系を求めるためには一般均衡において成立する連立方程式体系を解く必要がある。そのためには，個々人の特性について正確な情報を得る，得られた膨大な情報を高速コンピューターによって処理する，といった作業が有限の時間内に可能でなければならない。情報処理はコンピューターの技術進歩によって可能になると当時予想され，現在ではこの問題はほぼ解決されているといってよい。

しかし，より本質的な問題がハイエク (Hayek, 1945) によって指摘された。個々の経済主体にかんする情報には，本人は知っているが他人が知ることは困難であるという特徴があり，社会計画当局が正確な個人情報を収集するこ

---

[6] 資源配分メカニズムに関する初期の基本文献はアロー＝ハーヴィッチ (Arrow and Hurwicz, 1977) を参照されたい。

とはほとんど不可能である。実際，社会主義経済は健全に機能しなかったというべきであろう。それは，社会的ジレンマという概念に代表されるインセンティヴ両立性の問題を内包していたからである。結果の平等が保障されているような社会主義社会においては，全力で働いたときに社会の平均以上の成果を生み出す個人は努力して生み出した成果を社会から搾取されることになるので，受け取る結果に見合った努力で済ませようとするのは合理的である。とくに，全力を発揮しているか否かは本人以外にはわからないので，当人が中央集権的経済計画当局から罰っせられることはない。ところで，本質的な問題は同様のことが個人の能力にかかわらずすべての個人に当てはまるということである。結果は保障されているので社会構成員が手抜きをするインセンティヴをもち，個人情報が非対称性をもつ以上誰も当局に手抜きを見破られず，したがって咎められることはない。こうして，すべての社会構成員の手抜きによって経済全体が地盤沈下して行くことを当局は止めることができないのである。

同様の問題は，ヴィクセル (Wicksell, 1896) によって提起された公共財の最適配分にかんするフリーライダー問題として知られていた。リンダール (Lindahl, 1919) は公共財最適配分の解決方法をリンダール均衡として提案した。リンダール均衡は個々人が公共財を必要とする度合についての正確な情報にもとづいて成り立つが，個々人が虚偽の情報を提供することによりただで公共財を利用できるというフリーライダー問題が生じる。

公共財は，すべての消費者が公共財の供給規模に等しいサービスを需要できる非競合性と公共財が供給されてしまえば生産費用を負担していない消費者の需要を排除できない非排除性という性質をもっている。リンダールは各個人に公共財供給の規模に対する評価 (限界効用) に応じて生産費用を負担し，その額が限界費用に等しくなる規模の公共財を供給するのが最適配分になることを示した。ところが，各個人の公共財に対する評価は自己申告でしか確かめられないため，各個人が虚偽の申告をすることにより費用負担をせずに公共財サービスを享受できるのである。このただ乗り問題は個人情報の非対称性に起因する。

15.4 メカニズム・デザインの理論

　序数主義にもとづいて結果としての資源配分について効率性や公平性を評価する厚生経済学は新厚生経済学とよばれているが，厚生経済学のもう一つの重要な課題は，目標とすべき社会的選択ルールの結果を所与として，その結果をどのように遂行するか，すなわち資源配分メカニズムの性能にかんする規範的考察である。

　1930年代までは市場における価格メカニズムは経済学にとって所与の制度であった。ところが，当時台頭しつつあった社会主義計画経済において，市場経済において機能すると考えられる価格メカニズムが機能するか否かが問われ，論争が展開された (Hayek, 1935)。社会主義経済計算論争を契機として，資源配分メカニズムは経済学にとって所与のものではなく，設計できるものであるという考え方が重視されるようになった (Hurwicz, 1973)。

　とくに，個人情報はその個人本人は知っているが他人が知ることはできないという情報の非対称性から，個人が個人情報を操作することにより資源配分メカニズムの結果としての配分を自分にとってより有利になるようにする可能性がある。このような情報の非対称性から生じる問題を完全競争市場では克服できないことが認識されると，個人のインセンティヴと社会的に望ましい経済活動が両立するようなメカニズムを設計することが重要な経済問題となった。

　ハーヴィッツ (Hurwicz, 1960, 1973) は一般的な資源配分メカニズムを形式的に定義し，情報の非対称性が存在する経済環境においてインセンティヴが果たす役割を指摘して，メカニズム・デザインの理論を構築した。メカニズム・デザインの遂行問題は，均衡結果が社会的選択ルールによって与えられる社会的に最適な基準を満たすようなメカニズムを設計する問題である。均衡配分がパレート効率性を満たすこと，個々人が真の個人情報にもとづいて選択する戦略がゲームの均衡になるインセンティヴ両立性をみたすことなどがメカニズムに必要とされる性質である。すべての可能な社会状態において，均衡結果全体の集合が社会的選択ルールによって決定された最適な結果の集合に一致する性質をメカニズムがもつとき，その社会的選択ルールはこ

のメカニズムによって遂行されたという。ある社会的選択ルールが遂行可能であるか否かは，どのようなゲーム理論の解が用いられるかに依存する。最も強い要求はすべての主体がつねに支配戦略をもつべきであるというものであるが，この場合には主に否定的な結果しか得られない。より建設的な結果はナッシュ均衡のようなより緩やかな解概念を用いることにより可能になる (Maskin, 1977/1999)。

具体的には，公共財の費用負担に関するただ乗り問題は公共財のリンダール均衡の実施について指摘されてきたが，メカニズムにおいて個人が虚偽の個人情報を提供することにより戦略的に自分にとって有利な社会的結果を引き出す可能性を排除できないことが，ギバード (Gibbard, 1973) とサタスウェイト (Satterthwaite, 1975) によって証明された。公共財供給メカニズムについてはグローヴス＝レッジャード (Groves and Ledyard, 1977) によって解決された。情報の不完備性をはじめとする市場の失敗要因は完全競争市場の価格メカニズムの限界を示している。これらの問題を解決する資源配分メカニズムの理論が，契約の経済学や組織の経済学であり，ゲーム理論の展開とともに研究が進んでいる。

15.5　協調的行動と公共性

個人の利己的行動と合理性を疑問視する視点は古くからあったが，実験経済学や行動経済学などの比較的新しい分野において，個人行動の協調性や公共性を指摘する研究が成果をあげている。すべての個人が協調的行動をとればそうでない場合と比較して全員がよりよい帰結を得られるが，1回限りのゲームでは，協調的行動をとるより非協調的行動をとる方が個人の利得が大きくなるようなゲームについて実験を行うとする。このゲームは実質的に公共財が存在するのと同じ構造のゲームであり，フリーライダー問題が生じる。このゲームの実験において個人の行動を観察すると，個々人は必ずしも利己的行動に特化するわけではなく，個人差はあるがある程度協調的行動をとることがわかる (西條, 2007)。

ただし，このゲームにおいては戦略的にただ乗りするプレイヤーもいるから，

フリーライダー問題は生じる。このような問題を含む社会的ディレンマは，繰り返しゲームの理論において，最初は協力行動をとり，以降相手の前回の行動と同じ行動をとる，しっぺ返し戦略などによって解消されることが証明されている。ところが，実験を行ってみると個々人はしっぺ返し戦略のような理論上の最適戦略をとってもけっして最良の結果を得ることはできない。それは，すべての個人が理論上の最適戦略をとるわけではないことを意味している。実際には，理論的に最適戦略として知られている戦略より，多数派の行動に応じた「みんなが主義的」な行動の方がより大きな利得を獲得できることが観察される。こうしたことから，社会においてより望ましい行動を社会構成員に選択させるためには，クリティカル・マスとよばれる社会の多数派が望ましい行動をとるようなインセンティヴをメカニズムに導入すれば，社会構成員のほとんどが望ましい行動をとるようになることが指摘されている (山岸, 2000)。

こうした実験結果は，社会構成員間の信頼関係の存在を示唆している。小さなコミュニティなどにみられる，特定集団の円滑な生活を支えている集団内の結びつきや信頼関係はソーシャル・キャピタルすなわち社会関係資本とよばれている (宮川・大守, 2004)。経済学の枠組みにおいては，経済的取引相手が限定されており，取引される商品の質や取引相手に関する情報が完全に共有されることのない取引，すなわち不完全競争，情報の非対称性，不確実性などが重要な経済要因となる取引においては，取引集団内の信頼や規範などのソーシャル・キャピタルがその特定集団内での経済活動の効率性を高める効果がある。また，ソーシャル・キャピタルの効果は，それを補完して効果を促進する資本が蓄積され，分配されている状態に依存している。ところが，社会全体としては，ソーシャル・キャピタルを共有する集団内ではプラスの効果があるが，逆に集団に属さない人々を遠ざけることになり，プラスの効果を確認することができない。このような問題点はあるが，ソーシャル・キャピタルの概念は，個人の協調性を反映してメカニズムをデザインするときに重要な役割を果たすだろう。

15.6　経済学史と経済学のヴィジョン

　経済学は経済発展による経済環境の変化を反映して生じた経済問題に一つひとつ取り組み，不可能性の指摘を含めて大部分は解決してきた。今後の経済発展により経済学像も変化するかもしれないが，現時点で経済学の歴史を概観することから得られた経済学像について簡潔に述べておくべきだろう。本書はその経済学像，歴史観にもとづいて書かれている。

　社会科学の主要問題は，社会の自然的秩序を解明し，自然状態における個々人の自由と社会的利益が両立するような社会の秩序を維持することである。最初の重要な経済問題は流通，交換，国際貿易にかんする問題であり，基本的な経済原理は解明したといってよいが，政策目標が不適切であった。そのため，事実解明的分析と規範的分析が整合的ではなく，経済学としては体系性を欠いていた。何よりも，重商主義は軍事力に頼らなければ，経済活動そのものを維持できなかったことに最大の問題があった。軍事力を維持するために発行された国債の引き受け手である銀行，リスクをともなう事業を成功させるための株式会社制度，そのリスクを担う損害保険制度が重商主義時代に確立され，イギリスの産業革命の経済的基盤となった。

　結果として，重商主義政策によって資本を蓄積したイギリス経済は，産業革命をなしとげ，資本主義経済の形成とともに経済成長を実現した。その過程で，重商主義的保護貿易政策の失敗を考慮し，自由な競争こそが経済の自然な秩序であると考えるようになり，自由な競争市場において個々の生産者が利潤追求をすることにより，社会全体の富が増大すると主張された。国富の増大は，資本蓄積が可能にする分業と技術進歩がもたらす生産性の向上によって促進される。資本蓄積は，主に資本家の利潤から行われる貯蓄すなわち投資によって大きくなるから，資本家の利潤をより大きく維持することが重要だと考えられた。ただし，過度な資本蓄積は，工業生産物の供給増大と地代減少による需要減少とにより供給過剰をもたらすため，農工業間でのバランスのとれた成長が望ましいという指摘もある。イギリス古典派では，こうした資本蓄積による経済成長は，農業部門の生産規模にともなう収穫逓減の法則により，成長率が鈍化し，定常状態に至ると考えられた。

これが第1次産業革命が終了し，資本主義経済が形成された過程での学説である。資本主義経済は，確かに経済成長をもたらしたが，格差や労働条件の劣悪化，環境汚染，その他の社会問題を引き起こした。それに対して，社会を変革しようとする社会主義的思想が登場した。その後，社会主義経済は一部の社会において実現されたが，その失敗からわかったのは，社会においては個人の動機やインセンティヴが非常に重要なことである。

　資本主義経済の発展は，自由競争や自由貿易によって支えられていたが，発展途上国では未発達の国内産業が厳しい競争にさらされると，国内の経済成長に悪影響を及ぼすため，保護貿易主義的政策をとった。その論拠となったのが，それぞれの国がとるべき政策は経済発展の歴史段階に依存しているとする，ドイツ歴史学派の考え方である。この考え方は経済制度に対する理解を深め，アメリカの制度学派に受け継がれ，詳しい制度の分析が行われた。

　経済学は，経済の自然的秩序である自由競争市場の資源配分メカニズムの成立によって確立された。社会科学の秩序問題と経済学の相違は，経済学が経済学の科学的研究対象である自律的資源配分メカニズムを事実解明的分析として含んでいるということである。経済学は，資本主義経済の形成とともに自由競争市場を分析する社会科学として成立した。

　社会の変化とともに，経済環境はどの生産要素を所有しているかによって経済主体が特徴づけられる階級経済の概念から，どういう経済活動をするかによって経済活動が特徴づけられる市場経済の概念に移行した。資本の所有者と生産者を兼ねていた資本家はそれらが区別され，経済主体はさまざまな生産要素を所有し，個々に合理的な行動を行う自由な主体として記述されるようになった。消費者と生産者から構成される市場経済において，個々の経済主体の合理的行動によって商品の需要と供給が決定され，すべての商品の価格は市場の需給均衡において決定されるという，市場理論の基本的枠組みが構築された。

　新古典派の経済学の多くは，市場経済における資源配分を考察している。限界革命以降，完全競争はどのようにもたらされるか（ジェヴォンズ，エッジワース），価格メカニズムのもとではどのような資源配分が行われるか（ワルラス），最適配分における商品の価値とは何か（メンガー），と，現在では解釈

15.6 経済学史と経済学のヴィジョン

できるアプローチから，完全競争均衡，コア，最適配分にかんする研究が進んだ。

はじめ，公共サービスを除いて，自由な競争は社会にとって効率的な資源配分を達成すると考えられ，自由競争市場の効率性が信じられていた。しかし，資本主義経済の諸問題は社会主義などの別の制度の考察へ向かわせた。また，不完全競争，費用逓減産業，外部性，情報の非対称性などの市場の失敗要因に対する認識が進み，自由な競争市場は，事実解明的な分析対象ではなく，規範的に維持されるべき制度であると考えられるようになる。とくに，第2次産業革命にともなう企業の大規模化，トラストやカルテルの形成を規制する独占禁止法が成立したことは，自由競争が規範的観点から保護された制度であることを意味している。完全競争市場は効率的な配分を達成するから，競争を維持することが望ましいという考え方である。さらに，市場の失敗と所得分配の公平性に対しては，さまざまな公共政策が考察され，公共経済学という分野に成長している。

不況期には短期的に市場が機能不全に陥る可能性があり，その場合には財政金融政策が有効であることをケインズが指摘している。ケインズの支持者は，ケインズ経済学と新古典派経済学との相違を重視しているが，本書においては，市場理論の枠組みにおいて価格メカニズムが機能しなくなったときの経済政策理論として，ケインズ経済学を理解している。

20世紀以降，市場の失敗を解決することが経済政策の重要な課題となった。不完全競争，非凸性，外部性，公共財供給などの市場の失敗は，一般均衡理論の枠組みにおいて解決方法が示されているが，情報の非対称性がもたらす，逆選択やモラル・ハザードを解決するためには，個人の合理的行動と社会の利益が両立する，インセンティヴ両立的な資源配分メカニズムを設計しなければならないことが知られている。このメカニズム・デザインの問題はゲーム理論にもとづいて研究されている。

ゲーム理論はきわめて有効な分析道具であり，21世紀のミクロ的分析のほとんどがゲーム理論にもとづいているが，意味のある分析をするためには，経済問題の構造がプリンシパル・エイジェント・モデルという特定のモデルに落とし込める場合に限られる。その意味において，型にはまれば強力な分析

道具となるが，それ以外の経済問題にはその効力はまだ未知数である．

経済学の歴史を顧みて，経済学とは何かについて得られる答えは，歴史を振り返る際に歴史の現在の到達点として選択した現代理論と同じである．本書では，それは一般均衡理論とゲーム理論を中心とする研究計画であるとみなされている．経済学は，基本的に資源配分メカニズムの研究であり，そのメカニズムは資源配分の効率性，所得分配の公平性，個人の自由と社会の利益を両立させるインセンティヴ両立性などの性質をもつことが要求される．基本的な資源配分メカニズムは競争的市場であり，市場の失敗要因が認められる場合には適切な公共政策が必要になる．この問題は一般均衡理論の枠組みにおいて研究が蓄積されてきた．メカニズムが機能する経済環境に情報の非対称性がある場合，それは組織のような小さな管理された集団で生じることが多いが，適切な制度設計を行うことにより，ある程度問題に対処することができる．この問題はゲーム理論の枠組みにおいて研究が進行している．資源配分の効率性という場合には，異時点間の資源配分も重要な問題であり，それは経済成長理論として研究が進んでいる．

以上は，本書で採用されているヴィジョンであり，もちろん同等の選択肢として支持されるヴィジョンは複数ある．経済学を理解し，研究するためには，自分が正しいと思う研究計画をもつこと (それは本来自分自身が納得する歴史観をもつことによって裏づけられる)，他の研究計画を尊重し，異なる研究計画の間で知的刺激が相互作用していることが期待される．現在では，学問領域を超えて知的刺激が交換されているといってよいだろう．

15.7 経済学史再考

経済理論は，科学的妥当性を追求する過程で形式化され，その論理的妥当性が厳密に証明されるようになった．ところが，理論の記述において着目すべきは，どんなに厳密に理論を記述したつもりになっても，書くまでもない常識というのが存在する可能性である．実際，論理の具現化である AI (Artificial Intelligence，人工知能) に大学入試問題を解かせてみると，AI は状況を正確に把握できず問題を解くことができないことがある．たとえば，「自動車に

15.7 経済学史再考

乗った人間が後方にボールを投げる」場面を想定するとき，人間が運転席に座っている，自動車は地球上を走っているので重力が働いている，というような仮定は，いわゆる常識として問題文には記述されていないので，AIには理解できない。

同じことが，社会科学の展開において，したがって古典解釈においても生じる。理由は少なくとも2つある。1つは，人間の認識に基因するものであり，それぞれの時代に記述された古典には，いわゆるその時代の常識が記述されていない。それが後世に常識でなくなったとき，経済に対する認識が深まり，理論の仮定として追記されるのである。また，その認識は，個々の研究者の考え方によっても異なる。もう1つは，経済学の研究対象に基因するものであり，研究対象である経済そのものが変化することである。こうしたことから経済学の展開に多様性が生じ，さまざまな系統が形成されたことにより，古典解釈の余地が生じる。

したがって，科学の発展を促す認識の変化は科学の諸分野の発展と研究対象である経済の偶然の変化による。人間の知性に基因する事情として，また事実として，同じ時代に異なる研究計画が競存している。そのため，同じ時代の同一の研究対象に対しても異なる認識があり，同じ理論から出発しても複数の異なる展開を生む。それはどういう理論にもとづいて過去の理論を解釈するかに依存して，過去の理論は異なる解釈を受けるからである。

ある経済学者が開拓した理論がその開拓者の意図とは関係なく解釈されることはよくある。理論が解釈されるときには原典の意図が忠実に反されることもあるが，解釈する側の自由な着想が理論の発展を促すこともあるので，その場合には解釈される側の理論を構築した研究者の意図が反映されるとは限らないのである。解釈する側に合理的理由はあるが，解釈される側には合理的な理由があるとは限らない。それが，現在の理論から時間をさかのぼり系統を逆にたどる説明が可能でも，時系列的な説明が難しい理由である。

その意味において，経済学史は経済学の展開を説明する学問であるが，歴史とは一つの物語であり，論理的な意味での説明ではない。すなわち，歴史に普遍法則があり，歴史の展開が必然性として説明されるわけではない。ある研究計画が有力だった時代に，何か経済環境の変化(技術進歩や経済制度

の成立など），あるいは学問上の革新といった偶然的変化が生じたので，その変化に対応するために，その研究計画はある種の変更を受け入れた，あるいは別の研究計画に凌駕された，と説明されることになる．

　科学理論の目標は科学的事象を可能な限り理解し，説明し，予測することである．しかし，人間行動の帰結である社会の活動は必ずしも普遍法則のみによって説明できない．将来の事象を100％予測できれば，その理論の妥当性は信頼されるだろうが，社会科学の理論には，将来もそういうことは起こりそうもない．ある理論の歴史は，過去に，世代交代とともに継承されない可能性がありながら，連綿と継承されてきているという理由で，その理論の妥当性を補助的に支持しているともいえる．

　こうした社会科学の知性としての性質を経済学の歴史を通して理解するのが，経済学史を学ぶことの本質であると筆者は考える．一人ひとりが科学的に妥当な，自己の経済学像や経済学史観をもつとともに，科学的に妥当であるかぎり考え方の多様性を尊重すること，やがて世代交代とともに自然淘汰されていく知性の流れのなかで個としての知的存在であることを大切にしたい．

演習問題

1. 非協力ゲームの理論の展開において，ナッシュ均衡の概念が果たした役割について説明せよ．
2. 囚人のディレンマとフォーク定理について説明せよ．
3. 情報の非対称性の重要性が認識されるようになった経緯を説明せよ．
4. インセンティヴとメカニズム・デザインの遂行問題について説明せよ．

あ と が き

　経済学の通史は，現代理論への系譜を遡ることによってのみ合理的な説明が可能になる．経済学通史の教科書は，それぞれの時代や，学派の専門家の共著として執筆されることが多いが，単著の場合には，著者は現代理論の展開について一家言をもっている．本書と同じように，現代理論のある観点から描かれた経済学史の教科書にはつぎのようなものがある．

(1) 根岸隆『経済学の歴史』第 2 版，有斐閣
(2) 三土修平『経済学史』新世社
(3) 井上義朗『コア・テキスト　経済学史』新世社
(4) 江頭進『はじめての人のための経済学史』新世社

　(1) は主流派経済学の歴史であり，著者は一般均衡理論の展開に重要な役割を果たした理論研究者であるが，学史研究の目的は古典解釈による現代理論への貢献だと考えているので，現代理論への言及はなく，ケインズで終わっている．(2) はリカード・マルクス・スラッファに共通する研究計画の系譜に主眼を置いている．(3) と (4) は進化経済学の系譜を描いており，いずれも読みやすく，興味深い．これらを読み比べれば，経済学の歴史にさまざまな系譜があることを実感できるだろう．
　本書の読者には

(5) Ekelund, Robert. B. and Hébert Robert F. (2007) *A History of Economic Theory and Method*, 5th ed., Long Grove, Illinois: Waveland Press.

(6) Sandmo, Agnar (2011) *Economics Evolving A History of Economic Thought*, Princeton University Press.

が参考になるだろう．(5) の著者は限界革命以前の新古典派経済学の展開などに主要な貢献がある．(6) の著者は最適課税理論などの貢献がある理論研究者である．

本書の執筆のためにとくに参考にした文献はつぎのものである．

(7) シュンペーター，J. A.，東畑精一・福岡正夫訳 (1954/2005-06)『経済分析の歴史』岩波書店
(8) 熊谷尚夫・篠原三代平編 (1980)『経済学大事典 (全3巻)』東洋経済新報社
(9) Negishi, Takashi (1989) *A History of Economic Theory*, North-Holland.
(10) 福岡正夫 (1999)『歴史のなかの経済学』創文社
(11) 経済学史学会 (2000)『経済思想史辞典』丸善
(12) 堂目卓生 (2008)『アダム・スミス』中公新書

(9) は日本語で書かれたいくつかの研究書をまとめたものである．

歴史より経済思想の説明に焦点を当てているものに

(13) 猪木武徳 (1987)『経済思想』岩波書店
(14) 八木紀一郎 (1993)『経済思想』日経文庫

があり，歴史研究を通して整理された経済思想を簡潔に説明している．

参 考 文 献

Antonelli, G. B. (1886) *Sulla teoria matematica della economia politica*, Pisa: (privately published), English translation: "On the Mathematical Theory of Political Economy", in J. S. Chipman, L. Hurwicz, M. K. Richter and H. F. Sonnenschein(1971), *Preferences, Utility, and Demand: A Minnesota Symposium*, Harcourt Brace Jovanovich, Inc., pp. 333-64.

Arrow, K. J. (1951/1963) *Social Choice and Individual Values*, New Haven: Yale University Press, 2nd edition, (長名寛明訳,『社会的選択と個人的評価』, 日本経済新聞社, 1977年).

Arrow, K. J. and G. Debreu (1954) "Existence of an Equilibrium for a Competitive Economy," *Econometrica*, Vol. 22, pp. 265-90.

Arrow, K. J. and F. Hahn (1971) *General Competitive Analysis*, San Francisco: Holden Day, (福岡正夫・川又邦雄訳,『一般均衡分析』, 岩波書店, 1976年).

Arrow, K. J. and L. Hurwicz eds. (1977) *Studies in Resource Allocation Processes*, Cambridge: Cambridge University Press.

Atkinson, A. B. and J. E. Stiglitz (1980) *Lectures on Public Economics*, New York: McGraw-Hill.

Barone, E. (1895/1965) "Sur un livre récent de Wicksteed," in Jaffé, W. ed. *Correspondence of Léon Walras and Related Papers. Vol. II*, Amsterdam: North-Holland, pp. 644-648, translated by L. Walras from the original note in 1895.

――― (1908) "Il ministro della produzione nello stato collettivista," *Giornale degli Economisti*, Vol. 22, pp. 267-293, 392-414, trans. as "The Ministry of Production in the Collectivist State," in F. A. Hayek, ed. (1935), *Collectivist Economic Planning*, pp. 245-90.

Bentham, J. (1789) *An Introduction to the Principles of Morals and Legislation*, Oxford: Clarendon Press, (山下重一訳,『道徳および立法の諸原理序説』, 中央公論社, 1967年), 関嘉彦編集『ベンサム, J.S. ミル』(世界の名著第38巻).

Berge, C. (1966) *Espaces topologiques, fonctions multivoques*, Paris: Dunod, 2nd edition.

Bergson, A. (1938) "A Reformulation of Certain Aspects of Welfare Economics," *Quarterly Journal of Economics*, Vol. 52, pp. 310–334.

Boardman, A. E., D. H. Greenberg, A. R. Vining, and D. L. Weimer (2001) *Cost-Benefit Analysis: Concepts and Practice*: Prentice Hall, 2nd edition, (岸本光水監訳・出口亨・小滝日出彦・阿部俊彦訳,『費用・便益分析【公共プロジェクトの評価手法の理論と実践】』, ピアソン・エデュケーション, 2004 年).

Böhm-Bawerk, E. v. (1889/1959) *Capital and Interest: Positive Theory of Capital*, Illinois, South Holland: Libertarian Press, translated by George D. Huncke and Hans F. Sennholz from *Kapital und Kapitalzins: Positive Theorie des Kapitales*.

Cantillon, R. (1755) *Essai sur la nature de commerce en général*, London: Fletcher Gyles, (津田内匠訳,『商業試論』, 名古屋大学出版会, 1992 年).

Condillac, É. B. d. (1776/1798) *Le Commerce et le Gouvernement consideŕes relativement l'un a 1'autre*, Vol. IV of *Œuvres compètes de Condillac*: Houel, English Translation, trans. S. Eltis. *Commerce and Gouvernment*, Cheltenham: Edward Elgar, 1997.

Cournot, A. A. (1838/1980) *Recherches sur les Principes Mathématiques de la Théorie des Richesses*, Vol. 8 of A. A. Cournot Œuvres compètes, Paris: Librairie J. Vrin, (中山伊知郎訳,『富の理論の数学的原理に関する研究』, 日本経済評論社, 1982 年).

Debreu, G. (1959) *Theory of Value, An Axiomatic Analysis of Economic Equilibrium*: Wiley, (丸山徹訳,『価値の理論』, 東洋経済新報社, 1977 年).

Dupuit, J. (1844) "De la Mesure de l'Utilité des Travaux Publiques," *Annals des Ponts et Chaussées*, 2me série, Vol. 8, pp. 332–375, (栗田啓子訳,「公共事業の効用の測定について」『公共事業と経済学』所収, 日本経済評論社, 2001 年).

Easterlin, R. (1974) "Does Economic Growth Improve Human Lot? Some Empirical Evidence," in David, P. and M. Reder eds. *Nations and Households in Economic Growth: Essays in Honour of Moses Abramowitz*, Massachusetts: Academic Press, pp. 89–125.

Edgeworth, F. Y. (1881/1967) *Mathematical Psychics*, London: Kegan Paul, Reprints of Economic Classics, Augustus M. Kelley, 1967.

Ekelund, R. B. J. and R. F. Hébert (2002) "Retrospectives: The origins of neoclassical microeconomics," *Journal of Economic Perspectives*, Vol. 16, pp. 197–215.

Fisher, I. (1930) *The Theory of Interest*, New York: Macmillan, (気賀勘重・気賀健三訳,『利子論』, 日本経済評論社, 1980 年).

福岡正夫 (1979)『一般均衡理論』, 創文社.

Gale, D. (1955) "The Law of Supply and Demend," *Mathematica Scandinavica*, Vol. 3, pp. 155–169.

参考文献

Galiani, F. (1750) *Della Moneta*, Napoli, Reprinted in *Scrittori Classici Italiani di Economia Politica*, 50 Tomi, ed. P. Custodi, Milano: Destefanis, 1803-1816, , Parte Moderna, Tomo III.

Gibbard, A. (1973) "Manipulation of Voting Schemes: A General Result," *Econometrica*, Vol. 41, pp. 587–601.

Gossen, H. H. (1854) *Entwicklung der Gesetze des menschlichen Verkehrs, und der daraus flissenden Regeln für menschliches Handeln*, Braunschweig: Friedrich Vieweg & Sohn, (池田幸弘訳,『人間交易論』, 日本経済評論社, 2002年).

Groves, T. and J. Ledyard (1977) "Optimal allocation of public goods: a solution to the 'free rider' dilemma," *Econometrica*, Vol. 45.

Hart, O. and M. King (1981) "Editorial," *Review of Economic Studies*, Vol. 48, p. 1.

Hayek, F. A. v. (1935) *Collectivist Economic Planning*: Routledge and Kegan Paul, (迫間真治郎訳,『集産主義計画経済の理論』, 実業之日本社, 1950年).

―――― (1945) "The Use of Knowledge in Society," *American Economic Review*, Vol. 35, pp. 519–30.

Hicks, J. R. (1937) "Mr. Keyns and the "Classics": A Suggested Interpretation," *Econometrica*, Vol. 5, pp. 147–159.

Hicks, J. R. (1939) "The Foundations of Welfare Economics," *Economic Journal*, Vol. 49, pp. 696–712.

―――― (1946) *Value and Capital*, Oxford: Clarendon Press, 2nd edition, (安井琢磨・熊谷尚夫訳,『価値と資本』, 岩波書店, 1965年).

Hicks, J. R. and R. G. D. Allen (1934) "A Reconsideration of the Theory of Value I, II," *Economica*, Vol. 1, pp. 52–76; 196–219.

Hirshleifer, J. (1967) "A Note on the Böhm-Bawerk/Wicksell Theory of Interest," *Review of Economic Studies*, Vol. 34, pp. 191–199.

Hobbes, T. (1651) *Leviathan or the matter, forme and power of a commonwealth ecclesiasticall and civil*: unkown, (水田洋訳,『リヴァイアサン』, 岩波文庫, 1982–1992年).

Houthakker, H. S. (1950) "Revealed Preference and Utility Function," *Economica*, Vol. 17, pp. 159–174.

Hurwicz, L. (1960) "Optimality and informational efficiency in resource allocation processes," in Kenneth Joseph Arrow, S. K. and P. Suppes eds. *Mathematical Methods in the Social Sciences*, Stanford: Stanford University Press, pp. 27–46.

―――― (1973) "The Design of Mechanisms for Resource Allocation," *American Economic Review*, Vol. 63, pp. 1–30.

Hutchison, T. W. (1988) *Before Adam Smith, The Emergence of Political Economy 1662-1776, Oxford: Blackwell.

Jaffé, W. (1965) *Correspondence of Léon Walras and Related Papers, 3 vols*, Amsterdam: North-Holland.

ジャッフェ, W. (1977)『ワルラス経済学の誕生』, 日本経済新聞社,(安井琢磨・福岡正夫訳).

Jevons, W. S. (1871) *The Theory of Political Economy*, London: Macmillan, (小泉信三・寺尾琢磨・永田清訳,『経済学の理論』, 日本経済評論社, 1981 年).

Kahn, R. F. (1931) "The Relation of Home Investment to Unemployment," *Economic Journal*, Vol. 41, pp. 173-98.

Kakutani, S. (1941) "A Generalization of Brouwer's Fixed Point Theorem," *Duke Mathematical Journal*, Vol. 8, pp. 457-59.

Kaldor, N. (1939) "Welfare Propositions in Economics and Interpersonal Comparisons of Utility," *Economic Journal*, Vol. 49, pp. 549-52.

神取道宏 (1994)「ゲーム理論による経済学の静かな革命」, 岩井克人・伊藤元重 (編)『現代の経済理論』, 東京大学出版会, 15-56 頁.

Katzner, D. W. (1970) *Static Demand Theory*, New York: Macmillan.

川又邦雄 (1991)『市場機構と経済厚生』, 創文社.

川俣雅弘 (1989)「限界効用理論の歴史における Wieser の自然価値理論の意義について」,『三田学会雑誌』, 第 82 巻, 第 2 号, 87-108 頁.

Keynes, J. M. (1936) *The General Theory of Employment, Interest and Money*, London: Macmillan, (塩野谷祐一訳,『雇用, 利子および貨幣の一般理論』, 東洋経済新報社, 1983 年).

——— (1937) "Alternative Theories of the Rate of Interest," *Economic Journal*, Vol. 47, pp. 241-52.

Koopmans, T. C. (1957) *Three Essays on the State of Economic Science*, New York: McGraw-Hill.

Kuhn, H. W. and A. W. Tucker (1951) "Nonlinear Programming," in Neyman, J. ed. *Proceedings of the Second Berkeley Symposium on Mathematical Statistics and Probability*, Berkeley: University of California Press, pp. 481-492.

Kuhn, T. S. (1962) *The Structure of Scientific Revolution*, Chicago: The University of Chicago Press, (中山茂訳,『科学革命の構造』, みすず書房, 1971 年).

Lakatos, I. (1970) "Falsification and the Methodology of Scientific Research Programmes," in Lakatos, I. and A. Musgrave eds. *Criticism and the Growth of Knowledge*, London: Cambridge University Press,「反証と科学的研究計画の方法」村上 陽一郎・小林 傳司・井山 弘幸・横山 輝雄訳『方法の擁護——科学的研究プログラムの方法論』所収, 新曜社, 1986.

Lancaster, K. J. (1966) "A New Approach to Consumer Theory," *Journal of Political Economy*, Vol. 74, pp. 132-57.

Lange, O. R. (1936-37) "On the Economic Theory of Socialism," *Review of Economic Studies*, Vol. 4, pp. 53-71, 123-42.
――― (1938) "The Rate of Interest and the Optimum Propensity to Consume," *Economica*, Vol. 5, pp. 12-32.
――― (1942) "The Foundations of Welfare Economics," *Econometrica*, Vol. 10, pp. 215-228.
Leontief, W. (1941) *Then Structure of the American Economy: 1919-1929*, Cambridge, Mass.: Harvard University Press.
Lindahl, E. (1919) "Positive Lösung," in *Die Gerechtigkeit der Besteuerung*, Lund, English translation, 1958, "Just Taxation - A Positive Solution", in : R.A. Musgrave, and A.T. Peacock, eds., *Classics in the Theory of Public Finance*, London: Macmillan, pp.168-76.
Locke, J. (1690) *Two Treatise of Government*, (加藤節訳,『統治二論』, 岩波文庫, 2010 年).
Machiavelli, N. (1532) *Il Principe*, (佐々木毅訳,『君主論』, 講談社学術文庫, 2004 年).
Magnusson, L. (1994) *Mercantilism: The Shaping of an Economic Language*: Routledge, (熊谷次郎・大倉正雄訳,『重商主義　近世ヨーロッパと経済的言語の形成』, 知泉書館, 2009 年).
Malinvaud, E. (1953) "Capital Accumulation and the Efficient Allocation of Resources," *Econometrica*, Vol. 21, pp. 233-68.
――― (1977) *Leçons de théorie microéconomique*, Paris: Dunod, (林敏彦訳,『ミクロ経済理論講義』, 創文社, 1989 年).
Malthus, T. R. (1820/1989) *Principles of Political Economy*, Cambridge: Cambridge University Press, (小林時三郎訳,『経済学原理』, 岩波書店, 1968 年).
Marshall, A. (1890/1920) *Principles of Economics*, London: Macmillan, 8th edition, (馬場啓之助訳,『経済学原理』, 東洋経済新報社, 1965-67 年).
Marx, K. (1859) *Zur Kritik der Politischenökonomie*, Vol. Erstes Heft, Berlin: Duncker, (武田・遠藤・大内・加藤訳,『経済学批判』, 岩波文庫, 1956 年).
Marx, K. (1867) *Das Kapital, Kritik der politischen Oekonomie, Erster Band. Buch I: Der produktionsprocess des Kapitals*, Vol. I, Hamburg: Verlag von Otto Meissner, (向坂逸郎訳,『資本論 経済学批判』, 岩波書店, 1967 年).
Mas-Colell, A., M. D. Whinston, and J. R. Green (1995) *Microeconomic Theory*: Oxford University Press.
Maskin, E. (1977/1999) "Nash Equilibrium and Welfare Optimality," *Review of Economic Studies*, Vol. 66, pp. 23-38.
McKenzie, L. W. (1959) "On the Existence of General Equilibrium for a Competitive Markets," *Econometrica*, Vol. 27, pp. 54-71.
――― (1987) "Turnpike Theory," in Eatwell, J., M. Milgate, and P. Newman

eds. *The New Palgrave: A Dictionary of Economics*: Palgrave Macmillan.

Menger, C. (1871) *Grundsätze der Volkswirtschaftslehre*, Wien: Braumüller, (安井琢磨・八木紀一郎訳,『国民経済学原理』, 日本経済評論社, 1999 年).

Mill, J. S. (1871/1968) *Principles of Political Economy with Some of Their Applications to Social Philosophy*, London: John W. Parker, (末永茂喜訳,『経済学原理 1-5』, 岩波書店, 1959-63 年).

宮川公男・大守隆 (編) (2004)『ソーシャル・キャピタル』, 東洋経済新報社, 東京.

水田洋 (2006)『新稿 社会思想小史』, ミネルヴァ書房.

Morgenstern, O. (1976) "The Collaboration between Oscar Morgenstern and John von Neumann on the Theory of Games," *Journal of Economic Literature*, Vol. 14, pp. 805-16.

Morishima, M. (1973) *Marx's Economics A Dual Theory of Value and Growth*: Cambridge University Press, (高須賀義博訳,『マルクスの経済学−価値と成長の二重の理論−』, 東洋経済新報社, 1974 年).

Morishima, M. and G. Catephores (1978) *Value, exploitation and growth: Marx in the light of modern economic theory*, New York: McGraw-Hill, 高須賀義博・池尾和人訳『価値・搾取・成長──現代の経済理論からみたマルクス』, 創文社, 1980 年.

Mun, T. (1664) *England's Treasure by Forraign Trade*, London: John W. Parker, (渡辺源次郎訳,『外国貿易によるイングランドの財宝』, 東京大学出版会, 1965 年).

中山幹夫 (2005)『社会的ゲームの理論入門』, 勁草書房.

Nash, J. F. (1950) "Equilibrium Points in N-person Games," *Proceedings of the National Academy of Sciences*, Vol. 36, pp. 48-49.

Negishi, T. (1960) "Welfare Economics and Existence of an Equilibrium for a Competitive Economy," *Metroeconomica*, Vol. 14, pp. 92-97.

根岸隆 (1981)「一般均衡理論と厚生経済学におけるオーストリィの伝統」,『古典派経済学と近代経済学』, 岩波書店, 第 9 章.

─── (1985)『経済学における古典と現代理論』, 有斐閣.

Negishi, T. (1989) *History of Economic Theory*, Amsterdam: North-Holland.

根岸隆 (1997)『経済学の歴史』, 東洋経済新報社, 第 2 版.

von Neumann, J. (1937/1945) "A Model of General Economics Equilibrium," *Review of Economic Studies*, Vol. 13, pp. 1-15, Translated from "Über ein ökonomisches Gleichungssystem und eine Verallgemeinerung des Brouwerschen Fixpunktsätzes," *Ergebnisse eines Mathematischen Kolloquiums*, Vol. 8, pp. 73-83, 1937.

von Neumann, J. and O. Morgenstern (1944) *Theory of Games and Economic Behavior*, Princeton: Princeton University Press, (武藤滋夫・中山幹夫訳,『ゲーム理論と経済行動』, 勁草書房, 2014 年).

参 考 文 献

Nikaido, H. (1956) "On the Classical Multilateral Exchange Problem," *Metroeconomica*, Vol. 8, pp. 135–45.

西村和雄 (1990)『ミクロ経済学』，東洋経済新報社，東京.

North, D. (1691) *Discourses upon Trade*, London, (久保芳和訳,『交易論』，東京大学出版会，1966 年).

岡田章 (1996)『ゲーム理論』，有斐閣，東京.

――― (2007)「ゲーム理論の歴史と現在 – 人間行動の解明を目指して –」,『経済学史研究』，第 49 巻，第 1 号，137-154 頁.

置塩信雄 (1977)『マルクスの経済学―価値と価格の理論』，筑摩書房.

奥野正寛・鈴村興太郎 (1988)『ミクロ経済学 II』，岩波書店.

Pareto, V. (1909/1966) *Mannuel d'Économie Politique*, Genéve: Librairie Droz, 5th edition.

Pareto, V. (1920) *Compendio di Sociologia Generale*, Firenze, (姫岡勤・板倉達文訳,『一般社会学提要』，名古屋大学出版会，1996 年).

Pasinetti, L. L. (1960) "A Mathematical Formulation of the Ricardian System," *Review of Economic Studies*, Vol. 27, pp. 78–98, Reprinted in his *Growth and Income Distribution: Essays in Economic Theory*, Cambridge: Cambridge University Press, 1974.

Phillips, A. W. (1958) "The Relation between Unemployment and the Rate of Change Money Wage Rates in the United Kingdom, 1861–1957," *Economica*, Vol. 25, pp. 283–299.

Pigou, A. C. (1920) *The Economics of Welfare*, London: Macmillan.

Popper, K. R. (1935) *Logik der Forschung : Zur Erkenntnistheorie der modernen Naturwissenschaft*, Wien: Springer, (大内義一・森博訳,『科学的発見の論理』，恒星社厚生閣，1971-72 年), English Translation, The Logic of Scientific Discovery, Basic Books, 1959.

Porter, I. M. (1995) *Trust in Numbers: The Pursuit of Objectivity in Science and Public Life*, Princeton: Princeton University Press.

Ramsey, F. P. (1927) "A Contribution to the Theory of Taxation," *Economic Journal*, Vol. 37, pp. 41–61.

――― (1928) "A Mathematical Theory of Saving," *Economic Journal*, Vol. 38, pp. 543–559.

Ricardo, D. (1817) *On th Principles of Political Economy and Taxation*: unkown, (堀経夫訳,『経済学および課税の原理』，雄松堂，1972 年).

Robbins, L. C. (1938) "Interpersonal Comparisons of Utility: A Comment," *Economic Journal*, Vol. 48, pp. 635–41.

Rousseau, J.-J. (1762/1964) *Du Contrat Social ou Principes du droit politique*: unknown, (中山元訳,『社会契約論』，光文社古典新訳文庫，2008 年), Reprinted in *Œuvres Complètes* (5 tomes), Bernard Gagnebin and Marcel Raymond (eds.), Paris: Gallimard, 1959–1995, Tome III, 1964.

西條辰義 (2007)『実験経済学への招待』, NTT 出版, 東京.

坂本達哉 (2014)『社会思想の歴史 マキアヴェリからロールズまで』, 名古屋大学出版会.

Samuelson, P. A. (1947) *Foundations of Economic Analysis*, Massachusetts, Cambridge: Harvard University Press, (佐藤隆三訳,『経済分析の基礎』, 勁草書房, 1967 年).

—— (1951) "Abstract of a Theorem Concerning Substitutability in Open Leontief Models," in Koopmans, T. C. ed. *Activity Analysis of Production and Allocation*, New Haven: Yale University Press, pp. 142–146.

—— (1958) "Frank Knight's Theorem in Linear Programming," *Zeitschrift für Nationalökonomie*, Vol. 18, pp. 310–317.

佐々木毅 (2012)『政治学講義』, 東京大学出版会, 東京, 第 2 版.

Satterthwaite, M. A. (1975) "Strategy-Proofness and Arrow's Conditions: Existence and Correspondence Theorems for Voting Procedures and Social Welfare Functions," *Journal of Economic Theory*, Vol. 10, pp. 187–217.

Say, J. B. (1803) *Traité d'économie politique ou simple exposition de la maniére dont se forment, se distribuent et se composent les richesses*, Paris: Antoine Augustin Renouard.

Schumpeter, J. A. (1954) *History of Economic Analysis*: Oxford University Press, (東畑精一・福岡正夫訳,『経済分析の歴史』, 岩波書店, 2005–06 年).

Scitovsky, T. (1941) "A Note on Welfare Propositions in Economics," *Review of Economic Studies*, Vol. 9, pp. 77–88.

Seligman, E. R. A. (1903) "On Some Neglected British Economicsts," *Economic Journal*, Vol. 13, pp. 335–363; 511–535, Reprinted in his Essays in Economics, New York: Macmillan, 1925: 64–121.

Sen, A. K. (1970) *Collective Choice and Social Welfare*, San Francisco: Holden-Day, Republished, Amsterdam: North-Holland, 1979.

Shoenfield, J. R. (1967) *Mathematical Logic*, California: Addison-Wesley.

Slutsky, E. (1915) "Sulla teoria del bilancio del consumatore," *Giornale degli Economisti*, Vol. 51, pp. 1–26, English translation: On the Theory of the Budget of the Consumer, in *Readings in Price Theory*, edited by G. Stigler and K. Boulding. Chicago: Richard Irwin, 1952.

Smith, A. (1776) *An Inquiry into the Nature and Causes of the Wealth of Nations*, Oxford: W. Strahan and T. Cadell, 6th edition, (山岡洋一訳,『国富論』, 日本経済新聞社, 2009 年).

Stigler, G. J. (1941) *Production and Distribution Theories*, New York: Macmillan, (松浦保訳,『生産と分配の理論-限界生産力の形成期-』, 東洋経済新報社, 1967 年).

―――― (1950) "The Development of Utility Theory: I, II," *Journal of Political Economy*, Vol. 58, pp. 307-27; 373-96, Reprinted in *Essays in the History of Economics*, Chicago: University of Chicago Press, 1965. (丸山 徹訳,『効用理論の発展』, 日本経済新聞社, 1979 年).

―――― (1965) "Textual Exegesis as a Scientific Problem," *Economica*, Vol. 32, pp. 447-450.

鈴木光男 (1994)『新ゲーム理論』, 勁草書房.

鈴村興太郎 (1980)「社会的選択の理論」, 熊谷尚夫・篠原三代平他 (編)『経済学大辞典』, 第 I 巻, 筑摩書房, 561-571 頁.

―――― (1982)『経済計画理論』, 筑摩書房.

―――― (2000)「厚生経済学の情報的基礎: 厚生主義的帰結主義・機会の内在的価値・手続き的衡平性」, 岡田章・神谷和也・黒田昌裕・伴金美 (編)『現代経済学の潮流 2000』, 東洋経済新報社, 東京, 3-42 頁.

Takayama, A. (1993) *Analytical Methods in Economics*, Ann Arbor: The University of Michigan Press.

Thomson, W. (1994) "Cooperative Models of Bargaining," in Aumann, R. J. and S. Hart eds. *Handbook of Game Theory*, Vol. 2: Elsevier Science Publishers, pp. 1237-84.

Turgot, A. R. J. (1769/1919) "Valeurs et Monnaies," in Schelle, G. ed. *Œuvres de Turgot*, Vol. III: Alcan, pp. 79-98, (津田内匠訳,「価値と貨幣」,『チュルゴ経済学著作集』所収, 岩波書店, 1962 年).

Uzawa, H. (1958) "A Note on the Menger-Wieser Theory of Imputation," *Zeitschrift für Nationalökonomie*, Vol. 18, pp. 318-334.

Verri, P. (1771) *Meditazioni sull'Economia Politica*, Milano: unknown, Reprinted in P. Custodi (1803-1816), Parte Moderna, Tomo XV.

Walras, L. (1874-1877) *Éléments d'Économie Politique Pure*: Corbaz, (久武雅夫訳,『純粋経済学要論』, 岩波書店, 1983 年).

Weber, M. (1904) "Die 'Objektivität' sozialwissenschaftlicher und sozialpolitischer Erkenntnis," *Archiv für Sozialwissenschaft und Sozialpolitik*, Vol. 19, (富永祐治・立野保男訳 折原浩補訳『社会科学と社会政策にかかわる認識の「客観性」』岩波文庫, 1998 年).

Weintraub, E. R. (2002) *How Economics Became a Mathematical Science*, Durham: Duke University Press.

Wicksell, K. (1893/1954) *Value, Capital and Rent*, London: Allen and Unwin, (北野熊喜男訳,『価値・資本及び地代』, 日本経済評論社, 1983 年), trans. S. H. Frowein, Translated from *Über Wert, Kapital und Rente*, Jena: Fisher, 1893; Reprints of Economic Classics, New York: Augustus M. Kelley, 1970.

―――― (1896) "Ein neues Prinzip der gerechten Besteuerung," in *Finanztheoretische Untersuchungen*, Jena, English translation, 1958, "A New Principle of Just Taxation", in : R.A. Musgrave, and A.T. Peacock, eds., *Classics in the Theory of Public Finance* (Macmillan, London) pp. 72-118.

―――― (1901/1934) *Lectures on Political Economy*, Vol. 1, London: Routledge, (橋本比登志訳,『経済学講義』, 日本経済新聞社, 1984 年), translated by E. Classen, Translated from *Forelasningear i Nationalekonomi, Fursta delen*, Lund, 1901; Reprints of Economic Classics, New York: Augustus M. Kelley, 1977.

―――― (1958a) "Marginal Productivity as the Basis of Distribution in Economics," in Lindahl, E. ed. *Selected Papers on Economic Theory*: Allen and Unwin, pp. 93-120, Translated from Om gransproduktiviteten sasom grundval fur den nationalekonomiska forelningen, *Ekonomisk Tidskrift*, 2(1900), 305-337.

―――― (1958b) "On the Problem of Distribution," in Lindahl, E. ed. *Selected Papers on Economic Theory*: Allen and Unwin, pp. 121-130, Translated from "Till furdelningsproblemet," *Ekonomisk Tidskrift*, 4(1902), 424-433.

Wicksteed, P. H. (1894) *An Essay on the Co-ordination of the Laws of Distribution*, London: Macmillan, (川俣雅弘訳,『分配法則の統合』, 日本経済評論社, 2000 年).

Wieser, F. v. (1889/1971) *Natural Value*, Reprints of Economic Classics, New York: Augustus M. Kelley, translated by C. A. Malloch. Translated from *Der natürliche Werth*, Wien: Hölder, 1889.

Willig, R. D. (1976) "Consumer's Surplus Without Apology," *American Economic Review*, Vol. 66, pp. 589-97.

山岸俊男 (2000)『社会的ジレンマ-「いじめ」から「環境破壊」まで』, PHP 研究所.

安井琢磨 (1936)「時間要素と資本利子」,『経済学論集』, 第 6 巻, 第 9-10 号,『安井琢磨著作集』第一巻「ワルラスをめぐって」岩波書店, 1970 年.

索　引

欧　文

AD-AS モデル　231
IS-LM モデル　31, 32, 228, 233
IS 曲線　228
LM 曲線　228

あ　行

新しい古典派　234
アロー＝ドゥブリュー・モデル　172, 173
イギリス古典派　25
　──の経済学　18, 19, 77, 80, 102, 107, 128
イギリス東インド会社　215
一物一価の法則　145
一般均衡の安定性　164
一般均衡の一意性　255
一般均衡の存在　164, 252, 253
一般均衡理論　26, 27, 33-35, 37, 157, 159, 170, 172, 208, 246
一般的過剰生産　98
一般的供給過剰　95, 128
一般不可能性定理　35, 36, 265-267
因果関係　176, 177, 179
インセンティヴ　38, 40, 120, 280
インセンティヴ両立性　38, 40, 72, 152, 280
迂回生産　28, 186, 188, 189, 191
オーカーマン＝ヴィクセル・モデル　251
オーストリア学派　28, 183
オランダ東インド会社　215

か　行

階級経済　18, 68, 81
外部経済　198
価格革命　41
価格調整　64, 164, 168, 203
科学革命　4, 5, 24, 139
科学的研究計画　6, 12
科学的研究計画の方法論　6
科学的妥当性　2
角谷の不動点定理　253, 255
貸付資金理論　223
過少消費説　99
可測的効用　240
価値制限的な選好順序　267
価値のパラドックス　62, 125, 141
株式会社　215
貨幣　61, 62, 182, 220
貨幣ヴェール観　128, 212
貨幣需要の理論　221
貨幣数量説　45, 46, 78, 221
貨幣 (所得) の限界効用　196, 197, 200, 202, 204, 245
貨幣 (所得) の限界効用一定の法則　201
貨幣利子率　222
完全性定理　32
完全分配　186, 187, 191
完全分配定理　27, 153, 154, 166, 171, 187, 248-250
完備性　239
基数的効用　240
帰属価値　180, 186
期待効用関数　241
ギバード＝サタスウェイトの定理　268
規範的分析　7, 9, 29, 32, 34, 35, 158

規模にかんする収穫逓増 (の法則)　207
規模にかんする収穫不変 (の法則)　113, 166, 187
規模の経済性　61, 187
逆選択　39
供給価格　203
協力ゲーム　36
極限定理　27, 152, 273
銀行学派　219
銀行主義　220
均衡成長経路　252
金属説　217
景気循環　138
景気循環理論　99, 108, 150
経験的妥当性　2
経済計算論争　38, 278
経済財　177
経済表　52, 53, 108
系統樹　13
啓蒙思想　7
契約理論　39
ケインズ革命　30
ケインジアン　229, 230
ゲーデルの完全性定理　3
ゲームのルール　37, 271, 274
ゲーム理論　33, 36, 37, 271, 272
ゲール＝二階堂のレンマ　254
限界革命　25
限界効用　124
　――理論　20
限界効用均等の法則　135, 145, 161, 162, 241, 242
限界効用逓減の法則　124, 135, 141, 142, 146, 196, 242, 243
限界生産性逓減の法則　145, 146
限界地　81, 82
限界費用　124
堅固な核　6
顕示選好理論　247
建設的均衡理論　191
ケンブリッジ学派　28, 195
ケンブリッジ方程式　221
航海法　23, 42

交換価値　62, 126, 141, 180
高次財　176, 179, 180
交渉解　269
厚生経済学の基本定理　71, 135, 159, 263, 277
広範性　266
幸福のパラドックス　270
公平配分　185
効用と希少性の理論　123-126, 182, 259, 260
功利主義　34
功利主義解　269
功利主義社会的厚生関数　135, 184, 185
合理的期待形成学派　232
国富　15, 18, 48, 57, 60, 69, 70
国富論　59
穀物法　23
穀物法論争　19, 76, 78, 79, 83
穀物 (コーン)・モデル　82, 83
古典派の二分法　31, 212
コルベール主義　16, 49

さ　行

財　175
最適貯蓄率　19, 98, 99
差額地代理論 (説)　21, 82, 107
搾取　113
産業予備軍　117
産業連関表　53
時間選好　189, 192
地金主義　220
地金主義者　218
地金論争　76, 78, 218
事実解明的分析　7, 9, 29, 32, 34, 48, 158
市場価格　63, 64
市場経済　25, 127, 128
市場の失敗　28, 34, 38, 208
自然価格　63, 64
自然価値　28, 184, 185, 263
自然法　16, 50
自然利子率　222

索　引

地代　67–69, 90, 147
実質交換価値　89
実質賃金率の下方硬直性　224, 225
実物的景気循環理論　234
私的限界費用　209
地主　68, 69
支配可能量　177
支配戦略　275
資本家　68, 69
資本蓄積　17, 18, 54, 60, 69
　　──論　55
資本の有機的構成　109, 114–119
資本理論　147, 169
社会契約論　33, 40, 258
社会主義　21, 22, 101
社会的限界費用　209
社会的厚生関数　35, 263–265
社会的選択理論　35, 36, 265, 268
社会的ディレンマ　276, 282
自由競争　18, 60, 71, 135
自由競争均衡　249, 250
重金主義　15, 42, 43
重商主義　16, 41, 46, 48, 49, 60, 72
重商主義革命　49
囚人のディレンマ　275
重農主義　51
重複世代モデル　192, 256
自由貿易　19, 72, 83, 84
　　──主義　44
需要　177
需給均衡理論　20, 63, 64, 73, 74, 90, 101, 128, 133
樹形図　12
シュタッケルベルク均衡　274, 275
需要価格　203
需要の価格弾力性　46, 197
循環的均衡理論　191, 192
使用価値　62, 89, 141
証券市場　215
消費者余剰　134, 197, 245
商品の販売力　182
商品の流通力　182
情報節約性　266

情報の非対称性　38, 39, 279, 280
剰余価値　112
序数主義　27, 32–37, 170, 171, 245, 246, 264, 267
序数的効用　240
所得効果　242
ジョン・ローのシステム　50, 260
進化論的経済学　30
新厚生経済学　34, 35, 264, 265, 267, 276
(新)^2 厚生経済学　261, 276
推移性　239
数量調整　168, 203
スタグフレーション　32, 231, 232
スルツキー方程式　242–244
正貨流出入メカニズム　45, 46
生産的貢献　186, 187
生産的労働　70, 89, 127
精神史観　22, 107
制度学派　30
積分可能性　171, 247
絶対主義　13
絶対優位　85
セーの法則　95, 128
全員一致のルール　266
総供給 (AS) 曲線　231
喪失原理　28, 178, 179, 186, 187
総需要 (AD) 曲線　231
相対主義　13
相対的過剰人口の傾向的増大　119
相対的人口過剰　117
総貿易差額論　43
組織　197
ソーシャル・キャピタル　282

た　行

代替効果　242
代表的企業　205
第 1 次産業革命　23, 42
第 2 次産業革命　29, 30
タトンマン　26, 159, 164, 167, 200, 260, 278

短期　199
単純多数決ルール　266, 267
「単線直線的」生産構造　251
ターンパイク定理　252
長期　199
徴税原則　73
賃金　65, 66, 68, 69, 91
賃金基金理論(説)　91, 101, 102, 190, 191
賃金生存費説　19, 81, 101, 107
通貨学派　219
通貨主義　220
通貨論争　219
通常科学　4, 5, 13
低次財　179, 180
定常状態　83, 103
転化問題　114, 115
ドイツ歴史学派　32
動学的一般均衡モデル　234
投下労働価値理論　80, 81
同感　59
投票のパラドックス　266
独占理論　131
土地価値論　20

な 行

内部経済　198
ナッシュ解　269
ナッシュ均衡　37, 132, 273
ナッシュ・プログラム　273
二重決定仮説　232
ニュー・ケインジアン　234
根岸の方法　255
ノンタトンマン　200

は 行

パラダイム　5, 6, 13, 24, 26, 33, 156, 170, 244
　──転換　13, 37, 244
パレート効率性　143, 263, 277
反地金主義　220

反地金主義者　218
反証主義　4
比較優位　85, 86
非協力ゲーム　36, 37
非経済財　177
非代替定理　112
非独裁性　266
費用便益分析　245, 246
フィジオクラシー　16, 17, 51, 53–55, 58
フィジオクラート　16, 17, 50, 89
フィリップス曲線　31, 32, 229, 233
フォーク定理　276
均衡成長経路(フォン・ノイマン経路)　252
フォン・ノイマン＝モルゲンシュテルン型期待効用関数　240
「複線回帰的」生産構造　251
複占理論　131
不生産的労働　69, 70, 89, 97, 127
部分ゲーム　275
部分ゲーム完全均衡　275
普遍法則　7, 8
ブラウアーの不動点定理　253, 255
フリーライダー(ただ乗り)問題　38, 279
プリンシパル・エージェント・モデル　39
分業　60, 61, 69, 187, 188, 198
分権定理　72
分配経済　184, 185
分配理論　19, 82
分離定理　253, 255
平均生産期間　148, 149, 190
ヘドニック・アプローチ　246
ベーム-バヴェルク＝ヴィクセル・モデル　188, 190, 192, 251
変則性　5
貿易差額主義　16
防備帯　6
方法論争　175
北欧学派　28
保護貿易　16, 72

索　引

補償原理　　35, 264, 265
補償需要関数　　242

ま　行

マイクロファウンデーション　　32, 232, 233
マーシャルの k 　　221
マッケンジー・モデル　　173, 248, 250
マネタリスト　　229, 230
マルクスの可変資本　　112, 116
マルクスの基本定理　　112, 115
マルクスの不変資本　　112, 116
マルサスの人口原理　　18, 77
マルサスの富　　89
マンデル＝フレミング・モデル　　230
見えざる手　　71, 73, 262, 277
ミニマックス定理　　272
無差別曲線　　238, 239
無差別の法則　　145
名目交換価値　　89
名目説　　217, 218
名目賃金率の下方硬直性　　31, 232, 234
メカニズム・デザイン　　39, 152, 280
メタサイエンス　　1, 9
メンガー表　　178
モラル・ハザード　　39

や　行

唯物史観　　22, 107
有効需要　　64, 94
優対角性　　165
欲望満足均等の法則　　178

ら　行

ラージ・エコノミー　　27, 152
ラムゼー・エリミナビリティ　　4
利潤率　　66, 92
利潤率低下　　83, 119
リベラル・パラドックス　　268
流動性選好理論　　226

リンダール均衡　　38, 279
累積過程の理論　　222
ルーカス批判　　233
歴史学派　　24, 29
歴史観　　2, 11
労働価値理論　　20, 63, 64, 108
労働者　　68, 69
ローザンヌ学派　　26
ロールズ解　　269
論理実証主義　　4
論理的妥当性　　2

わ

ワルラスの社会的富　　158
ワルラス法則　　163, 164, 254

人　名

アクィナス，T.　　15
アムシュタイン，H.　　161, 165, 167
アリストテレス　　14, 15
アレ，M.F.C.　　256
アロー，K.J.　　35, 267
アンダーソン，J.　　153
アントネッリ，G.B.　　171, 241
ヴァルト，A.　　253
ヴァンダーリント，J.　　45
ヴィクセル，J.G.K.　　28, 31, 38, 188, 190, 192, 222, 224, 248, 249, 251, 279
ヴィーザー，F.v.　　28, 183, 184, 186, 187, 263
ウィックスティード，P.H.　　27, 153, 154, 166, 247
ヴィーユ，J.A.　　253
ヴェーバー，M.　　24, 29, 32
ヴェブレン，T.B.　　30
ヴォーバン，S.　　50
ヴォルテール　　54
宇野弘蔵　　23
エッジワース，F.Y.　　27, 152, 238
エンゲルス，F.　　22, 107

オウエン, R. 22
置塩信雄 23

角谷静夫 253
カッセル, K.G. 53, 246
ガリアーニ, F. 25, 125
カルドア, N. 35
ガルブレイス, J.K. 30
カレツキ, M. 223
カーン, R.F. 225
カンティロン, R. 20
クライン, L. 229
グラスラン, J.J.L. 260
クルノー, A.A. 25, 122, 130–133
クーン, T.S. 4
ケインズ, J.M. 31, 48, 49, 72, 98, 99, 221, 223, 224
ゲーデル, K. 3, 32
ケネー, F. 17, 51–54, 107
ゴッセン, H.H. 26, 34, 123, 135, 241, 262
ゴドウィン, W. 77
コモンズ, J.R. 30
コルベール, J.B. 16
コンディヤック, B.E. 25, 55, 126
コンドルセー 266

サミュエルソン, P.A. 35, 243
サン-シモン, C.H.R. 21
ジェヴォンズ, W.S. 26, 27, 72, 122, 126, 138–141, 143, 145–151, 153, 190, 214, 251
シジウィック, H. 28
シスモンディ, J.C.L.S.d. 22, 99, 108
シュタッケルベルク, H.F.v. 133
シュモラー, G.v. 24, 175
シュレジンガー, K. 253
シュンペーター, J.A. 24, 183
ステュアート, J.D. 41, 46, 47
スペンサー, H. 194
スミス, A. 17, 21, 34, 51, 58–64, 68, 71–74, 88, 103, 187, 188, 199, 214, 224, 261, 262, 277

スラッファ, P. 87, 210
スルツキー, E.E. 243, 244
スワン, T.W. 235
セー, J.B. 25, 95, 126–128, 133, 214
ゼルテン, R. 37
ソロー, R. 229
ソーントン, W.T. 102

ダーウィン, C.R. 30, 77, 194
チェンバレン, E.H. 210
チュルゴ, A.R.J. 17, 25, 54, 55, 126
テューネン, J.H.v. 25, 122, 129, 130
デュピュイ, A.J.J. 25, 122, 133, 134, 241
ドゥブリュー, G. 33, 35
トービン, J. 229
ドーマー, E.D. 235

ナッシュ, J. 37, 272, 273
ノイマン, J.v. 33, 36, 253, 271, 272
ノース, D. 45

ハイエク, F.A.v. 38, 278
ハーヴィッツ, L. 39, 280
ハーヴェイ, W. 51
バーグソン, A. 35
バーボン, N. 217
ハリス, J. 45
ハルシャーニ, J.C. 275
パレート, V.F. 26, 27, 32, 170, 171, 239, 241–244, 247, 249, 263
ハロッド, R.F. 226, 235
バローネ, E. 167, 170–172, 246, 248, 249
パンタレオーニ, M. 170
ピカール, A.P. 161
ピグー, A.C. 28, 40, 209, 221
ヒックス, J.R. 35, 226, 243, 244
ヒューム, D. 45
ヒルファーディング, R. 23
ヒルベルト, D. 3, 32
フィッシャー, I. 45, 251
フィリップス, A.W.H. 228

索　引

フェルプス, E.　229
フォイエルバッハ, L.A.　107
フォーセット, H.　195
ブラウアー, L.E.J.　253
フーリエ, F.M.C.　22
フリードマン, M.　229
フレミング, J.M.　230
ヘーゲル, G.W.F.　107
ペティ, W.　20
ベーム-バヴェルク, E.v.　28, 188–192
ベルトラン, J.L.F.　133
ベルヌーイ, D.　122
ベンサム, J.　34
ボアギュベール, P.　50
ポアンカレ, J.H.　238
ポアンソー, L.　160
ホッブズ, T.　33, 258
ボードー, N.　54, 55
ホートレー, R.G.　226
ポパー, K.　4

マキャヴェッリ, N.　33, 258
マーシャル, A.　28, 134, 187, 194–200, 202–208, 210, 214, 221, 224, 241–244, 262
マルクス, K.　22, 63, 107–109, 111, 116, 118–121
マルサス, T.R.　18, 19, 21, 76, 79, 88–97, 99, 213
マン, T.　43
マンデヴィル, B.　18
マンデル, R.A.　230
ミッチェル, W.C.　30
ミード, J.E.　226
ミュルダール, K.G.　222
ミラボー, V.R.M.　54

ミル, J.　80, 95
ミル, J.S.　19, 21, 88, 91, 100, 102, 103, 191, 199, 213, 214
メンガー, C.　26, 27, 175, 177, 178, 180–183, 186, 187, 263
モア, T.　21
モディリアーニ, F.　229
森嶋通夫　23
モルゲンシュテルン, O.　36, 271, 272

ラカトシュ, I.　6
ラムゼー, F.P.　32, 210
ランゲ, O.　98, 99, 226, 278
リカード, D.　19, 21, 63, 75, 76, 79, 88, 95, 97, 101–103, 107, 108
リスト, F.　24
リンダール, E.R.　38, 279
ルーカス, R.E.　232
ルクセンブルク, R.　23
ルソー, J.J.　33, 259
レオンティエフ, W.　53
レーニン, V.I.　23
ロー, J.　16, 50
ロイド, W.F.　135
ロック, J.　33, 217, 258
ロッシャー, W.G.F.　24
ロバートソン, D.H.　222
ロビンズ, L.　32, 34
ロビンソン, J.V.　210
ロングフィールド, S.M.　136

ワルラス, A.A.　157
ワルラス, M.E.L.　26, 156, 157, 159, 164, 165, 167, 169, 170, 200, 203, 214, 248, 249, 251, 260, 278

著者略歴

川 俣 雅 弘
（かわ　また　まさ　ひろ）

1958年	群馬県に生まれる
1980年	慶應義塾大学経済学部卒業
1985年	ミラノ大学政治経済学部国費留学
1989年	慶應義塾大学大学院経済学研究科博士課程修了
	法政大学社会学部専任講師
1991年	法政大学社会学部助教授
1998年	法政大学社会学部教授
2010年	慶應義塾大学博士（経済学）
2011年	慶應義塾大学経済学部教授

主要論文

"Scientific Contributions to the International Journals," in A. Ikeo ed. *Japanese Economics and Economists since 1945*, Routledge, 2000.

"The Negishi Method in the History of General Equilibrium Theory," in A. Ikeo and H. D. Kurz eds. *A History of Economic Theory: Essays in Honour of Takashi Negishi*, Routledge, 2009.

"The Authorship of the Marginal Productivity Theory in "the Old Quarrel"," *Keio Economic Studies*, 2010.

"Individual rationality and mechanism in the history of microeconomic theory," in K. Yagi, and Y. Ikeda, eds. *Subjectivism and Objectivism in the History of Economic Thought*, Routledge, 2012.

© 川俣雅弘 2016

2016年9月30日　初版発行
2022年10月10日　初版第5刷発行

経済学教室 7
経済学史

著　者　川俣雅弘
発行者　山本　格

発行所　株式会社　培風館
東京都千代田区九段南4-3-12・郵便番号102-8260
電話（03）3262-5256（代表）・振替00140-7-44725

中央印刷・牧 製本

PRINTED IN JAPAN

ISBN 978-4-563-06257-6　C3333